新雅中国史八讲

甘阳
侯旭东 主编

生活·讀書·新知 三联书店

Copyright © 2020 by SDX Joint Publishing Company.
All Rights Reserved.

本作品版权由生活·读书·新知三联书店所有。
未经许可，不得翻印。

图书在版编目（CIP）数据

新雅中国史八讲／甘阳，侯旭东主编．—北京：
生活·读书·新知三联书店，2021.1（2024.1重印）
ISBN 978-7-108-06811-8

Ⅰ．①新…　Ⅱ．①甘…②侯…　Ⅲ．①中国历史 - 研究
Ⅳ．①K207

中国版本图书馆 CIP 数据核字（2020）第 057706 号

责任编辑	冯金红	
装帧设计	薛　宇	
责任校对	张　睿	
责任印制	董　欢	
出版发行	生活·讀書·新知 三联书店	
	（北京市东城区美术馆东街 22 号 100010）	
网　　址	www.sdxjpc.com	
经　　销	新华书店	
印　　刷	天津图文方嘉印刷有限公司	
版　　次	2021 年 1 月北京第 1 版	
	2024 年 1 月北京第 5 次印刷	
开　　本	635 毫米 × 965 毫米　1/16　印张 19.5	
字　　数	240 千字　图 118 幅	
印　　数	25,001-28,000 册	
定　　价	69.00 元	

（印装查询：01064002715；邮购查询：01084010542）

目 录

《新雅中国史八讲》缘起　甘阳

第一讲
1　从黄帝到大禹：中国文明的起源与早期发展
孙庆伟

第二讲
39　奠基时代：秦汉
侯旭东

第三讲
81　变态与回归：魏晋南北朝的政治历程
阎步克

第四讲
115　时代变奏：大唐的鼎盛与衰颓
张国刚

第五讲
149　转型时代：两宋政治文化
邓小南

第六讲
183　"大中国"的诞生：元王朝在中国历史上的定位
姚大力

第七讲
221　白银与明代国家转型
刘志伟

第八讲
259　"大一统"的命运：从"康乾盛世"到"晚清变革"
杨念群

《新雅中国史八讲》缘起

甘　阳

《新雅中国史八讲》脱胎于清华大学新雅书院一门3学分的本科生通识课。这门名为"阅读中国文明"的课程由两部分组成，一部分是学生的阅读、写作、讨论，另一部分则是八次中国史的专家讲座（即本书的八讲）。说来有趣，正式选修此课亦即需要投入大量时间阅读、写作、讨论的同学只有一个小班，但每次讲座的受惠者则是多达数百人的听众。至今仍记得2018年4月至6月，每周四晚上清华大学可容600人的最大讲堂人满为患的情景，堪称清华园的一道风景。

我一直希望，中国史，或中国文明史，应该成为中国大学通识教育的最基本核心课程。这个想法应该不会有太多人反对，但操作起来却甚难。目前即使中国最好的大学例如清华、北大、复旦等，通识教育课的学分只有12个左右，亦即本科期间一共四五门通识课，一般情况下非历史系的本科生整个本科期间至多会选一门中国史的课。因此，从通识教育的角度我们必须问，如果一个中国大学生整个本科期间只有一门中国史的课，这个课应该上什么，怎么上？理想状态下，所有中国大学生在本科期间至少应该修过一门中国文明史，但实际情况是，目前中国大学中，大多数非历史学专业的本科生很可能四年本科期间从未修过任何一门中国史或中国文明史的课。至少现在，不仅理工科院系，而且社会科学的院系例如法学院和经济学院等，从不认为中国史应该成为他们院系学生的必修课。这实际上表明，中国文明史在中国大学并没有地位，不亦悲乎？

2017年我全职任新雅书院院长后，常和历史系侯旭东教授等商量如何为新雅学生开设"阅读中国文明"课的问题。我希望这门课能达到两个要求，一是涵盖整个中国史而非断代史，二是学生的阅读材料不只是中国史学界的著述，而且包括域外例如日本和西方学界对中国文明史的研究，我觉得这在全球化时代尤为必要。但如此，这门课必然阅读量要求甚大，课程压力会很大。2018年春季学期，我为新雅书院内设本科交叉专业"哲学政治学经济学"开研讨课，终于下决心来尝试这样一门"阅读中国文明"的课程，因为这个交叉专业的学生大多会选择社会科学作为他们的专业方向，而我认为中国的社会科学必须以中国史为基础，否则大家叫了很多年的所谓"社会科学中国化"是根本不可能的。反复考虑后，我决定把日本史学界在21世纪初出版的讲谈社"中国的历史"丛书十种列为必读材料，以与中国史学界的论述对照阅读，同时邀请国内史学名家做系列讲座帮助学生了解国内史学前沿。幸运的是，我这个有点疯狂的想法得到了史学界侯旭东教授和刘志伟教授的大力支持，侯旭东教授与我一起策划了八次系列讲座，刘志伟教授则应我邀请和我共同主持了每周一次的学生研讨课。我认为，单听讲座固然也可获益，但对大学生来讲，最重要的仍在引导他们自己去读书思考，因此有大量阅读、写作、讨论的课程安排与讲座相结合才是最可取的方式。现将当时的课程进度安排原样保存如下：

清华大学新雅书院2018学年"阅读中国文明"课程海报

"阅读中国文明"

主持：甘阳教授、刘志伟教授

一　课程目的

　　本研讨课的教学目的是引导学生去思考"如何阅读中国文明"的问题，从而自觉地培养"文明史"的问题意识与历史视野。在全球化时代，"阅读中国文明"的方式必然是多元的，这些对中国文明的不同阅读和解释之间既有互补长短的意义，但同时也存在深刻的分歧，从而有解释学意义上所谓"解释的冲突"的问题。"解释的冲突"往往是刺激思想学术生长发展的因缘。本研讨课在短短八周时间内，将比较集中地阅读日本史学界对"中国文明"的阅读和解释，具体将以日本讲谈社在21世纪初出版的"中国的历史"丛书十种及其他论文专著作为必读材料，以与中国的史学研究相对照，同时邀请八位中国史学界的代表性中国学者与同学们分享他们各自在中国史研究领域的研究心得与研究方法，希望使学生可以初步了解中国学界与日本学界在"阅读中国文明"方面的异同，以开阔学生"阅读中国文明"的视野。学生应在讲座前自己检索八位中国历史学家的主要论著作为基本阅读。

　　本研讨课的另一教学目的是提升学生的阅读能力，特别是大量阅读的能力。精读与泛读缺一不可，新雅书院多数课程以精读为主，本课程则更强调泛读即大量阅读的能力，希望学生能够达到每周阅读500—800页以上的阅读速度。

　　考查方式：六次课堂讨论（周二上午），六篇读书报告（每篇2000—3000字），占60%；期末论文（5000字），占40%。

二 进度安排

导论："如何阅读中国文明"

时　　间：4月24日上午

课前必读：

　　张光直：《美术、祭祀与神话》后记《连续与破裂：一个文明起源新说的草稿》，生活·读书·新知三联书店，2013年

　　巴特菲尔德：《辉格党式的历史阐释》，生活·读书·新知三联书店，2013年

　　魏根深：《中国历史研究手册》第12章《中国，"中国"及"中国人"》，第13章《环境史》，第14章《地图，地理研究和地方志》，北京大学出版社，2016年

　　刘俊文主编：《日本学者研究中国史论著选译》第二卷附录《战后日本的中国史论争》，中华书局，1996年

鼏宅禹迹：夏代信史的考古学重建

时　　间：4月26日晚，第一次讲座

主　　讲：孙庆伟教授（北京大学考古文博学院教授）

课前必读：

　　苏秉琦：《中国文明起源新探》，生活·读书·新知三联书店，1999年

　　宫本一夫：《从神话到历史：神话时代、夏王朝》，广西师范大学出版社，2014年

　　孙庆伟：《鼏宅禹迹：夏代信史的考古学重建》，生活·读书·新知三联书店，2018年

奠基时代：秦汉

时　　间：5月5日晚，第二次讲座

　　　　　5月8日上午，课堂讨论

主　　讲：侯旭东教授（清华大学历史系教授）

课前必读：

　　平势隆郎：《从城市国家到中华：殷周、春秋战国》，广西师范大学出版社，2014年

　　鹤间和幸：《始皇帝的遗产：秦汉帝国》，广西师范大学出版社，2014年

　　阎步克：《波峰与波谷：秦汉魏晋南北朝的政治文明》相关章节，北京大学出版社，2017年

　　侯旭东：《中国古代专制说的知识考古》，载《近观中古史：侯旭东自选集》，中西书局，2015年

参考阅读：

　　许倬云：《西周史》（增补二版），生活·读书·新知三联书店，2018年

　　李峰：《西周的政体》，生活·读书·新知三联书店，2010年

　　罗泰：《宗子维城》，上海古籍出版社，2017年

　　The Cambridge History of Ancient China, ed. Michael Loewe, Edward Shaughnessy, 1999

　　陈苏镇：《春秋与汉道：两汉政治与政治文化研究》，中华书局，2012年

　　罗维：《宇宙·神谕与人伦：中国古典信念》，辽宁教育出版社，1991年

变态与回归：魏晋南北朝的政治历程

时　　间：5月10日晚，第三次讲座
　　　　　5月15日上午，课堂讨论
主　　讲：阎步克教授（北京大学历史系教授）
课前必读：
　　金文京：《三国志的世界：后汉，三国时代》，广西师范大学出版社，2014年
　　川本芳昭：《中华的崩溃与扩大：魏晋南北朝》，广西师范大学出版社，2014年
　　川胜义雄：《六朝贵族制社会研究》，上海古籍出版社，2008年。可参考选读《战后日本的中国史论争》中村圭尔《六朝贵族制论》部分，明文书局，1996年
　　阎步克：《波峰与波谷：秦汉魏晋南北朝的政治文明》相关章节，北京大学出版社，2017年
选　　读：
　　唐长孺：《魏晋南北朝隋唐史三论》，中华书局，2011年；《唐长孺文集》，中华书局，2011年
　　万绳楠：《陈寅恪魏晋南北朝史讲演录》，贵州人民出版社，2007年
　　田余庆：《东晋门阀政治》，北京大学出版社，1996年
　　祝总斌：《两汉魏晋南北朝宰相制度研究》，北京大学出版社，2017年
或比较以下四篇文章，见诸家阐释之异同：
　　陈寅恪：《述东晋王导之功业》，载《金明馆丛稿初编》，生活·读书·新知三联书店，2001年
　　田余庆：《释"王与马共天下"》，载《东晋门阀政治》，北京大学出版社，1996年
　　唐长孺：《王敦之乱与所谓"刻碎之政"》，载《魏晋南北朝史论

拾遗》，中华书局，1983年

川胜义雄：《东晋贵族制的确立过程——与军事基础的问题关联》，载《六朝贵族制社会研究》，上海古籍出版社，2007年

新近学术发展可参考：

侯旭东：《关于近年中国魏晋南北朝史研究的观察与思考》，《社会科学战线》2009年第2期

仇鹿鸣：《陈寅恪范式及其挑战——以魏晋之际政治史研究为中心》，载《中国中古史研究：中国中古史青年学者联谊会会刊》第二卷，中华书局，2011年

鲁西奇：《中国历史的南方脉络》，载《人群·聚落·地域：中古南方史地初探》，厦门大学出版社，2012年

孙正军：《魏晋南北朝史研究中的史料批判研究》，《文史哲》2016年第1期

魏斌：《山中的六朝史》，《文史哲》2017年第4期

胡鸿：《能夏则大与渐慕华风》，北京师范大学出版社，2017年

时代变奏：大唐鼎盛与衰颓

时　　间：5月17日晚，第四次讲座

　　　　　5月22日上午，课堂讨论

主　　讲：张国刚教授（清华大学历史系教授）

课前必读：

气贺泽保规：《绚烂的世界帝国：隋唐时代》，广西师范大学出版社，2015年

陈寅恪：《隋唐制度渊源略论稿·唐代政治史述论稿》，生活·读书·新知三联书店，2001年

陈寅恪：《论韩愈》，载《金明馆丛稿初编》，生活·读书·新知三联书店，2001年

谷川道雄：《隋唐帝国形成史论》，上海古籍出版社，2011 年

选　　读：

岑仲勉：《隋唐史》，河北教育出版社，2000 年

《剑桥中国隋唐史：589—906》，中国社会科学出版社，1990 年

李碧妍：《危机与重构》，北京师范大学出版社，2015 年

转型时代：两宋政治文化

时　　间：5 月 24 日晚，第五次讲座

　　　　　5 月 29 日上午，课堂讨论

主　　讲：邓小南教授（北京大学历史系教授）

课前必读：

小岛毅：《中国思想与宗教的奔流：宋朝》，广西师范大学出版社，2014 年

包弼德：《斯文：唐宋思想的转型》，江苏人民出版社，2017 年

邓小南：《祖宗之法》"序引"，第五、六章，结语，生活·读书·新知三联书店，2014 年

邓小南：《论五代宋初"胡/汉"语境的消解》，《文史哲》2005 年第 5 期

选　　读：

内藤湖南：《中国史通论》"中国近代史"部分，九州出版社，2018 年

寺地遵：《南宋初期政治史研究》，复旦大学出版社，2010 年

"大中国"的形成：从蒙古帝国到元王朝

时　　间：5 月 31 日晚，第六次讲座

　　　　　6 月 5 日上午，课堂讨论

主　　讲：姚大力教授（复旦大学历史系教授）
课前必读：
　　　　杉山正明：《疾驰的草原征服者：辽西夏金元》，广西师范大学出版社，2014 年
　　　　萧启庆：《内北国而外中国》上册前三篇和最后一篇，下册 2—6 篇，中华书局，2007 年
　　　　《剑桥中国辽西夏金元史：907—1368》第六章《元中期政治》，中国社会科学出版社，1998 年
参考阅读：
　　　　《剑桥中国辽西夏金元史：907—1368》，中国社会科学出版社，1998 年
　　　　拉铁摩尔：《中国的亚洲内陆边疆》，江苏人民出版社，2017 年
　　　　伊佩霞：《剑桥插图中国史》元代部分，山东画报出版社，2001 年

白银与明朝国家的转型

时　　间：6 月 7 日晚，第七次讲座
　　　　6 月 12 日上午，课堂讨论
主　　讲：刘志伟教授（中山大学历史系教授）
课前必读：
　　　　上田信：《海与帝国：明清时代》，广西师范大学出版社，2014 年
　　　　森正夫：《明代江南土地制度研究》，江苏人民出版社，2014 年
　　　　刘志伟：《在国家与社会之间——明清广东地区里甲赋役制度与乡村社会》，中国人民大学出版社，2010 年
　　　　科大卫：《明清社会和礼仪》中两篇文章：《十六世纪礼仪革命与帝制晚期中国的国家》《皇帝在村：国家在华南地区的体现》，北京师范大学出版社，2016 年
　　　　科大卫、刘志伟：《宗族与地方社会的国家认同》，《历史研究》

2000 年第 3 期；《标准化还是正统化：从民间信仰与礼仪看中国文化》，《历史人类学学刊》第 6 卷第 1-2 期合刊

参考阅读：

《剑桥中国明代史：1368—1644》，中国社会科学出版社，1992 年

梁方仲：《梁方仲文集》，着重读以下几篇："导论"、《一条鞭法》、《明代一条鞭法年表》（后记）、《明代一条鞭法的论战》、《明代银矿考》、《明代国际贸易与银的输出入》，中山大学出版社，2004 年

全汉昇：《明代经济史研究》，台北联经出版事业有限公司，1987 年

"大一统"的命运：从"康乾盛世"到"晚清变革"

时　　间：6 月 14 日晚，第八次讲座

　　　　　6 月 19 日上午，课堂讨论

主　　讲：杨念群教授（中国人民大学清史所教授）

课前必读：

内藤湖南：《清朝史通论》第一至第五章，平凡社，1993 年；《清朝衰亡论》第一、二章，弘递馆，1912 年（参考菊池秀明：《末代王朝与近代中国》，广西师范大学出版社，2014 年）

子安宣邦：《东亚论——日本现代思想批判》上编必读，下编选读，吉林人民出版社，2011 年

《清朝的国家认同——"新清史"研究与争鸣》中罗友枝、何炳棣、柯娇燕、欧立德、盖博坚、岸本美绪所写六篇必读，中国人民大学出版社，2010 年

欧立德：《乾隆帝》，中国社会科学出版社，2014 年

《殊方未远》中汪荣祖与姚大力论战，第 270—375，中华书局，2016 年

《历史人类学学刊》第十五卷第二期萧凤霞、定宜庄、何翠萍、

赵世瑜、罗新所写五篇评论文章

《殊方未远》中罗新、杉山正明、张帆所写三篇，以及全书最后昝涛的《奥斯曼帝国崩溃了，中国却没有》一文，中华书局，2016年

甘阳：《从民族—国家走向文明—国家》，载《文明·国家·大学》，生活·读书·新知三联书店，2018年

三 学生必备书目

钱穆：《国史大纲》，商务印书馆，2013年

钱穆：《中国史学名著》，生活·读书·新知三联书店，2005年

谭其骧主编：《简明中国历史地图集》，中国地图出版社，1991年

万国鼎：《中国历史纪年表》，中华书局，2004年

方诗铭：《中国历史纪年表》，上海人民出版社，2007年

魏根深：《中国历史研究手册》，北京大学出版社，2016年

日本讲谈社"中国的历史"丛书十种，广西师范大学出版社，2014年

  宫本一夫：《从神话到历史：神话时代、夏王朝》

  平势隆郎：《从城市国家到中华：殷周、春秋战国》

  鹤间和幸：《始皇帝的遗产：秦汉帝国》

  金文京：《三国志的世界：后汉，三国时代》

  川本芳昭：《中华的崩溃与扩大：魏晋南北朝》

  气贺泽保规：《绚烂的世界帝国：隋唐时代》

  小岛毅：《中国思想与宗教的奔流：宋朝》

  杉山正明：《疾驰的草原征服者：辽西夏金元》

  上田信：《海与帝国：明清时代》

  菊池秀明：《末代王朝与近代中国》

内藤湖南：《中国史通论》，九州出版社，2018年

宫崎市定：《中国史》，浙江人民出版社，2015 年

韩森：《开放的帝国：1600 年前的中国史》，江苏人民出版社，
　　2009 年

伊佩霞：《剑桥插图中国史》，山东画报出版社，2001 年

包弼德：《斯文：唐宋思想的转型》，江苏人民出版社，2017 年

陈苏镇、张帆编：《中国古代史读本》上下册，北京大学出版社，
　　2006 年

（中国史学界的研究成果数不胜数，此地暂不备列，学生应在八周的阅读过程中逐步形成自己的阅读书目作为培养自学能力的基本环节。课程结束前将交流每位同学的阅读书目。学生须知：所有课程的根本目的是培养学生的自学能力。）

值此《新雅中国史八讲》付梓之时，我要特别感谢参加研讨课的所有新雅同学，由于这个研讨课每周都要交作业并做课堂报告，他们投入了大量的时间精力，可谓相当辛苦，但他们作业的认真也常常得到刘志伟教授的高度赞扬（其中一位已决定以史学为业，跟随沈卫荣教授研究藏学）。感谢侯旭东教授和刘志伟教授助我成此心愿，感谢孙庆伟教授、阎步克教授、张国刚教授、邓小南教授、姚大力教授和杨念群教授的大力支持，他们不仅给学生上课，而且还把讲课录音整理润色成书稿，孙庆伟教授更是为了全书体例统一起见，重新撰写了文章。此外，清华大学历史系博士生陈韵青，北京大学历史系博士生王四维、卜习晨，以及我的科研助理杨起予等担任助教对本课程助益良多，一并致谢。最后，愿不久的将来，"中国文明史"能成为所有中国大学生的必修课程！

2020 年元旦于清华园

第一讲

从黄帝到大禹
中国文明的起源与早期发展

孙庆伟

1975年8月的一个酷暑天,久未上讲台的北大考古专业创办人苏秉琦应邀给到访的吉林大学考古专业师生讲了一堂"学科的改造与建设"的课。也许是憋闷太久,也许是思考太深,苏秉琦一上来就直指中国考古学的"发展方向是大问题","必须大干快上"地加以解决,"不能留待后人"。苏秉琦说,重材料、轻问题、缺思想是中国考古学的大隐患,他呼吁吉大师生们要关注那些中长期、带有普遍性的课题,比如中国文化起源问题、原始社会解体和国家起源问题等。

　　数年之后,1983年3月11日,苏秉琦的同事、新中国考古掌门人夏鼐应日本广播协会(NHK)的邀请,在日本大阪做了题为"中国文明的起源"的公开演讲。夏鼐说,"中国的考古工作者,正在努力探索中国文明的起源"。一直以来,夏鼐就是新中国考古的代言人,他的此番表述和对演讲话题的选择,充分证明中国考古学者已经在思考文明起源这类宏大话题了。

　　苏秉琦和夏鼐的共同思考是中国考古学发展的必然结果。新中国成立之后,在短短二十多年间就已经积累了海量的考古材料,如何最大限度地发挥这些材料的作用,或者说考古材料能够解决哪些重大问题,是夏、苏二人首先要思考的。正是在他们的带动引领下,有关中国文明起源的研究一跃成为中国考古学长盛不衰的核心话题,特别是进入新世纪之后,伴随着"中华文明探源工程"的启动和实施,这一话题突破了考古学学科范畴,上升为国家文化建设的重要内涵。

一 "满天星斗"与"多元一体"

　　在每个学科发展史上,都会有若干划时代的经典性论述,夏鼐在1977年发表的《碳-十四测定年代与中国史前考古学》一文就属此类。该文对中原、黄河上游甘青地区、黄河下游、长江中下游、闽粤沿海、西南川滇桂和东北地区等区域的史前文化及其碳十四年代进行了系统梳理和总结,第一次大范围地构建了中国史前文化的谱系和年代框架,为此后的各种理论建构奠定了坚实的材料基础。这一重大成果的取得,既离不开全国考古工作者的辛勤付出,也得益于夏鼐在上个世纪50年代前瞻性地对碳十四测年技术的引进。

几乎同时,苏秉琦也在思考如何从整体上理解中国的史前文化。在给吉大师生授课时,苏秉琦已经有了初步的答案,意识到史前中国可能存在着多个相对独立的史前文化区,提出要特别注意史前考古学文化的"条条和块块",注意中原和边疆的关系,注意汉族和其他兄弟民族的民族文化等,并呼吁在"全国分区开展学术活动问题"。有了这些铺垫,苏秉琦在1981年提出了著名的考古学文化区系类型理论,指出:

> 过去有一种看法,认为黄河流域是中华民族的摇篮,我国的民族文化先从这里发展起来,然后向四处扩展;其他地区的文化比较落后,只是在它的影响下才得以发展。这种看法是不全面的。在历史上,黄河流域确曾起到重要的作用,特别是在文明时期,它常常居于主导的地位。但是,在同一时期内,其他地区的古代文化也以各自的特点和途径在发展着。各地发现的考古材料越来越多地证明了这一点。同时,影响总是相互的,中原给各地以影响;各地也给中原以影响。

苏秉琦概括出中国史前文化的六大区块,即:(1)陕豫晋邻近地区;(2)山东及邻省一部分地区;(3)湖北和邻近地区;(4)长江下游地区;(5)以鄱阳湖-珠江三角洲为中轴的南方地区;(6)以长城地带为重心的北方地区。进一步分析,我们实际

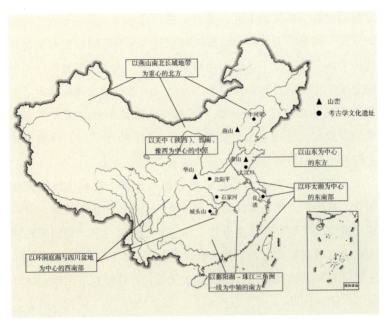

图1 六大考古文化区系示意图

上可以把上述区块归纳为三条"文明带",自北而南依次是长城沿线文明带、黄河文明带和长江文明带。考古材料已经表明,这三个文明带同时也是三个经济带——长城沿线的农牧交错地带、黄河流域以粟为主的旱作农业带和长江流域的稻作农业带。

苏秉琦对区系类型理论极为看重,认为这是对"根深蒂固的中华大一统观念"的打破和颠覆。20世纪80年代真可谓是一个考古大发现的时代,一大批距今四五千年的重要史前遗存如辽西红山文化的祭坛、山西襄汾陶寺史前墓地、山东大汶口文化刻符陶器、良渚文化大型祭坛与大型墓葬相继发现,有力地支持了区系类型理论,所以苏秉琦感叹,"一时,中华大地文明火花,真如满天星斗,星星之火已成燎原之势"。从此,"满天星斗"成为考古学界描述中国史前文化的"热词"。

不过在当时,何为"文明",区分"野蛮"和"文明"的标

第一讲 从黄帝到大禹 5

图 2 红山文化的祭坛与墓葬（牛河梁第二地点全景鸟瞰）

图 3a 襄汾陶寺遗址地貌

图 3b 陶寺遗址成组窑洞 F319、F321 与天井（编号 F324）

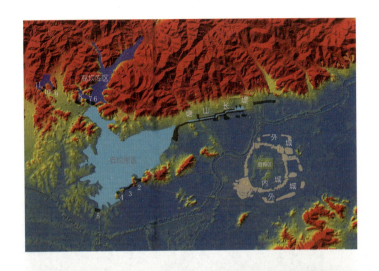

图 4a 良渚古城整体结构图
图 4b 良渚古城城内功能分区情况

准何在,对中国考古界而言都是崭新的话题。夏鼐的观点很明确,认为"文明"是"指一个社会已由氏族制度解体而进入有了国家组织的阶级社会的阶段",他并提出了城市、文字和金属冶炼是"文明三要素"。苏秉琦也是把文明起源等同于国家起源的,但他的性格素来不喜欢在概念上多费功夫,而是更多地把眼光聚焦在具体材料上,深入思考这些材料背后的文明内涵。

1985年,夏鼐遽然离世,带领中国考古学界开展文明起源研究的重担落在了苏秉琦的身上,这对于年轻时代就有"兴史救国、教育救国"理想的苏秉琦来讲,自是责无旁贷。而苏秉琦也不负众望,并没有止步于"区系类型"理论的提出,而是开始审视不同文化区块内部文明起源的模式是否相同,并归纳出三种不同的模式:

一是裂变,中原地区仰韶文化的分化是其代表。距今6000年前后,统一的仰韶文化裂变为半坡类型和庙底沟类型,其中庙底沟类型占据主导地位,是这一时期仰韶文化的主体类型。仰韶文化裂变的同时,社会结构也在发生变化,通过对相关墓地的研

图5　河南灵宝市西坡遗址庙底沟类型F107

图6 河南灵宝市西坡墓地 M8 部分出土器物

图7 仰韶文化庙底沟类型彩陶盆

究，发现氏族公共墓地开始式微，以家族为基本单元的墓地出现，由此表明仰韶文化的裂变是与氏族公社的破坏相同步的，仰韶文化由此步入新的社会发展阶段。

二是撞击，以仰韶文化与红山文化的相互碰撞最具代表性。在距今五六千年前，源于关中盆地的仰韶文化庙底沟类型向东北拓展，与源于西辽河流域和大凌河流域的红山文化的红山后类型在今天河北省西北部相遇，然后在辽西大凌河上游地区重合，产生了以龙纹（红山文化传统）与玫瑰花纹（庙底沟传统）相结合的新的文化体，迸发出文明的火花——红山文化的祭坛、神庙和积石冢。

三是融合，以河曲地带的陶斝和陶瓮的产生、山西襄汾陶寺遗址多种文化因素的汇聚为代表。按苏秉琦的理解，距今5000年前的仰韶文化典型陶器小口尖底瓶北上与河曲地区晚于5000年的袋足器相遇，它们在当地融合而诞生了新器形斝与瓮。这两种陶器非同寻常，十干中的"丙"字是三袋足器的象形，而地支中的"酉"字则源自小口尖底瓶的造型，说明两类器物不是一般的日常器物，而和礼仪活动密切相关，蕴含着丰富的文明因素。特别是襄汾陶寺遗址，在距今4000多年前的大墓里已经随葬成套的礼器如彩绘龙盘、鼍骨、石磬等物，礼乐文明的雏形已经形成，而且河曲地带的三袋足器、山东大汶口文化的多种陶器、环太湖流域良渚文化的石俎刀以及长江中游石家河文化的玉器等多元文明因素也都在此交会融合。

值得注意的是，这三种文明起源的模式不是同时发生，而是先后递进的。因裂变而撞击，因撞击而融合，大体反映了从距今6000年到距今4000年之间长城沿线地带和中原腹心地带的文化互动关系和文明演进路径。后来苏秉琦曾经作诗一首，将这一文明进程加以形象地描述：

> 华山玫瑰燕山龙，
> 大青山下斝与瓮。
> 汾河湾旁磬与鼓，
> 夏商周及晋文公。

苏秉琦解释说，"以华山为中心的仰韶文化庙底沟类型的脱颖而出，标志着华族的诞生，庙底沟彩陶所流行的玫瑰花就是华族得名的由来，'华'是尊称，以区别于其他族群，是高人一等的具体表现。华山玫瑰—陶寺磬鼓—夏商周及晋文公一脉相承，构成了中国文化总根系的直根系"。一段时间以来，学术界在讲"满天星斗"的时候，都过分强调了"多元"，这其实是误读甚至违背苏公本意的。苏秉琦所说的"满天星斗"并不是一盘散沙、不分主次的无序存在，在满天星斗的史前文明中，以中原腹心地带的仰韶文化庙底沟类型和陶寺文化最为光彩夺目。

后来，北京大学严文明教授进一步阐述了苏秉琦的"满天星斗"说，提出了"重瓣花朵式"的文明格局，这是迄今对我国史前文化统一性和多样性最客观形象的表述。与苏秉琦类似，严文明也将我国新石器时代文化划分为六个文化区，分别是：中原文化区、山东文化区、甘青文化区、燕辽文化区、长江中游文化区和江浙文化区。但他特别指出，这几个文化区的发展是不平衡的、分层次的——中原文化区是花心，是第一个层次；其他五个文化区围绕着中原文化区，是第二个层次，是花瓣；在这五个文化区之外还有很多其他文化，则属于第三个层次。这样，中国的史前文化就形成了一个以中原为核心，包括不同经济文化类型和不同文化传统的分层次联系的重瓣花朵式的格局。此种单核心、多层次的向心结构孕育了统一的多民族国家的基本底色，奠定了中国历史上以中原华夏族为主体，同时凝聚周围各民族、各部族的向心式超稳定文化与政治结构。

无独有偶，1989年夏，社会学家费孝通在香港中文大学做了题为"中华民族的多元一体格局"的著名演讲。费老自述对历史学和考古学做了大量的"补课"功夫，旁征博引，指出中华民族的多元一体格局导源于中国新石器时代文化的多元交融与汇集，他说：

> 中华民族多元一体格局存在着一个凝聚的核心。它在文明曙光时期，即从新石器时期发展到青铜器时期，已经在黄河中游形成它的前身华夏集团，在夏、商、周三代从东方和西方吸收新的成分，经春秋战国的逐步融合，到秦统一了黄河和长江流域的平原地带。汉承秦业，在多元的基础上统一成为汉族。

费老的"多元一体"说一经提出，即刻风靡大江南北，并成为国家政治生活中的标准用语。从上面的分析可以看出，满天星斗、重瓣花朵和多元一体，表述虽异，其实一也，都是强调中国史前文化的多元性和统一性，即在多元发展的基础上，中原华夏文明脱颖而出，成长为居于主导地位的核心文明体，中华文明由此走上了以中原为中心的发展道路，并最终发展壮大为统一的多民族国家。

二　黄帝时代与最早的中国

"多元一体"文明格局的关键是"一体"，从"多元"走向"一体"，实际上就是以中原为中心文明格局的确立，也就是"中国"观念的形成和发展。近年来，学术界有关"最早的中国"讨论很多，争议也很大，需要加以特别的分析。

所谓"最早的中国"，核心要素有三：一是国，二是中，三

图 8　何尊及其铭文

是最早。三者之中,某一遗址或文化是否已经进入"国"的阶段,有具体可视的考古材料为依据;其年代是否为"最早",这是考古学上的相对年代问题,都不难判断。比如刚刚成为世界文化遗产的良渚古城遗址,就以丰富的文化内涵实证了 5000 多年的中华文明史,得到了国际社会的广泛承认。唯有是否为"中",因为纯属观念上的认同,未必一定见诸考古实物,因此最难识别。

众所周知,西周初年青铜器何尊铭文中的"宅兹中国"是迄今所见最早的"中国"表述,这应该是我们讨论"最早的中国"的出发点。目前对于"最早的中国"的争论很多,其中很关键一点就是有的研究者脱离历史语境,自我定义"中国",造成不必要的困扰。那么在何尊之前,有无"中国"观念?答案是肯定的,这一点从西周初年周人对成周的称呼上即可证明。在文献中,除了称成周为"中国""中土",周人也称成周为"东国"(《尚书·康诰》)和"东土"(《尚书·洛诰》)。既称"中",又称"东",岂不矛盾?其实并不——称成周为"东国"和"东土",这是地理概念,因为周人兴起于关中,习惯上自称其居地为"西土"(《尚书·牧誓》《尚书·康诰》《尚书·酒诰》),其人为"西土人"(《尚书·大诰》)或"西土之人"(《尚书·牧誓》),成周在东,自然是"东国"或"东土"。

成周称"中国"和"中土",则是文化概念,完全是因为这里本是"有夏之居"(《逸周书·度邑解》),久有"中国"的成说。《史记·周本纪》说得很清楚,周公之所以选择在此地营建洛邑,一是因为这里曾经是"居九鼎"的故地,二是因为此乃"天下之中,四方入贡道里均"。我们都知道,"九鼎"是夏王朝奠定的政治正统的象征物,而四方入贡的传统也源自大禹的"任土作贡"。

因此,成周"中国"说,不是武王、周公兄弟的新发明,而是周人对夏商王朝政治传统的认同和继承,说明"中国"和"夏"是密不可分的,无"夏"则无所谓"中国"。成周"中国"说,标志着"中国"是超越族属的政治正统,是夏、商、周三族共同遵守的政治秩序,也是他们作为执政者对自身文明高度的自我标榜。正因为"中国"的这种政治和文化属性,这一称谓是可以随着政治实力的增减而转移的,原本力量弱小、被商人役使的"西土之人"——周人,在殷周鼎革之后,也每每以"中国"自诩,陶醉于"惠此中国,以绥四方"(《诗经·大雅·民劳》),主张"德以柔中国,刑以威四夷"(《左传》僖公二十五年),鄙视"秦僻在雍州,不与中国诸侯之会盟,夷翟遇之"(《史记·秦本纪》)。到春秋之世,"中国"已经完全转化为一个文化符号,成为"华夏"的异称,是中原华夏诸国对自身文明程度的自矜,也是它们与四方戎狄的文化区隔。

现在学术界普遍相信二里头遗址就是夏代晚期都邑,从而为"有夏之居""中国"说提供了关键性的考古学证据,这就更进一步证明我们在追溯"最早的中国"时,必须围绕中原华夏文明这个核心来探讨。所谓"最早的中国",实际上就是中原华夏文明的最早凸显和"多元一体"格局的形成。夏为"中国",当然没有问题,但是否就是"最早的中国",仍是一个值得讨论的话题。

要了解夏代以前的历史,《史记·五帝本纪》是最重要的文献材料。《史记》"述往事,思来者",司马迁以黄帝、颛顼、帝喾、尧和舜为五帝,并以黄帝为中国古史的开篇,其中必有深意。《太史公自序》称:"维昔黄帝,法天则地,四圣遵序,各成法度;唐尧逊位,虞舜不台;厥美帝功,万世载之。作五帝本纪第一。"所以,司马迁所写的历史不是一般意义的历史,而是一部文明史。在司马迁眼里,相比于此前的伏羲、神农时代,五帝时代已经发展出相当高的文明,足以为"万世载之",故列为中国历史的开端。《太史公自序》又称:"维禹之功,九州攸同,光唐虞际,德流苗裔;夏桀淫骄,乃放鸣条。作夏本纪第二。"这是强调中国历史上的第一王朝和之前的五帝时代是同一文明前后踵接的两个阶段,禹画九州的历史功绩是"光唐虞际",是对五帝时代开创的华夏文明的接续与发展。既然禹与五帝不可分割,那么"最早的中国"必然要求之于五帝时代。

黄帝是"五帝"之首,据《五帝本纪》的记载,黄帝最显赫的事迹,是伐蚩尤而赢得天下诸侯的拥戴。黄帝能胜蚩尤,首先是靠"治五气,艺五种",也就是通过发展农业来壮大自身实力。早在新石器时代早期,中原地区已经形成了稳定的以粟为主的旱作农业区,距今 5000 年左右,农业已经大发展,"五谷丰登"在中原地区已是生业常态。黄帝之胜,其次是靠"乃征师诸侯,与蚩尤战于涿鹿之野",也就是在内部整合力量以与蚩尤决战。战胜蚩尤,等于打败了最强大的竞争对手,所以"天下有不顺者,黄帝从而征之",最终赢得和迫使"诸侯咸来宾从",一跃而成为天下共主。相应地,黄帝时代已有初具规模的统治机构和统治方略,如"置左右大监,监于万国",又"举风后、力牧、常先、大鸿以治民"。从这些记载来看,黄帝所统领的古国无疑就是"万国"之中的"中国"。

《五帝本纪》对帝颛顼的记载极为简略，远不如黄帝详备，但内涵丰富，特别是着重突出了帝颛顼在宗教领域对黄帝时代的超越，即"依鬼神以制义，治气以教化，絜诚以祭祀"，这正与《国语·楚语下》所载帝颛顼命南正重、火正黎"绝地天通"相呼应。帝颛顼的时代，实际上就是华夏族首领对世俗权力与宗教权力垄断的时代，实现了君、巫的有机统一，从而进一步巩固了华夏族天下共主的地位，由此达到"动静之物，大小之神，日月所照，莫不砥属"之境界。显然，帝颛顼时代的"中国"必然是指中原华夏古国。

帝喾则几乎是帝颛顼的翻版。在世俗权力方面，帝喾"取地之财而节用之，抚教万民而利诲之"；在宗教领域，则"历日月而迎送之，明鬼神而敬事之"，其结果自然是"日月所照，风雨所至，莫不从服"。揣摩太史公文意，相比帝颛顼，帝喾时代的进步主要表现为"德"的萌芽。如称帝喾"仁而威，惠而信，修身而天下服"，又称"其色郁郁，其德嶷嶷"。由此观之，帝喾之国不仅兼具世俗权力和宗教力量，更有人文精神的滋生，必然是当时文明化程度最高的"中国"。

或许是去古未远的缘故吧，相比黄帝、帝颛顼和帝喾，帝尧事迹就充实鲜活很多。《五帝本纪》概括帝尧功绩为："能明驯（顺）德，以亲九族。九族既睦，便章百姓。百姓昭明，合和万国。"所谓"亲九族"是指宗族或部落内部关系和谐，"章百姓"则是妥善处理与异姓部族的关系，因为内部和外部关系都已"昭明"，帝尧自然能够"合和万国"，一统天下。值得注意的是，帝尧"亲九族"和"章百姓"的基础都是"驯（顺）德"，表明萌芽于帝喾时代的德之观念在帝尧时代得到进一步发展。

最能反映尧为天下共主地位的证据是尧舜之间的禅让，学术界普遍相信，尧舜禅让的实质是上古时期的君位推选制。帝舜在接受禅让之后,"之中国践天子位"。以司马迁的春秋笔法,这里的"中国"必然不是随笔而书,而是他袭用的历史成说。也就是说,在"有夏之居""中国"说之前还曾经广泛存在尧舜之都为"中国"的说法,只不过在夏王朝建立之后,随着"中国"的转移,尧舜之都"中国"说才逐渐湮灭。现在学术界普遍相信山西襄汾陶寺遗址就是尧都平阳,这是尧都"中国"说坚实的考古学证据。从文化内涵上讲,陶寺文化"已具备从燕山以北到长江以南广大地域的综合体性质",多种文化因素的汇聚,"很像车辐聚于车毂,而不像光、热等向四周放射",充分证明早期"中国"即具有极其强大的包容性和向心力。

与帝尧相比,因为帝舜任用禹、皋陶、契、后稷、伯夷、夔、龙、倕、益、彭祖等"二十有二人",真可谓"五湖四海","兼容并包",所以"四海之内咸戴帝舜之功","天下明德皆自虞帝始",德政至此臻于完备,"以德服人"成为中原华夏文明的基本特征。

因此,司马迁的《五帝本纪》是一以贯之、不能分割的有机整体,通过五帝事迹概述了前王朝时期华夏文明演化的三个阶段:黄帝,标志着以生产力发展为基础的军事盟主的出现;帝颛顼和帝喾,代表了世俗权力和宗教权力的整合,君巫合一的统治方式得以确立;帝尧和帝舜时期,"德"治观念形成,国家统治形态进一步完善,华夏文明的人文底蕴基本奠定。在此文明链条中,黄帝及其部落的诞生代表了华夏文明的最初自觉,标志着"中国"观念的萌芽,是真正意义上的"最早的中国"。

三 何以中原

把"最早的中国"追溯到黄帝时代的文化自觉能否得到考

古学的支持呢？北京大学赵辉教授曾经详细论证过"以中原为中心"历史趋势的形成过程，认为先后经历了三个发展阶段：第一阶段（公元前4000—前3300年），仰韶文化庙底沟期进入空前繁荣，同时期的长江中下游地区也呈现出同样的态势，其他地区则相对沉寂；第二阶段（公元前3300—前2500年），长江中下游地区、海岱地区和辽河流域史前文化持续发展，并达到各自的文明高峰，中原地区则似乎陷入沉寂，呈现出文明"洼地"状态；第三阶段（公元前2500—前2000年），周边地区相继衰落，而中原地区呈现爆发之势，中原中心一举奠定。

  黄帝时代大体上应该相当于上述第二阶段的前段，在考古学文化序列上，也即相当于仰韶文化的最末期或庙底沟二期文化阶段。令人尴尬的是，就目前材料而言，中原腹心地带这一时期面积最大者如河南灵宝北阳平遗址不过100万平方米左右，不见面积在200万平方米以上的超大型遗址，尤其是缺乏诸如良渚古城、红山祭坛这类能够代表文明高度的标志性遗存。简言之，从考古材料上看，此时的中原丝毫看不出"中国气象"来，所以赵辉认为这一阶段的中原处于内部调整期，显得比较低调。但是，这种现象究竟是因为考古发现的偶然性造成的暂时材料缺失，还是因为中原华夏文明走了一条独特的发展道路，实在是一个值得思考的大问题。我个人认为，这两种可能性现在恐怕都不能排除。一方面，在中原腹心地带，特别是陕豫晋邻近地区不见距今5000—4500年前后、面积在200万平方米左右的大遗址，始终是一件令人难以理解和接受的事情，因此在中原地区寻找"黄帝时代"超大型遗址和代表文明高度的标志性遗存应该是未来考古工作的一个重点任务。另一方面，如果中原地区确实缺乏这一时期超大规模的都邑性遗址，则说明中原华夏文明有可能选择了一条"共同进步"的多中心均衡发展的道路，与其他地区那种"寡头"式单一中心模式形成鲜明对比。如果真是如此，中原地区这

图 9　良渚文化随葬玉琮（反山 M20 出土）　　图 10　红山文化随葬玉龙
（牛河梁 N2Z1M4 出土）

种"多中心"格局倒是很容易和五帝时代，特别是五帝后期的禅让制联系起来。我们都知道，禅让制绝对不是战国儒家所美化的"尚贤"，而是一种君主选拔制度，而且最有可能是夷夏之间的轮流执政制，禅让制度盛行的背后其实正是权力制衡。或者说，禅让产生的根源就在于该政治实体内部绝对权威的缺失，缺少一个实力超群的绝对力量，一旦这种势力均衡的局面被打破，垄断性的政治力量就得以产生，在考古学上就表现为在中原地区终于出现了诸如陶寺、二里头这类都邑性的中心遗址。

我们要思考的另一个重大问题是，中国史前文明从多元走向一体，或者说中原华夏文明最终崛起的历史动因是什么？上文对《五帝本纪》的有关分析，至少已经揭示出值得重视的三个方面：其一，发展农业、壮大实力是部族崛起的根本保障；其二，通过征伐、联姻和结盟等手段，在华夏集团内部以及和部分东夷族之间完成整合，这是形成更大政治实体的必由之路；其三，选择了一条理性化、人文化的发展道路是决定华夏文明命运的又一关键举措。

道路决定命运，中原华夏文明理性化的发展道路对于"一

图 11　陶寺遗址出土鼍鼓鼓腔　　图 12　陶寺遗址出土石磬

体"的凸显具有决定性影响。"绝地天通"在本质上是一次宗教改革，从此以后"家为巫史"成为历史，神权被世俗贵族阶层所垄断，"烝享无度"的宗教行为也画上句号，沟通人神的祭祀活动变得理性而有序。这种理性化的文明之路在玉器和玉文化上表现得最为显明，这一时期是玉器盛行的时代，有学者甚至称之为"玉器时代"。在中国早期文明中，玉器确实扮演了极为特殊和关键的角色。如江浙文化区的良渚文化盛行祭坛，坛上再建大墓，墓中则以玉琮为核心礼器；无独有偶，燕辽文化区的红山文化也大建神庙和祭坛，坛上修筑积石冢，冢内墓主也是"惟玉而葬"，玉器中又以玉龙最为尊崇。毋庸置疑，无论是良渚文化的玉琮，还是红山文化的玉龙，它们的背后都是强大的神权集团和浓郁的宗教活动。反观山西襄汾陶寺遗址，虽然也多出玉器，但最主要的玉礼器是彰显王权的玉钺。同一时期及稍后，黄河中下游地区还盛行多孔大玉刀和玄圭（牙璋）等玉器器类，这些大型玉礼器与彰显神权的良渚玉琮和红山玉龙在意蕴上大异其趣，正是中原华夏文明"绝地天通"以加强世俗王权的具体体现。玉器之外，陶寺遗址还出土了鼍鼓和石磬这样独具特色的礼器组合，开启了夏商周三代礼乐文明的先河，具有鲜明的人文意向。

在华夏文明内部整合的同时，与其他文化区域文明体的冲突与回应也是促进文明进步的关键原因。现有的考古材料已经可以证明，与中原的"兴"相伴的正是其他多个文明区域的"衰"。"中国"起来了，周边则倒下了，形成鲜明对比。但正如北大考古文博学院张弛教授所描述的那样，这些文化区的衰落过程是渐次出现的，最早发生衰退的是长江中下游地区，随后是豫中以东的河南大部分地区以及海岱地区。上述区域内，在距今5000年前后，长江中下游地区屈家岭－石家河文化、良渚文化都曾盛极一时，但最晚在距今4000年前，这两个文化区都已急剧衰退，可谓哀鸿遍野。对于其中原因，现在一般认为是"禹征三苗"的结果，即中原华夏集团对长江中下游地区苗蛮集团进行了持续性、毁灭性的打击，造成了该区域史前文明的彻底衰落。结合帝舜"道死苍梧，葬于九嶷"，以及"禹致群神于会稽之山"和禹"至于会稽而崩"等文献记载，这种解释是有相当合理性的。"禹征三苗"在客观上完成了黄河文明带对长江文明带的融合，为此后的秦汉大一统奠定了坚实的文明基础。

张弛还指出，在长江中下游地区文明衰退和中原崛起的同时，燕辽地区－北方地区－西北地区－西南地区这一半月形地带开始走向兴盛，在从贺兰山以东直到冀西北张家口的广大区域从仰韶文化晚期开始逐渐出现大量人口和聚落，至龙山文化时期达到了顶峰。其中最典型的就是在距今4300年前后在河套地区形成了以神木石峁遗址为代表的石峁文化，建造了规模巨大的石城，并似乎南下对陶寺文化形成了强有力的冲击。在宁夏甘青地区，几乎在同一时期也兴起了齐家文化，遗址众多，且出现了规模巨大的中心聚落，如定西香泉镇云堡山遗址面积几近200万平方米，足证齐家文化势力之盛。

龙山时代后期长江中下游地区的衰退与上述半月形地带的崛

图 13　陕西石峁遗址皇城台俯视正射影像图

图 14　陕西石峁遗址外城东门址 2013 年度发掘后全景

图 15　陕西石峁遗址皇城台北墙西段第 2 级

起,从根本上改变了中国史前文化的格局。基本以距今4000年为界,此前的文明冲突主要发生在黄河中下游地区的华夏集团与长江中下游地区的苗蛮集团之间;随着苗蛮集团被压服和半月形地带的兴起,华夏集团被迫转身,开始直面来自北方和西北的"野蛮人",这也是此后四千年间中华大地上文明冲突和文明交融的主旋律。也正是在这种"南征北战"的锤炼下,中原华夏文明不断吸收外来因素,不断发展壮大,最终形成了以中原为中心的多元一体文明格局。

四 禹之初兴与夏之崛起

无论从哪个角度衡量,禹都是中国上古史研究中最为关键的一个人物,或者说,是一个无法回避的话题。

《史记·夏本纪》说,"禹者,黄帝之玄孙而帝颛顼之孙也",这自然是后人伪托的结果。凡读过《五帝本纪》的都知道五帝世系之错乱,太史公焉能不知,但他依然采用此说,无非是要强调禹是出于以五帝为代表的华夏集团,所以我们大可不必因为这样的记载就怀疑大禹作为真实历史人物的可靠性。虽然《夏本纪》已经不能详述禹的祖先世系,但他为古之圣王,则是确凿无疑的,后代也无异说。到了上个世纪20年代,以顾颉刚先生为代表,史学界兴起了"疑古"思潮,禹究竟是人还是神,这才成了问题,并有很激烈的争论。有争论很正常,但是近些年有些人不明就里,把争论当结论,为疑而疑,不但怀疑禹的真实性,连夏代是否存在也起了疑心,给社会大众造成了不必要的困扰。

了解学术史的都知道,在有关大禹属性这个问题上,顾先生的看法是几经反复的。他最初的论证逻辑是:因为《诗经·商颂·长发》有"洪水芒芒,禹敷下土方。……帝立子生商"的记载,所以"禹是上帝派下来的神,不是人";《说文》释禹为虫,说明"禹或是九鼎上铸的一种动物",后人因为禹(虫)与鼎的这种组合关系,所以"就以为禹是最古的人,应做夏的始祖了"。不难看出,顾先生的这些看法最多只是一种推测,而且论证是很薄弱的,连他自己都没有把握,并被鲁迅揶揄为"大禹是条虫"。所以顾先生很快就改口说:

> 我引《说文》的说禹为虫,正与我引《鲁语》和《吕览》而说夔为兽类,引《左传》和《楚辞》而说鲧为水族一样。我只希望在这些材料之中能够漏出一点神话时代的古史模样的暗示,借了这一点暗示去建立几个假设,由了这几个假设再去搜集材料作确实的证明。如果没有确实的证明,假设终究是个假设。

事实上,当他"知道《说文》中的'禹'字的解释并不足以代表古义,也便将这个假设丢掉了"。但顾先生非常执着,后来又做了更系统的研究,他的最终结论仍然是"禹颇有从天神变成伟人的可能"——也只是"可能",而不是"一定"。

我十分崇拜顾先生,但在大禹属性这个问题上,我并不同意顾先生的看法。因为要否定禹是真实的历史人物,就需要全盘否定先秦文献中大量存在的相关记载。包括顾先生在内,这个工作迄今无人能够完成,因为这是一件无法完成的任务——道理很简单,这些文献记载是有史实依据的,大禹是人不是神。顾先生所做的,其实只是以"层累的"古史观对文献记载做了新的解读,而并没有能够证明文献中的相关记载是错误的。现在的情况则更草率,很多人说文献不可信,大禹是神话,只是道听途说,完全成了一种预设立场而没有具体学术实践。要证明某段古史或某件史事记载可疑,特别是在对待大禹和夏代信史地位这类重大问题时，对历史要有起码的尊重，切忌武断，要"拿证据来"，光有"疑古"态度和立场是不够的。

最近两年，有关大禹和夏代信史地位问题，我和相关学者有过多次的交锋，我的观点不妨再陈述如下：

> 夏代的信史地位涉及对传世文献的理解以及对历史和历史叙述的认知。从传世文献来讲，除了《史记·夏本纪》的系统叙述之外，在《尚书》《左传》《国语》和《诗经》等先秦文献中都有大量关于大禹或夏代的记载。在出土文献方面，早在上个世纪20年代，王国维就已举出秦公簋和叔夷钟的铭文来证明"春秋之世东西二大国无不信禹为古之帝王，且先汤而有天下也"。北京保利艺术博物馆收藏的著名青铜器豳公盨，铭文开首即说"天命禹敷土，随山浚川"，证明最晚在西周中期，《尚书·禹贡》里的相关内容已经广为流传。
>
> 虽然这些材料均属两周时期，距离夏代尚远，但这恰恰是历史叙述的正常形态。所有的历史叙述都是对过往历史的"追忆"，其中必然包含丰富的历史记忆。这些记忆既可以是真实的，也难免有想象的成分。神话和传说，从本质上讲，其实就是包含有较多历史想象的历史记忆。特别是大禹这类历史英雄人物，更容易被"想象"，被神话，这是人类历史的共同特征，如果因为这些想象和神话成分就否定大禹作为真实历史人物的存在，无疑是不合适的。实际上，史料甄别是古往今来所有历史学者都必须面对的首要问题，司马迁也曾困惑于百家言黄帝的"不雅驯之言"，但太史公并没有因噎废食，断然否定黄帝，而是善于裁断，"择其言尤雅者"而著成了《五帝本纪》。对于治中国上古史的学者而言，最需要的是一双能够鉴别"历史想象"和"历史记忆"的慧

眼,努力区分神话、传说和史实,寻找神话和传说中的"真实素地"。如果以当时的文字证据为信史的唯一标准,看似严谨科学,实际上是混淆了历史和历史叙述,贬低了历史文献的应有价值,也失去了对中国史学传统的应有尊重。

对于"古史辨"派学者在研究方法上的不足,其实徐旭生早就犀利地指出来了,主要有四点:第一,太无限度地使用默证,"因某书或今存某时代之书无某史事之称述,遂断定某时代无此观念"。第二,武断地对待反证,"看见了不合他们意见的论证,并不能常常地审慎处理,有不少次悍然决然宣布反对论证的伪造,可是他们的理由是脆弱的、不能成立的"。第三,过度强调古籍中的不同记载而忽视其共同点,"在春秋和战国的各学派中间所称述的古史,固然有不少歧异、矛盾,可是相同的地方实在更多,……可疑古学派的极端派却夸张它们的歧异、矛盾,对于很多没有争论的点却熟视无睹、不屑注意"。第四,混淆神话与传说,"对于掺杂神话的传说和纯粹神话的界限似乎不能分辨,或者是不愿意去分辨。在古帝的传说中间,除帝颛顼因为有特别原因之外,炎帝、黄帝、蚩尤、尧、舜、禹的传说里面所掺杂的神话并不算太多,可是极端的疑古派都漫无别择,一股脑儿把它们送到神话的保险柜中封锁起来,不许历史的工作人再去染指"。

应该说,徐先生罗列的以上四点真是一针见血,招招致命。我们今天从事上古史研究,一方面要充分吸取和尊重"古史辨"学者的成就,但也要注意到他们研究上的不足,特别是"疑古"过甚的地方,尤其是不能以讹传讹,曲解了"古史辨"学者的本意。目前关于夏代史和夏代考古的首要任务,不是去考证大禹究竟是人还是神,这个问题在实际上来讲已经不复存在了,我们的研究重点应该是要探讨为什么夏人能够在"天下万邦"中脱颖而出,建立了中国历史上的第一王朝,要把其中的历史必然性揭示

图16 武梁祠大禹像

出来。

至少从司马迁的《夏本纪》以来,就强调大禹治水对于夏王朝建立的关键作用,这应该是"多难兴邦"的最佳例证了。治水对于夏王朝的诞生当然至关重要,但问题又随之而来,为什么在此之前共工和崇伯鲧治水都失败了,而大禹却取得成功呢?难道真的是因为共工和鲧只会一味壅堵,而大禹的制胜法宝真在于他善于疏导?很显然,历史绝对不会如此简单。

大禹成功的关键显然不在疏导,而是在德,大禹是"以德治水"。比如豳公盨的铭文虽然从大禹治水切入,但核心诉求是讲"德",所以在铭文中"德"字出现六次之多。那么,大禹究竟何"德"之有?我梳理了一下,至少包括以下几点:

一是技术环节。大禹治水确实注重疏导,但他并不是一般意义上的疏导,而是大范围、因地制宜式的疏导。治水是个系统工程,尤其是尧舜时期这种异常大洪水,小范围的疏堵不但无法根治,而且带来的必然结果就是以邻为壑,反而阻碍了治水的实施。因此,此时的疏堵必须是广大区域内集体行动才可以奏效,通过设立分洪区,主动淹没一些区域,形成新的泄洪道,才能真正根治洪水。

二是社会资源调配能力。洪水肆虐给生民带来的最大困扰显然是吃饭问题,而设置泄洪区疏导洪水就会加剧该地区的灾情。在禹的一系列举措中,最关键的一点就是"命后稷予众庶难得之食。食少,调有余相给,以均诸侯"。只有在这种大范围的粮食调配、排除分洪区民众后顾之忧的前提下，大禹才有可能动员天下诸侯"舍小家，顾大家"，齐心协力，"开九州，通九道，陂九泽，度九山"，从而彻底疏导洪水。

三是大禹忘我的治水精神。很多先秦文献都记载大禹常年奔走在治水第一线，"亲自操橐耜，而九杂天下之川；腓无胈，胫无毛，沐甚雨，栉疾风，置万国"。大禹这一辛劳形象可谓深入人心并传于后世，直到汉代画像石中，大禹依然是头戴斗笠、手执木耒、奔走在山川之间的勤劳造型。

四是禹能团结天下诸侯。史载禹娶于涂山，这是典型的政治联姻，目的就是和淮河流域广布的淮夷集团结盟。有了这样的婚姻基础，才可能出现"禹合诸侯于涂山，执玉帛者万国"的盛况。也正是有了会诸侯于涂山的经历，才会有后来禹"会诸侯于会稽"，计功江南而崩的最终归属。

概言之，禹之兴，既是五帝时代以来中原华夏集团崛起的必然结果，也与禹作为历史英雄人物超迈的个人魅力相关。作为前王朝阶段的五帝时代，在经历千年发展之后，尤其是在击溃长江流域的苗蛮集团之后，文明发展已经到了需要突破的门槛。时势造英雄，大禹把握住了历史机遇，应运而生，建立夏王朝，华夏文明由此迈进了王朝文明阶段，中国历史翻开了新篇章。

五　何处寻找夏文化

通过考古学的方法来最终解决夏文化的问题，这是学术界的共识。上个世纪 30 年代，顾颉刚先生一边疑古，一边也在思考：

夏的存在是无可疑的，而夏的历史从来就少给人谈起。铜器出了许多，谁是夏的东西呢？古文字发现得不少，哪一件是夏人写的呢？没有铜器，是不是他们尚在新石器时代？没见夏的文字，是不是那时尚未有文字？还是这些东西尚没有给我们发现？

所以他呼吁："好在夏代都邑在传说中不在少数，奉劝诸君，还是到这些遗址中做发掘的工作，检出真实的证据给我们罢！"他的老师胡适，虽然一度号称"在东周以前的历史，是没有一字可以信的"，但在目睹了殷墟发掘的巨大成就后，也不得不承认，"夏朝一代自为实在史实，而非虚构"，并且提议"似应从古地理入手，择定几处为夏代城邑之可能者，加以发掘"。

但直到1959年徐旭生先生的"夏墟"调查，真正意义上的夏文化考古学探索才算开始。从方法层面而言，过去六十多年来夏文化探索主要有两种方法：一种是"夏都法"，另一种是"夏墟法"。

"夏都法"的代表人物是河南省文物考古研究所的安金槐先生。上个世纪50年代，他通过对郑州二里岗、郑州商城以及郑州洛达庙等遗址的发掘，构建了完整的商代前期文化序列，于是开始考虑夏文化的问题。安先生反对漫无目的地到处寻找夏文化，主张把重点"放在夏王朝奴隶制国家统治的核心区域，特别是应当首先放在文献记载和传说指出的夏王朝都邑所在地以及夏人的重要活动区域"。按照这个思路，他在上个世纪70年代重点发掘了登封王城岗遗址，在这里不但发现了河南龙山文化的城址，而且发现了多件带有"阳城仓器"戳记的战国陶器，据此得出了王城岗遗址就是禹都阳城的结论，这也就是说，以王城岗遗址为代表的河南龙山文化晚期遗存就是夏文化遗存。

毋庸置疑，"夏都法"有相当的合理性，所以在夏文化探索过程中一直处于主导地位。除了禹都阳城说，其他诸如陶寺遗址尧都说、瓦店遗址阳翟说、新砦遗址钧台说、二里头遗址斟寻说,以及二里头或偃师商城西亳说,在本质上其实都是夏都法的翻版。考古工作者之所以偏爱"夏都法",最主要是受了殷墟发掘的影响,在潜意识里希望能够找到一处"殷墟"般的"夏墟",从而一劳永逸地解决夏文化问题。但问题是,如何证明某处遗址是夏代的某处都邑呢?现在有些学者,尤其是一般读者,都是以殷墟为样板来要求"夏墟"的,要求必须发现王陵、文字这一类"铁证",否则免提夏都,甚至连夏文化都不能提。表面上看,对"铁证"的期待是在追求坚实可信的科学依据,但殊不知,对于此类证据的刻意追求早已偏离了考古学的轨道——因为考古学从来就不是,也不应该把这类遗迹遗物作为自己的研究主体。邹衡先生早就说过,有人之所以"怀疑遗址中常见的陶片能据以断定文化遗迹的年代和文化性质",那是"因为他们对现代科学的考古工作还不十分了解的缘故"。

"夏墟法"的倡导者是徐旭生,他的研究逻辑很清晰,即"从它活动范围以内去研究夏文化有什么样的相同的或相类的特征,再到离它活动中心较远的地方看看这些地方的文化同前一种有什么样的差异。用文化间的同异来作比较,就渐渐地可以找出来夏氏族或部落的文化的特点"。乍看起来,徐旭生的方法与"夏都法"似乎没有差别,都是通过对特定区域考古遗存的研究来判断夏文化,但实际上两者有本质区别。徐先生的重点是"文化间的同异",也就是把"夏墟"的考古学文化与"较远的地方"的考古学文化进行比较,根据它们之间的差异"比较出"夏文化。因此,"夏墟法"能否成功的关键有两点:一是对"夏

图17 二里头航拍图

图 18　2002 年二里头宫殿区东部建筑群发掘现场

图 19　二里头出土绿松石龙

墟"的正确判断，二是对"夏墟"及其以外区域考古学文化的全面认识。

徐旭生提出了正确的研究方法，但这种方法的完成者则是邹衡教授。邹先生的研究可谓步步为营，稳扎稳打。上个世纪50年代初，邹衡和安金槐一起参加了郑州二里岗遗址的发掘工作，对二里岗期商文化进行过系统研究；后来他又在学术界首次对殷墟商文化进行了分期研究，又在豫北冀南地区鉴别出先商文化，因此对商文化年代序列有着完整理解。

以商文化的研究为基础，邹衡开始了夏文化探索之旅。他首先梳理了文献中有关夏人传说的地望，基本界定了"夏墟"的范围，即豫西、晋南和豫东；然后系统比较了"夏墟"范围内二里头文化与二里岗文化、殷墟商文化的异同，掌握了二里头文化与殷商文化的显著差别；最后又对夏商时期北方地区其他考古学文

化做了全盘分析，考察了"夏墟"以外诸考古学文化的特征。最终在1977年，邹衡先生得出了二里头文化一至四期是夏文化的结论，从而第一次在考古学意义上完成了对夏文化的完整论述。

当然，学术研究没有终点，邹先生对夏文化的认识也不会是最终结论，需要且可以进一步发挥乃至修正。我之所以要写《鼎宅禹迹——夏代信史的考古学重建》这本书，也是想在邹先生研究的基础上，更好地论证夏文化问题。在书里，我提出要在历史语境下开展考古学研究，强调要带着具体的历史问题来处理考古材料，并在历史背景下理解考古材料。

具体到夏文化探索的历史语境，至少应该包括王世与积年、都邑、族氏、重大史事等几个方面。其中王世与积年旨在解决夏代的年代问题，这是从考古学上探索夏文化的基本前提；对夏代都邑的考订，则是以都邑为核心，确定"夏墟"的基本范围；对夏人同姓和异姓族氏的考察，则有双重意图——既可以通过族氏的分布进一步确定夏王朝版图，也可以通过族氏间的相互关系来了解夏代的社会结构；对夏代重大史事的研究也可以有多重效果——在宏观上可以探求导致考古学文化变迁的历史动因，在微观层面也可以为理解某些具体遗存的属性提供必要的背景。

实践证明，这种方法是行之有效的。我在该书的结语中，提出了对夏代历史和夏文化的一些新认识，可以转录如下。

（一）关于夏代历史

（1）大禹治水包含了传说和神话的内容，但其核心是历史事实；大禹治水成功的关键不是技术的改进，而是以"德"政为基础构建了治水所需的社会组织机制；大禹因治水成功而获"赐姓"，成为姒姓部族的首领，同时被确定为禅让体系中的法定继承人。

（2）禅让是大禹嗣位和夏王朝建立的制度保障，发生在尧—舜—禹—皋陶（伯益）之间的禅让实际上是君长推选制的一种特殊形态——夷夏联盟下的轮流执政；启攻益而自取君位，禅让制崩溃，世袭制确立；启、益之争是纯粹的权力争夺，却被战国儒家刻意曲解为特殊意义上的"尚贤"，这实际上反映了战国知识阶层企图通过和平方式攫取权力的心声。

（3）"赐姓"和"命氏"相结合是夏代社会的一个显著特征，"姓是血缘关系，氏是地缘关系"，夏王朝正处于从血缘社会向地缘社会过渡的关键时期。通过"命氏"方式建立的氏族国家是夏王朝最主要的政治单元，这些氏族国家的首领在血缘上又分属若干大的部族集团，并通过"赐姓"的方式确立部族首领；部族联盟是夏王朝统治的基本模式，夷夏联盟则是其政治基础；在这个联盟中，夏后氏是华夏集团的代表，皋陶、伯益所属的少皞氏则是东夷等泛东方集团的代表；有夏一代，东夷剧烈分化，部分夷人华夏化，与夏后氏结成政治同盟，这是理解夏代历史和夏文化的关键所在。

（4）夏后氏是夏王朝最高统治集团中的核心部分，夏代都邑的变迁，实际上反映了该族势力的消长。大体而言，在少康中兴之前，该部族的控制区主要是豫西的颍河上游地区和洛阳盆地，可能涉及晋南的局部地区；少康后期到帝廑时期，不仅巩固了豫西、晋南等传统势力范围，更向东拓展到豫东、豫北和鲁西地区；孔甲之后，夏后氏则退守豫西，广大的东方被以商族为代表的东方集团所占据。

（5）在夏代都邑中，以阳翟（夏邑）最为重要，夏都屡迁，但阳翟始终存在，堪称夏代的圣都；由于夏王朝的统治模式是部族联盟，导致夏代都邑居民成分复杂，文化多元，这也是正确认识夏代都邑遗址考古学遗存的重要前提。

（6）《史记·夏本纪》所载夏后世系基本可信，古本《纪年》记载的夏代积年471（472）年说不容轻易否定。依此积年数，则夏代始年至少应在公元前21世纪；研究者对于夏代世系及积年的质疑，必须以全面系统的文献研究为基础，而不能为"疑古"而"疑古"。

（二）关于考古学上的夏文化

（1）考古学上的夏文化应有广狭二义：广义夏文化实际上就是夏王朝文化，而狭义夏文化则是指夏后氏的文化。在当前的夏文化研究中，研究者常常忽视和模糊了夏文化的族属主体，混淆了广义和狭义层面的夏文化，由此造成了概念和认识上的混乱。

（2）从时间、空间和文化面貌三方面综合分析，河南龙山文化的王湾类型和煤山类型的晚期阶段可以理解为狭义的夏文化——即以夏后氏为主体创造的文化；而造律台类型、后冈类型、三里桥类型、陶寺文化和花家寺类型的晚期阶段则可归入广义夏文化范畴。

（3）考古学上的夏文化是指夏王朝这一特定时间范畴内的文化，但考古学研究的局限性决定了它无法准确区分夏王朝建立之前和覆亡之后的物质文化，因此，需要将夏王朝的始终转换为某些可视的考古学现象。充当这种"转换器"的是那些在夏王朝建立和灭亡等关键时间节点附近，能够触发物质遗存发生变化的特殊历史事件。

（4）"禹征三苗"是夏王朝建立前夜发生的重大历史事件，豫西南、豫南和江汉平原普遍出现的河南龙山文化对石家河文化的替代是这一事件在物质文化上的直观反映，这是证明河南龙山文化晚期遗存为早期夏文化的关键证据。

（5）"禹赐玄圭"是夏王朝建立、夏代礼制确立的标志性事件，而学术界所习称的"牙璋"正是夏王朝的核心礼器——玄圭。河南龙山文化晚期阶段玄圭在中原腹心地区的兴起并大幅扩张，其背后的历史动因就是夏王朝的文明输出，因此，玄圭的出现是证明河南龙山文化晚期阶段进入夏纪年的又一关键证据。

（6）在有文字证据之前，企图以成汤亳都来界定早商文化，

图 20　二里头遗址 V M3 出土的玄圭

从而确立夏商分界的做法会不可避免地陷入无穷的纷争之中,夏商文化的区别只能通过文化的比较来获得;偃师商城西亳说在研究方法上存在明显瑕疵,严格上讲,偃师商城的始建年代只是确定了夏商分界的年代下限,因此,偃师商城是不准确的界标,更不是夏商分界的唯一界标。

(7)器类统计表明,二里头文化一至四期和二里岗下层文化是一个连续发展、逐渐演变的过程,其中不存在物质文化上的突变;在此过程中,可以观察到的、比较明显的变化分别发生在二里头文化二、三期之间

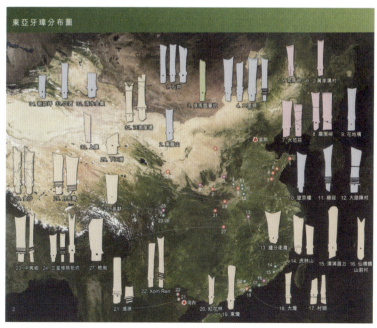

图 21　东亚牙璋扩张态势

以及二里头文化四期和二里岗下层文化之间,但物质文化上的变化并不能直接解释为王朝更替的结果。豫西地区河南龙山文化、二里头文化和二里岗文化所表现出的一脉相承、渐进式演变特征反而促使我们反思上述考古学文化的划分是否更多地是因为它们最早发现在不同遗址而被分别命名,而非文化面貌实际上的泾渭分明。因此,以此种考古学文化序列去对应虞夏商周等历史王朝,是需要极其慎重的。

（8）二里岗文化下层阶段,郑洛地区最大的变化并非物质文化,而是郑州商城和偃师商城的始建,以及大师姑和望京楼城址的改建。在二里岗下层阶段这个关键的时间节点上,商人同时兴建两座大型城址并对两座二里头文化城址进行改建,我们认为造成这种城市建设异动的最大可能就是在此时间段内完成了王朝的更替,换言之,夏商分界应该就在二里头文化四期晚段和二里岗文化下层阶段（不排除两者略有重叠）这一时间节点上,二里头文化在主体上应属于夏文化。由此,河南龙山文化的煤山类型、王湾类型和二里头文化一至四期共同组成了完整的狭义夏文化。

我非常清楚,上面这些对夏文化的描述还是过于"考古学"了,对于一般读者来讲,河南龙山文化、二里头文化、二里岗文化这些考古学概念太过抽象,这些考古学文化赖以表述的物质遗存——特别是那些只有考古学者自己才熟悉的陶器器类,普通读者很难把它们与夏商历史联系起来,历史的距离感和陌生感也由此而生。作为一个专业研究者,我深深地体会到学科的局限性和"无力感",考古学研究的主要对象——遗迹和遗物,并不是历史本身,而只是历史素材,考古学者不能只提供素材,而不重建活的历史。曾几何时,"透物见人""透物见史"就已是中国考古学的初心和使命,但夏文化探索所折射出的学科现状,依然是任重而道远。

推荐阅读

傅斯年：《历史语言研究所工作之旨趣》，《傅斯年全集》第三卷，湖南教育出版社，2003 年

1928 年，傅斯年"无中生有"地创办了中研院史语所，但对于这一新机构的定位、使命及工作目标究竟如何规划，并无可以借鉴之处。傅斯年按照他对科学史学的理解，创造性地提出"史学就是史料学"，号召史语所诸同仁"扩充材料、扩充工具"，为"科学的东方学之正统在中国"而奋斗。《历史语言研究所工作之旨趣》是近代考古学在中国诞生的标志，在很长时间内指导和规范了中国考古学的发展方向与工作方法。

李济：《安阳》，《李济文集》卷二，上海人民出版社，2006 年

1928 年冬，李济应傅斯年之邀出任中研院史语所考古组组长，领衔发掘殷墟。1928—1937 年史语所在殷墟的 15 次发掘，不仅为中国考古学赢得了世界声誉，也奠定了李济"中国考古学之父"的尊崇地位。发掘殷墟伊始，李济即有建设"殷商末年小小的新史"之愿望，而《安阳》就是他交出的答案。《安阳》一书分前后两大部分，前半部分实际上是中国考古学的早期发展史，而后半部分则是李济运用考古材料所撰写的"殷商新史"。作为亲历者，李济的表述自然最能反映那个时代中国考古学的真实面貌，因此，《安阳》是治中国考古学者不可不读的名著。

徐旭生：《中国古史的传说时代》，广西师范大学出版社，2003 年

作为北平研究院考古组的组长，徐旭生历来主张历史研究不能"专在斗室故纸堆中绕弯子"，因此他着手组建陕西考古会，亲自前往关中开展考古调查，探寻周秦两民族文化。抗战期间，徐旭生"立意拿我国古史上的传说材料予以通盘的整理"，完成了名著《中国古史的传说时代》。这是一部与当时笼罩在中国史学界的"疑古"风潮相论争的著作，概括而言，此书目的有二：一是巩固国人对于古史的信心，二是寻找正确的古史研究方法。尤其是在后一点上，徐旭生着墨尤多，体现了良好的学术素养。此书是治中国上古史者的必读书目。

顾颉刚：《中国上古史研究讲义》，《顾颉刚古史论文集》，中华书局，2011 年

1929 年 9 月，顾颉刚应燕京大学之邀，任该校国学研究所研究员兼历史学系教授，主讲"中国上古史研究"课，为此着手编撰《中国上古史研究讲

义》。顾先生自述"这份讲义的宗旨,期于一反前人的成法,不说哪一个是,哪一个非,而只就它们的发生时代先后寻出它们的承前启后的痕迹来,又就它们的发生时代背景求出它们的异军突起的原因来"。所以,这部讲义实际上是对"层累地造成的中国古史"观的具体论证。讲义对34种文献材料进行了分析讲述,在内容上涵盖了顾先生所提出的三种古史观,即战国以前的古史观、战国时的古史观以及战国以后的古史观。该书是正确理解顾颉刚先生及"古史辨"派学术思想的主要著作。

苏秉琦:《中国文明起源新探》,生活·读书·新知三联书店,2019年
作为考古学"中国学派"的奠基人,苏秉琦很长时间内在思考考古学的"见物见人"问题,特别是在他的晚年,他再三呼吁重建中国古史,并身体力行,主编了《中国通史》的"远古时代",明确提出"重建中国古史的远古时代是当代考古学者的重大使命"。而《中国文明起源新探》则是他晚年留给普通读者的一部博大精深而又简明扼要的巨著,强调打破"根深蒂固的中华大一统观念"和"把马克思提出的社会发展规律看成是历史本身"这两大怪圈,提出中国国家起源的"三部曲"和"三类型",真正实现为恩格斯《家庭、私有制和国家的起源》完成中国续篇。

邹衡:《夏商周考古学论文集》,文物出版社,1980年
该书是邹衡先生构建夏商周考古学术体系的经典之作,全书共7篇论文,以《论郑州》《论殷墟》《论夏文化》和《试论先周文化》四篇为核心,从考古学上厘清了夏、商、周三族文化的来源与发展。此书的出版奠定了学科体系,迄今夏商周考古仍未超出这一体系。同时,此书也是如何运用考古材料来研究重大历史问题的典范之作,值得每一个考古研究者学习体会。

孙庆伟:《追迹三代》,上海古籍出版社,2015年
这是一部关于夏商周考古学术史的著作。作者以重大学术问题为纲,通过分析代表性学者的学术背景及学术主张,系统分析夏商周考古的发展历程,并对当前研究中存在的问题和方法进行了反思。此书体例完整,表述清通,尤其便于初学者了解夏商周考古的发展及其在古史重建上的贡献。

第二讲

奠基时代：秦汉

侯旭东

今天，我要从解释性的角度去讲为什么秦汉时代是中国历史上的奠基时代，并从这样一个角度去分析秦汉时代在中国历史上的意义。

一 如何看待秦汉时代？

我们先从对秦汉时代的认识开始，这种认识并不是从今天才开始的，从汉代开始，已经不断地有当时的士大夫讨论对秦汉时代特别是秦朝的认识。一直到后代，到现代，我们都不断地在追问这样一个问题。下面是谭其骧先生在《中国历史地图集》中绘制的三幅秦汉时期疆域图：

图1　秦时期全图。谭其骧主编：《中国历史地图集》第2册，中国地图出版社，1996年

第二讲　奠基时代：秦汉　　41

图 2　西汉时期全图。谭其骧主编：《中国历史地图集》第 2 册，中国地图出版社，1996 年

图 3　东汉时期全图。谭其骧主编：《中国历史地图集》第 2 册，中国地图出版社，1996 年

从第一幅图可以看到，秦朝的疆域大概也就相当于中国现在疆域的三分之一，主要是今天中国农耕地区的范围，今天中国疆域的奠定实际上是在清朝。第二幅图中，西汉的疆域和秦朝相比最大的不同之处就是西半部分，主要是新疆和河西走廊一带，西域地区纳入了西汉王朝的统治范围，是和秦相比最大的变化；另外一个不同之处是在南方，除了一直控制到今天的一些区域，越南的北部地区当时也都纳入了西汉王朝的控制。东汉的情况和西汉差不多，疆域面积有一些小的出入，但总的领土范围几乎没有什么变化。

那么如何去看秦汉时代？我们先去看一看司马迁怎么说。司马迁生活在西汉前期，大概是在武帝的晚年去世（约前145—前90），更具体的年代现在还无法确定。他在《史记》里对秦的历史，对由秦变汉的历史有好几段表述：

> 秦之德义不如鲁卫之暴戾者，量秦之兵不如三晋之强也，然卒并天下，非必险固便形埶（势）利也，盖若天所助焉。
>
> 太史公读秦楚之际，曰：初作难，发于陈涉；虐戾灭秦，自项氏；拨乱诛暴，平定海内，卒践帝祚，成于汉家。五年之间，号令三嬗。自生民以来，未始有受命若斯之亟也。……秦起襄公，章于文、缪、献、孝之后，稍以蚕食六国，百有余载，至始皇乃能并冠带之伦。以德若彼，用力如此，盖一统若斯之难也。……然（刘氏）王迹之兴，起于闾巷，合从讨伐，轶于三代……此乃《传》之所谓大圣乎？岂非天哉，岂非天哉！非大圣孰能当此受命而帝者乎？[1]

对秦如何崛起感到不解，归之于天助。更令他惊奇的是，秦汉之间的转机为什么这么快，五年之中就发生了天翻地覆的变化。秦国崛起花了相当长的时间，经历了一百多年的时间，才慢慢地发展起来，统一了天下。但是刘邦这样一个无赖式的人物，怎么就能突然从民间崛起？且刘邦最终在几年内带领着众多义军推翻秦朝，建立了汉朝。这实际上是一个非常伟大的，也很难以理解的变化。在司马迁看来，这好像不是人力能决定的，所以他就发了两句感慨："岂非天哉，岂非天哉！"他的结论说明，这些历史现象已经超出他的想象力，他只好说刘邦就是个大圣一样的人物。我们从中可以看出，司马迁这样一位史家，生活在西汉前期，对于秦朝，还有汉的兴起，还是颇感困惑的。

我们再把目光推后将近两千年，看看清人及其后的观点。赵翼（1727—1814）是乾嘉时期很有名的学者，他说：

> 盖秦、汉同为天地一大变局。[2]

赵翼认为秦汉时期在中国两千年历史上是一个非常大的转折。他以后的很多学者都赞同这一看法。钱穆先生（1895—1990）上个世纪30年代在北大讲《秦汉史》，讲义后来在1957年出版，里面就有类似的表述：

> 秦自始皇二十六年并天下，至二世三年而亡，前后仅十五年。然开后世一统之局，定郡县之制。其设官定律，均为汉所因袭。其在政治上之设施，关系可谓极大。……对于文教上之影响，亦复匪浅。……物质上之种种建设，亦至伟大。

又说，汉兴：

> 此诚中国历史上一绝大变局也。[3]

他一方面对秦的统一给予了非常高的评价,另一方面说汉兴也是中国历史上一个非常大的变局。毛泽东(1893—1976)在《中国革命和中国共产党》里,对秦的作用做了一个高度的评价:

> 如果说,秦以前的一个时代是诸侯割据称雄的封建国家,那末,自秦始皇统一中国以后,就建立了专制主义的中央集权的封建国家。[4]

这篇文章是他在1938年抗日战争的时候完成的重要著作,其中对中国历史做了一些非常概括性的论断,这些论断依然是目前为止中学历史教材里的基本看法,我们很多人了解的历史的基本结论其实都是在这篇文章里提出来的。1973年8月,毛泽东还写了一首咏史诗:《七律·读〈封建论〉呈郭老》,这大概是他去世之前写的最后一首咏史诗。诗里有一句"百代都行秦政法,十批不是好文章",也概括了秦朝的历史影响,这其实在批评郭沫若的《十批判书》,认为其中的一些评价有问题。

不光中国学者、政治家高度评价秦汉时代,日本学者西嶋定生在他的《秦汉史》里也有如下表述:

> (秦汉帝国)的意义在于因统一国家的建立而形成的国家构造基本形态,与这一时代造就的精神文化基本形态,一同跨越并规范了其后中国两千年的漫漫历史。[5]

在他看来,中国的秦汉时代不仅在中国历史上很重要,而且对日本历史发展也是非常重要的。这是日本学者一贯的看法,他们一方面认为秦汉时代是一个变局,另一方面认为秦汉时代对中国后来大概两千年的历史有非常深远的影响。当然这不是因为他们的研究方向问题,不是因为西嶋先生主要研究秦汉史,所以抬高自己研究的时代的历史意义。我原来研究魏晋南北朝史,现在主要研究秦汉,站在后代,乃至今天的角度观察,同样认为秦汉时代是中国历史上一个奠基时代。这当然属于"后见之明",用钱穆先生的话表达,属于"时代意见"[6]。

为什么清代以来越来越多的人会认为秦汉时期是中国历史上极其重要的转折时代?这就是我今天要讲的主题。

二 秦国统一的秘密

我们首先要从秦统一讲起。大家知道,消灭六国的大业实际上是在秦王嬴政统治的短短十年间完成的。为什么最终会是秦国完成统一?这个问题是中国学术传统中不太注意的,而我们都会觉得这是历史的必然。为什么是历史的必然?为什么战国时期那么多国家,至少有战国七雄,最后是秦完成了统一,而不是齐国或楚国?齐楚的文明都非常发达,大家可以看看湖北省博物馆,陈列着那么多楚地出土的精美器物,秦国墓葬出土的遗物就相去甚远。但为什么最后是当时人们看不起的秦国完成了历史大业?这其实是一个很大的问题。可惜在中国的学术传统里,在必然性的笼罩下,这些问题都消失了,反而日本学者很关心这些问题。答案要从大的背景即持续的战争讲起,持续战争是变革的引擎。这一点我们过去不会注意到,实际上却非常重要。

首先,从春秋到战国非常重要却又不太为人留意的变化,就是当时战争的方式发生了变化。一个最明显的表现就是春秋时期的史书讲的都是一个国家有战车几百乘、千乘,车战为主时动用的兵力很少。而战国文献记载的都是动辄发兵十万、数十万,战国末年秦赵的长平之战坑杀几十万人。计量战争的单位从车变成了人,斩首常常过万,甚至数十万。顾炎武很早就注意到这一变

化,他在《日知录》卷三"小人所腓"条指出:

> 终春秋二百四十二年,车战之时,未有斩首至于累万者。车战废而首功兴矣。先王之用兵,服之而已,不期于多杀也。

顾炎武对变化原因的解释,今天很难认同。这是一个外在形式上的变化,对其意义的理解则是到了晚近才有越来越多的学者注意到。以前史学家强调经济基础,说那时候铁工具普及、农耕发展等,其实战争才是直接的火车头。战争形式的变化会带来一系列的深远影响,对战国时期的各国来讲非常重要。春秋时期讲"千乘之国"时,打仗的人实际上主要是贵族,战车兵器都是他们自己装备;而到了战国时期动辄上万、几十万的军人,大部分都是庶民当兵,他们的武器装备都要由国家来提供。而且战争不是一场战役定胜负,前后持续了二百多年,对当时各个国家的财政负担和管理方式都提出了非常严峻的挑战,为生存下去,只能寻找新办法。

整个战国时期国家管理方式的变化,一系列的变革、变法都和持续的战争状态有关。如果一战决胜负,就不需要这些了。关键是谁也打不赢,拉锯战绵延了二百多年。为了不被打败,只能去变法富强,想办法在这样残酷的竞争中获胜。各国都需要新的统治方式,首先要能控制住人,才有足够的人当兵。故而君主控制百姓的方式发生了变化,设置郡县、开始建立户籍制度就是要直接控制民众。原本对老百姓的管理是依靠分封,国君之下有卿大夫,卿大夫下面还有士,国君自己直接控制的人口很有限。但现在国君要想控制兵源,就不能再分封,而要设置郡县,通过户籍制控制所有的百姓。所以从《史记·秦本纪》的记载可以看到,秦献公十年(前375年)开始"为户籍相伍",在秦的全国范围内设立户籍制度,这是一个划时代的变化。户籍从那时候出现，一直到现在还在用，这是那个时代的遗产。

除此之外，持续战争导致开支增加。因为打仗要铸造兵器、维持军队给养等，国家要保持稳定的收入，就要有持续的赋税。春秋时期开始有初税亩等征收项目，常态化的税收开始出现，这些是国家持续存在的物质基础。把老百姓塑造成农民也很重要，农民的特点是能够年复一年地持续耕作，不断地为国家提供粮食作物，使国家能够有粮食储备。有了足够的战争储备，才能够持续作战，这些都是战国时期为了应付持续的战争逐渐出现的一些历史性变化。

和上述因素密切相关的还有国君权力的扩张。国君为了实现这些目的，开始任命官吏，不再使用世卿世禄的贵族。他选拔有能力的士人做官员，从外国来的游士中任用人才辅佐自己，职位也开始逐渐固定下来，俸禄开始出现，还有包括上计在内的监督检查方式。官僚制开始在战国时期出现。

这一切的出现都是和持续的战争直接联系在一起的。许倬云先生在《万古江河》里讲过："促使编户齐民的国家组织形态发生的最大动力，是战争。"[7]很多学者都有类似的看法，包括马克斯·韦伯在《儒家与道教》中也强调过这一点。浙江大学的赵鼎新教授写过一本《东周战争与儒法国家的诞生》，讲战争和儒法国家的成立。这些研究都注意到了战争与时代变革和新的制度出现的密切关系。战争其实是一个形式，为什么会出现这么多战争？为什么西周时期各国都还算相安无事，到了春秋时期就开始战争增多，到战国愈演愈烈，最后发展出以大吞小，大国之间互相残杀，由秦国统一的局面？

直接的背景就是礼崩乐坏，正如孔子所说，由"礼乐征伐自天子出"到"礼乐征伐自诸侯出"。原本制礼作乐、打仗由周天子发号施令，后来诸侯国的力量慢慢强大，自己就开始做这些事。所以就有了春秋时代楚昭王问鼎中原的故事。他在洛阳附近问九鼎的大小轻重，周卿大夫王孙满说在德不在鼎，意思是说周有天命，楚国作为蛮夷戎狄还是不能问鼎。可以看出春秋时代诸侯国已经蠢蠢欲动，想动摇周天子的统治秩序。不光国君开始膨胀，国君之下的卿大夫随着自身力量的壮大也向上僭越，像鲁国有三桓，八佾舞于庭之事，就出自三桓之一的季孙氏；三家分晋，晋国被韩、赵、魏肢解；还有田氏代齐等，都表明卿大夫力量崛起。春秋时期开始，可以看到整个国家力量自下而上地发展，背后归根结底还是经济的发展，是西周分封制下几百年积累的结果。经济发展之后引发人们（主要是统治者）观念的变化，观念是人类历史上非常重要的一个因素。

随之而来的一个问题是，为什么是秦国完成统一，而不是齐、楚这样的大国？当时人们认为秦国是戎狄，是西陲欠发达地区的小国，对他们的文化和统治者充满敌视，常用"虎狼"来形容他们。北京大学历史学系的何晋教授专门写过一篇文章，叫《秦称"虎狼"考》(《文博》1999 年第 5 期)，梳理出很多有相关描述的史料，概括而言秦统一天下在当时多数人看来完全是意外。究竟为什么这样一个落后的国家最后战胜了东方六个大国？很重要的因素就是商鞅变法的作用。

秦统一前夕，少数几位有远见卓识的人就预料到秦国会统一天下。一位是大儒荀子（约前 340—前 245 年）。他曾到秦国做过一番实地调查，然后对秦国做了一番描述，讲到秦国百姓、官吏和朝廷的情况：

> 入境，观其风俗，其百姓朴，其声乐不流污，其服不佻，甚畏有司而顺，古之民也！及都邑官府，其百吏肃然，莫不恭俭、敦敬、忠信而不楛，古之吏也！入其国，观其士大夫，出于其门，入于公门；出于公门，归于其家，无有私事也；不比周，不朋党，偶然莫不明通而公也，古之士大夫

也！观其朝廷，其朝闲，听决百事不留，恬然如无治者，古之朝也！故四世有胜，非幸也，数也。(《荀子·强国》)

"楛"的意思是态度恶劣。荀子根据他的亲身观察，认为秦国四代人连连取得胜利，不是侥幸，而是自然的、确定性的。他没有追溯原因，但是觉得秦国未来恐怕是会统一天下的。荀子不愧为大思想家，目光犀利。另一位是蔡泽，秦昭王（前306—前251年在位）末年，他也去过秦国实地调查，之后对秦国的丞相范雎说：

商君为秦孝公明法令，禁奸本，尊爵必赏，有罪必罚，平权衡，正度量，调轻重，决裂阡陌，以静生民之业而一其俗，劝民耕农利土，一室无二事，力田蓄积，习战陈之事，是以兵动而地广，兵休而国富。[8]

正因为有了商鞅这些措施，秦国才能无敌于天下。他非常敏锐地察觉到一百年前的商鞅变法对秦国强大的作用，我们需要顺着他的观察去重新注意商鞅变法。

商鞅变法的内容很多，核心是围绕二十等爵建立的奖励耕战体制。简单说来，这一体制将百姓的利益和秦国紧紧捆绑在一起，极大地调动了百姓的积极性，影响中国两千年。与其说这套体系是秦始皇的遗产，不如直接说是商鞅的遗产。虽然有很多变化，其基本机制一直延续到现在。秦始皇不过是继承了商鞅遗产，逐一扫平六国，在公元前221年也就是秦始皇26年完成了统一大业。秦始皇希望秦朝能二世三世至于万世，传之无穷，实际上秦朝的统治时间却很短，总共十五年，二世而亡。虽然很短，但在中国历史上有非常重要的影响。

三 秦始皇每天累不累？

西汉人对秦始皇没什么好印象，所以《史记》还有当时其他很多著作对秦始皇有很多批判。司马迁借儒生之口说："天下之事，无小大皆决于上，上至以衡石量书，日夜有呈（程），不中呈不得休息。"用现在话讲就是独裁专制。所以秦始皇每天要看的简牍文书很多，著名秦汉史学者王子今教授专门写过一篇文章来算秦始皇每天阅读量约多少，结果是每天要看318000字。[9] 他的工作很辛苦，相当于每天读一本挺厚的书。我自己后来又算了一下，大概14万字。无论如何，司马迁的意思是说，秦始皇每天工作量很大，他的独裁造成秦朝很快崩溃。那么他为什么这么累？秦朝，包括后来汉朝到底是怎么管理的？这都是很大的问题。是不是皇帝只要日理万机，一个人就能把所有事情处理好？

我们先看一下秦朝建立的国家体制。这个体制实际上是一个金字塔形，从上到下，我把它简单地称为一君众臣万民体制。这完全是个描述性的说法，因我不太满意过去常说的"专制主义""中央集权"，暂时又找不到什么更合适的术语。秦帝国的架构，最上面是皇帝，其次是朝廷，下面是郡，然后是县和道。道相当于我们现在的旗或自治县，就是下辖有少数民族的行政机构，和县同级。当时一共有九百多个县和道，其下又有乡、里。

两汉基本继承了这个架构，只不过稍有变化。数量上郡由50多个增加到100出头，另外汉代部分地恢复了分封制，有国。后来发展成虚封，那些诸侯王实际上只有衣食租税，没有行政权力。所以总的来讲还是郡县体制。县道、乡里，在汉代也延续下来，只不过数量增加，汉代县的数量有1500多个（西汉），东汉有1100多个。另外一个变化是州的出现，这是武帝时候出现的一个监察性的机构，到东汉末年才变为一级的地方行政区划。朝廷是三公九卿制，从秦代开始到东汉后期一直如此。任官制度方面,西周、春秋到战国的世卿世禄的世袭制度变成了流官制度,县、道长吏以上的主要官员由皇帝任命,而且不能在本人籍贯所属地做官,这样的传统至少从汉代开始,一直延续到现在。据现代学者推算,秦朝的人口大概是4000万。以上是对秦朝的一个简单描述。

从秦汉的制度演变,我们可以看到这些制度在历史上的延续性。要提醒大家的是,这个基本架构实际上一直延续到清代,某种程度上也延续到了今天。制度是变和不变的统一:县级机构现在还在,只是数量增加到两千多个;另外管辖少数民族的机构不再叫道,现在叫旗、自治县。乡也还有,台湾地区至今还有里长。过去官员称县长或县令的,现在仍称为县长。这些等于两千多年只有数量的增减,而实质一直沿用,构成不变的一面。郡这一层级几百年要变一次,从郡到州、郡,再到后代的道、路、省,这些机构存续超越了朝代。朝廷设置变化是最频繁的,十几年就一变。整体观察,官僚机构最上层变化最快,下层反而是最稳定的,像火山一样,下层是凝固的,火山口不断喷发流动,变化最快。但我们过去往往会忽略这些不变的因素。古代史家也很有意思,正史中的《百官志》《职官志》一类的主要记述朝廷的机构与职掌,地方制度写得很简单,他们大概是注意到这部分几百年甚至更长时间也没什么变化,到现在几千年变化也不多。

大家对作为个人的皇帝,相对比较熟悉,但从制度层面,可能就比较陌生,我举几个例子来讲。譬如皇帝的信物:玺。某种意义上来说皇帝本人还不如这些玺重要,拿着这些玺绶才能被认可是皇帝。纵使不是皇帝,拥有玺绶,别人也不敢冒犯。西汉哀帝临终前将帝玺给了宠臣董贤,让他不要轻易给人。董贤手捧帝玺,别人无可奈何,只能哄他交出来。一旦帝玺脱手,董贤立刻沦为任人宰割的鱼肉,被迫自杀。

图4是广州南越王墓出土的"文帝行玺",图5是清代乾隆

图 4　汉文帝行玺，广州南越王墓出土　　图 5　乾隆皇帝玉玺

图 6　秦代虎符　　　　　　　图 7　西汉时期"皇帝信玺"封泥

时期的玉玺。早期的玉玺要随身携带，且要盖在简牍上，大小不过方寸，边长 2.3 厘米左右，规格很小。

图 6 是秦代发兵用的虎符，战国时期就出现了信陵君窃符救赵。上面有文字，国君（皇帝）与郡守各持一半，需左右"合符"，才能发兵，这是"符合"一词的来源。图 7 是西汉时期"皇帝信玺"封泥，盖在当时封文书的泥上，现保存在日本东京的国立博物馆里。

图 8 是汉代皇后的玉玺，有人认为是吕后的玺。陕西出土，边长只有 2.3 厘米。图 9 是节，苏武牧羊时手里拿着的东西，是皇帝颁给使者的，代表皇帝的权威。这是今人的想象图。

要讲秦始皇到底累不累，不能不考虑约 4000 万人口、300 万平方公里的大帝国，靠秦始皇每天看 14 万字，能不能管理好？《史记》的描述肯定是夸大其词，独木难成林，秦始皇少不了需要众多臣下来帮助他，以前是靠世卿世禄的贵族，战国以后开始使用流官来统治。更要注意的是，秦国统一了东方六国，各国风俗语言都不相同。至今中国还有七大方言（或说十大），很

图8 汉代皇后玉玺

图9 皇帝颁给使用、代表自己权威的节

多南方方言北方人听不懂，历史上更是如此。《礼记》讲"五方之民，言语不通，嗜欲不同"。西汉末年扬雄撰写的《方言》一书记录了各地的语言资料，词汇不同之外，也涉及发音上的差别。如卷一：

> 嫁、逝、徂、适：往也。自家而出谓之嫁，由女而出为嫁也。逝，秦晋语也。徂，齐语也。适，宋鲁语也。往，凡语也。

上面记录的主要是各地词汇上的区别。又如卷三：

> 庸谓之倯，转语也。

这一条讲的是发音上的不同。由此不难发现当时各地在语言文字上相当大的差别。为了解决语言不通的问题，顺利地让政令下达，只能依靠文字。

1975—1976 年，在湖北云梦县睡虎地秦墓出土的秦律中，有一篇名为"内史杂"，有这样的规定：

　　有事请也，必以书，毋口请，毋羁请。

意思是说，有事情一定要用文字形式向上级请示，不能口头请示，也不能托人找关系。这一规定就是为了适应跨越熟人社会的需要而做出的，强调使用书面文字作为沟通工具。这条律令非常重要，将秦的统治奠定在文字的基础上，适应了广土众民、语言难通的现实。这是个划时代的变化，以前并非如此。西周时期不需这么多文书，分封制下层层受封，封君管理自己的属民，数量有限，君臣世代居于一地，语言上无隔阂，事务亦有限。秦统一后，面对庞大的人口与广袤疆域，文字开始发挥作用。到东汉，王充在《论衡·别通篇》中说："萧何入秦，收拾文书，见萧何世家。汉所以能制九州者，文书之力也。以文书御天下，天下之富，孰与家人之财？"这是一个历史性的变化，影响直至当下，到现在我们也常要做书面报告，机构之间要靠文书上行下达。

湖南龙山县的里耶镇地处湖北、湖南、重庆交界，今天仍是个非常偏僻的地方。2002 年，在里耶古城的一口井里面发现了一大批简牍，是我们第一次见到的秦朝地方行政文书，现在已经公布了一部分。这批资料是司马迁没见过的，某种意义上我们可以超越司马迁，从而对秦朝有更真切的了解。这批简牍主要是秦代洞庭郡迁陵县的文书，因出土地现属里耶镇，故称里耶秦简。

秦简之外，我们现在能看到的汉简很多，包括出土于各类遗址的，如甘肃内蒙古长城烽燧沿线出土的居延汉简、甘肃敦煌东北悬泉置出土的汉代文书、湖南长沙五一广场出土的简牍、北大汉简，等等，还有不少发现于墓葬。除墓葬出土的简牍以外，遗址（包括古井）出土的基本是文书，数量最多。简牍出土时往往已散乱，甚

第二讲　奠基时代：秦汉　　55

图 10　敦煌悬泉置出土的西汉阳朔二年（前 23 年）闰月的传车亶䵩簿

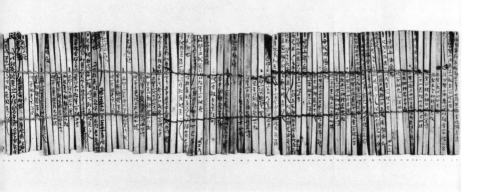

图 11　居延查科尔帖（A27，Tsakhortei）烽燧遗址出土的东汉永元器物簿（128.1）

至残断、破碎，并非简牍的原貌。当时大多文书简牍应该是编连成册的。汉代文书中，我们见到最长的一份是七十七枚简编连在一起的册书（图11），实际是由五个册书编连起来的东汉时期的文书。

这些秦汉简牍有助于我们重新认识秦汉史。仅举一例，北大汉简中的《赵正书》，其内容表明秦二世是合法继位。司马迁认为秦二世是和赵高、李斯合谋篡位，《赵正书》的出土，对传统说法构成挑战，衍生出很多新的问题。总之，秦汉时代各类官府文书很多，大家可以参考学者整理后的成果，比如李均明的《秦汉简牍文书分类辑解》（文物出版社，2009年）、李天虹的《居延汉简簿籍分类研究》（科学出版社，2003年），还有富谷至的《木简竹简述说的古代中国》（人民出版社，2007年）等，进一步了解秦汉简牍文书的基本内容。

秦汉时代要用文书统治天下，前提就是大家会写字。通过书同文，秦国用小篆统一了六国的文字。以前只有贵族会写字，现在则需要大量的人员处理文书，所以秦帝国乃至更早的战国时期，就慢慢开始有意培养会写字、写文书的人。湖北荆州张家山汉墓出土的西汉初年《二年律令》（一般认为是吕后二年，前186年）里，就有专门的《史律》。《史律》有如下具体规定：

史、卜子年十七岁学。史、卜、祝学童学三岁，学佴将诣大史、大卜、大祝，郡史学童诣其守，皆会八月朔日试之。（J474）

试史学童以十五篇，能风（讽）书五千字以上，乃得为史。有（又）以八膿（体）试之，郡移其八膿（体）课大史，大史诵课，取冣（最）一人以为其县令（J475）史，殿者勿以为史。三岁壹并课，取冣（最）一人以为尚书卒史。（J476）

第二讲 奠基时代：秦汉

"史"的角色是书记官，史、卜的孩子从十七岁开始学习。经过三年，史学童要能背诵默写五千个单字，另外每个字要会八种写法。汉代无法像今天这样推广普通话，各地小吏说话发音不同，但书写要一致。他们要参加考试，在郡里考第一名才可以做县级的小吏（县令史）。此后三年小吏们再经过考试，第一名才能成为尚书卒史，也就是郡府里的小吏。这是西汉初年的法律规定，秦朝也一定有类似的要求。经过这样的严格训练和选拔，才能培养出一支干部队伍，帮助秦汉统治天下。到东汉时期，要求学童背诵默写的字增多至九千，字体则减少一些，因为很多字体已经不用了。无论如何，要成为官吏，认字是必需的要求。相关研究可以参考邢义田的《汉代〈仓颉〉、〈急就〉、八体和"史书"问题——再论秦汉官吏如何学习文字》。

图 12 是北大汉简的字书《仓颉篇》，小篆。对大家来讲已经不太好认。图 13 是居延汉简的习字简，习字的人是在张掖

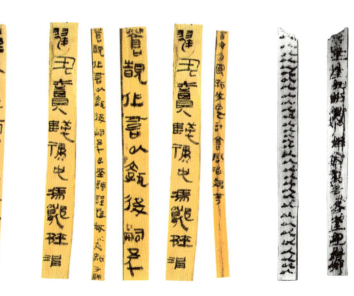

图 12　北京大学藏西汉竹书《仓颉篇》（部分）　　图 13　居延汉简中的习字简

郡边塞服役的士兵，以及军队里的小吏，他们要学习写字、掌握文书。这些习字简可以帮助我们理解这个国家如何培养官吏和维持统治。这类材料相当多，除了习字简，还有关于算术的材料，这也是当时处理文书必备的技能。

要实现对秦朝 4000 万人口或是汉代 6000 万人口的管理，有了文字与文书还不够。实际上从战国开始，随着官僚制国家的建立，就开始制定律令。睡虎地秦简中已经出现了 18 种秦律，《秦律杂抄》中也有很多秦律名目；此外岳麓秦简中，还可以见到许多律和令。那些反复出现的事务多可以根据律令来进行管理。

睡虎地秦简所见秦律篇目	湖南大学岳麓书院藏秦简律令篇目
《秦律十八种》：田律、厩苑律、仓律、金布律、关市、工律、工人程、均工、徭律、司空、军爵律、置吏律、效、传食律、行书、内史杂、尉杂、属邦	田律、仓律、金布律、关市律、贼律、徭律、置吏律、行书律、杂律、内史亡律、尉卒律、傅律、戍律、狱校律、奔敬（警）律、兴律、具律、索律等，见《岳麓秦简（肆）》（上海辞书出版社，2015 年）
《秦律杂抄》：除吏律、游士律、除弟子律、中劳律、藏律、公车司马猎律、牛羊课、傅律、敦表律、捕盗律、戍律	卒令、廷卒令、廷令、内史仓曹令、内史旁金布令、迁吏令等，见《岳麓秦简（伍）》（上海辞书出版社，2017 年）

大家来看一条很重要的律令，四川青川县秦墓里发现的秦国《为田律》木牍（秦武王二年，前 309 年）。《为田律》准确的名称是《更修为田律》，商鞅变法的时候有一条措施是为田开阡陌，那大概是第一次制定《为田律》，这一份是对此加以修改的新律。

具体内容如下:

> 二年十一月己酉朔朔日,王命丞相戊、内史匽民、臂更修《为田律》:田广一步、袤八则,为畛,亩二畛,一百(陌)道。百亩为顷,一千(阡)道,道广三步。封高四尺,大称其高。捋(埒)高尺,下厚二尺。以秋八月修封捋,正彊畔,及发千百之大草。九月大除道及阪险,十月为桥,修波隄,利津梁,鲜草离。非除道之时而有陷败不可行,辄为之。(以上为正面)

其中讲到田宽多少、长多少,一亩有多少田垄,道路设置在什么位置,道路多宽,每个月要做什么,等等,对百姓围绕田的活动做了一些规定。这些规定和商鞅变法有密切关系,从前我们认为它们开创了私有制,现在看来应该是授田制,如果非要用公有私

秦国《为田律》木牍(武王二年,前309年)	西汉初年《二年律令·田律》(湖北江陵张家山247号汉墓出土)
二年十一月己酉朔朔日,王命丞相戊、内史匽民、臂更修《为田律》:田广一步、袤八则,为畛,亩二畛,一百(陌)道。百亩为顷,一千(阡)道,道广三步。封高四尺,大称其高。捋(埒)高尺,下厚二尺。以秋八月修封捋,正彊畔,及发千百之大草。九月大除道及阪险,十月为桥,修波隄,利津梁,鲜草离。非除道之时而有陷败不可行,辄为之。(以上为正面)	田广一步,袤二百卌步,为畛,亩二畛,一百(陌)道;百亩为顷,十顷一千(阡)道,道广二丈。恒以秋七月除千(阡)百(陌)之大草;九月大除道□阪险;十月为桥;修波(陂)堤,利津梁。虽非除道之时而有陷败不可行,辄为之。乡部主邑中道,田主田道。道有陷败不可行者,罚其啬夫、吏主者黄金各二两。□□□□□及□土,罚金二两。(J246-248)

有的视角来看，称为公有（国有）制更合适。

这份写在木牍上的文书就形制而言，一开始有年月日、官职与官员的名，形式上还是文书。与之对照，我们再看一看西汉初年《二年律令》中的《田律》，可以发现内容上虽然做了一些修改，但都不是原则性的，汉代的田律大部分还是沿用秦代的。我们经常讲汉承秦制，从律令上看确实有很多这样的情况，上述不过是个例子。只是开头的年月日没有了，律文形式化，原来文书的格式被取消了。

律令的发展演变是不断前行的，从战国到秦到西汉如此，西汉到东汉也是如此。大家再来看贼律的演变，贼律是刑事犯罪处理的关键。对比《二年律令·贼律》和张家界市城西古人堤遗址出土的东汉时期的《贼律》，后代的律文根据现实情况较之前进行了增补：

西汉初年《二年律令·贼律》的规定	湖南省张家界市城西的古人堤遗址发现，东汉时期。该遗址出土的第14号木牍正面分栏抄录《贼律》正文，据《中国历史文物》2003年2月
伪写皇帝信玺（玺）、皇帝行玺（玺），要（腰）斩以勺（徇）。伪写彻侯印，弃市；小官印，完为城旦舂☐	贼律曰：伪写皇帝信玺、皇帝行玺，要（腰）斩以☐。伪写汉使节、皇大子、诸侯、三列侯及通官印，弃市。小官印，完为城旦舂。敢盗之及私假人者若盗，充重以封及用伪印皆各以伪写论

这样的增补一定很多，可惜东汉有关律令的材料不多，能像这样进行直接对比的例子很少。

《晋书·刑法志》对律令演变有一系列描述，是唐人眼中的西汉律令发展史，却和我们现在出土的材料对应不上。我们看到吕后二年的材料已经有二十七种律，一种令，《晋书·刑法志》的记载却并非如此，所以唐人说法恐怕有很大的问题，现在需要利用出土材料重新认识西汉时期的律令发展演变问题。另外值得注意的是，传统上认为中国的"律"涉及的都是刑事问题，"令"涉及的是行政问题。其实在汉代，《户律》《田律》都是民政方面的，还有很多"律"是行政方面的，包括《传食律》《均输律》《置吏律》等都涉及行政管理。"律"主司法刑事案件，"令"管行政是魏晋以后才出现的区分。

应如何看待秦汉乃至整个中国古代律令治国的体制？关于这个问题，古人有自己的描述。西晋惠帝（290—306年在位）时，三公尚书刘颂上书说：

> 又君臣之分，各有所司。法欲必奉，故令主者守文；理有穷塞，故使大臣释滞；事有时宜，故人主权断。主者守文，若（张）释之执犯跸之平也；大臣释滞，若公孙弘断郭解之狱也；人主权断，若汉祖戮丁公之为也。天下万事，自非斯格重为，故不近似此类，不得出以意妄议，其余皆以律令从事。然后法信于下，人听不惑，吏不容奸，可以言政。人主轨斯格以责群下，大臣小吏各守其局，则法一矣。[10]

前人包括研究法制史的学者很少引用这段话，我觉得它非常重要。这段话讨论的是对刑事案件的处理，实际上我们可以把它推广到对律令在管理国家中的作用，以及不同的人和律令关系的理解。刘颂讲到君臣分工，具体分为三类：一是小吏，作为负责人一定要严守条文（主者守文）；二是大臣，如果条文内部有矛盾，要由大臣进行疏通解释，决定适用哪一条（大臣释滞）；三是人主，事有时宜，皇帝可以超越具体律令根据实际情况斟酌裁断（人主权断）。后面各举了一个例子：一是"主者守文"的例子，西汉文帝出行的时候有人藏在桥下,惊动车马,文帝很生气,要严肃处理,但廷尉张释之主张严格按照法律处理。二是"大臣释滞"的例子,即郭解本不知杀人事,更未参与,御史大夫公孙弘议断"(郭)解虽弗知,此罪甚于解杀之。当大逆不道"而受族诛,见《史记》卷一百二十四《游侠列传》;三是"人主权断"的例子,丁公是季布同母异父的弟弟,本是项羽将领,曾在楚汉战争中阵前放刘邦一马,项羽被灭后丁公来谒见刘邦,刘邦以丁公对项羽不忠为由杀之,见《史记》卷一百《季布列传》。通常投诚当予以表彰,但人主权断如此。后代也有许多例子,证明皇帝经常有超越律令的决断空间。上述三分大致对应于传统司法中的法、理与情三者。

法针对不同的人有不同的处置,所以上述三种情况都是合法的。所谓"人主轨斯格以责群下,大臣小吏各守其局,则法一矣",这是古人的理解。其实它有自身内在的逻辑,但和今天我们一般人理解的"依法治国"不太一样。此处还涉及一个问题,很多日本学者讲中国隋唐时期是律令制国家。在我看来,自秦代开始,中国就已经是律令制国家,只不过律和令的关系到魏晋以后才明确化,法典编制也是在魏晋以后才出现。律令本身的创立很早就有,只是随着现实需要不断积累,魏晋以前未有意识地进行体系化的编纂。

四 制造"农民":帝国的舞台谁来撑?

文书、官员培养和律令只是管理的运作方式,国家管理的基础又是什么呢?答案是把百姓改造成农民。农民是生产者、赋税劳役的提供者,支撑着帝国的舞台。农民虽然很早就出现,但真正把臣民主体改造成农民实际上是比较晚近的事情,我个人的看法是在战国才普遍开始这样的进程。如前所说,这个进程和战争有密切关系。当时的百姓可以选择种地作为生计,但也有其他的活路,特别是在南方。现在南方是鱼米之乡,但在两千年前的司马迁眼中,那里还是颇为落后的地区,他在《史记·货殖列传》中讲过一段颇为有名的话:

> 楚越之地,地广人希,饭稻羹鱼,或火耕而水耨,果隋嬴(螺)蛤,不待贾而足,地埶(势)饶食,无饥馑之患,以故呰窳偷生,无积聚而多贫。是故江淮以南,无冻饿之人,亦无千金之家。

相当于今天长江中下游地区,自然资源丰富,人们谋生的方式多样,因而苟且偷生,活路很多,耕种也颇为粗放。其实不止南方如此,北方有一些地区渔猎也颇为兴盛,甚至影响到农耕。《汉书·地理志》说:"颍川、南阳,……其俗夸奢,上气力,好商贾渔猎,藏匿难制御也。"南阳是东汉光武帝刘秀的龙兴之地,那里也并非全是安心耕种的农民。要让百姓放弃其他生计一心农耕,只有靠强制。

东汉明帝时下诏,不允许百姓从事渔猎等农耕之外的第二职业("禁民二业")。有宗室刘般上言:"今滨江湖郡率少蚕桑,民资渔采以助口实,且以冬春闲月,不妨农事。夫渔猎之利,为田除害,有助谷食,无关二业也。"[11]讲述江湖沿岸地区保持渔猎的必要性,明帝从之。不难想见当时江湖沿岸地区从事二业的情况很普遍。汉代画像石上有很多捕鱼、狩猎场景,当然反映农耕的画像石也有很多。描绘各种生计的画像石并存,昭示了当时社会百姓谋生方式的多样。

制造农民的背景和自然的赐予大有关系。莫说南方,当时的北京一带也是自然资源丰富。《战国策·燕策》载苏秦游说燕文侯:"燕……南有碣石、雁门之利,北有枣粟(栗)之利,民虽不由田作，枣粟（栗）之实，足食于民矣。此所谓天府也。"今天不会有人将北京比作天府，可战国时期就有人敢以此来忽悠燕国的国君，如果没有点事实依据，不可能产生效果，毕竟燕文侯就是这一带的统治者。燕国一带资源丰富，不靠田作就能维持，应该与实情相去不远。北京尚且如此，往南的其他地区自然资源状况应该更好。这种情况下，老百姓可以有多种的生存方式，不耕种也不太愁食物，对农耕也就没有那么强的兴趣，投入自然打折扣。把他们改造成农民，持续为国家提供赋税，就需要有政策，有法律。这实际上是一段血泪史，要靠胡萝卜加大棒的威逼和利诱，经历了相当长的时间。

还要回到商鞅变法。变法规定："僇力本业耕织，致粟、帛多者复其身，时末利及怠而贫者，举以为收孥。"[12] 耕织结合，生产的粟米与布帛多的，就可以免本人的徭役；如果从事末业，或者因为懒惰而贫穷，国家就会把其妻与子女收为奴隶。贫穷成为原罪，人们必须努力致富。执行程度怎么样我们不知道，但至少规定得很严厉。商鞅变法所建立的主要机制是二十等爵制，鼓励百姓在战场上杀敌立功，平时则努力耕织。这种威逼利诱政策施行一百多年，把秦国的百姓打造成了战无不胜的将士。不光秦国如此，其他国家也应有类似的措施，否则秦国统一之路可能会更顺利。战争持续二百年，是因为其他国家也在采取相近的办法。我们在睡虎地秦简里看到的魏国律文，可能是秦国承袭的魏律，秦简"为吏之道"后所附的"魏奔命律"规定：

· 廿五年闰再十二月丙午朔辛亥，○告将军：叚（假）门逆閭（旅），赘婿后父，或衞（率）民不作，不治室屋，寡人弗欲。且杀之，不忍其宗族昆弟。今遣从军，将军勿卹视。享（烹）牛食士，赐之参饭而勿鼠（予）穀。攻城用其不足，将军以埋豪（壕）。

军队中一些人因为是倒插门的赘婿，还有不好好耕作或不修房子被派去当兵的，将军不必照顾这样的人，煮牛肉给将士时不必给予这些人，攻城用他们来填城墙前面的城壕，让将士们攻到城下。多么血腥的律文！然而魏国还是遭到灭亡，胜者的规定恐怕更严酷。当然，魏国覆灭还与地理位置有关，秦国无西顾之忧，魏国地处中原，四面受敌。

各国百姓都被改造成了农民及士兵，这一过程相当漫长，一直到唐代初年才完成。为什么汉代朝廷重视循吏，很重要的一点就是循吏热心鼓励农耕、兴修水利，其实就是在地方上改造百姓，把他们驯化成农民。但这不是件容易的事，老百姓也会抗拒，许多人逃亡山川薮泽之地去渔采狩猎，跑去城市从事末业，甚至偷渡到境外。史书中记载下来的往往只有最大规模的反抗——农民起义，不过隔很长时间才会出现，这类日常的反抗更为频繁。概括说来，制造支撑帝国舞台的农民，经过了一个长时段的反复拉锯才实现。

五 庞大帝国何以长存

秦帝国只存在短短的十五年，二世而亡；但两汉加起来前后有四百年，原因何在？我们刚才已经提到了很多因素，包括律令、皇帝、官吏和帝国的日常统治，以及它们之间密切的互动，国家能维持运转是这些因素相互作用的结果。现在我要给大家讲一个具体的例子，通过"传舍"看看帝国是如何管理与运转的。"传舍"用现代话讲就是官方设立的招待所。这种机构战国就开始存在，在秦和两汉叫传舍，后代则有不同名称，如客馆、馆驿、驿站（站赤）和今天的招待所。当时全国范围内，县以上的机构都会设立。如果两县之间距离太远，也会在交通线上设置。根据我之前的统计,西汉末年,全国有 2057 个这样的机构。传舍由官方设置,它所提供的吃饭、住宿、车马等服务都是免费的,但使用"传舍",需要获得官方签发的"传"文书,用今天的话讲,就是介绍信。用这个东西证明你的身份,才可以免费吃住和使用车马。传舍提供的饮食叫传食,车马叫传车、传马。传舍在传世文献和出土材料里都曾出现,不过,《汉书·百官公卿表》和《续汉书·百官志》中几乎没有正面提到,根据出土材料可以就个别传舍讲得更清楚一些,我们现在可以对它进行比较系统的研究。

1987 年,考古工作者在今天甘肃敦煌东北方向发现了悬泉置遗址,1990—1992 年进行发掘,出土了大量简牍。悬泉置是河西走廊上一个综合性的后勤保障机构,有提供马的悬泉厩、负责做饭的悬泉厨、提供住宿的悬泉传舍、传递普通文书的悬泉驿,以及负责速递的悬泉骑置,这些都是围绕统治运转而设置的机构。这个地方周边是戈壁,供给比较困难,所以把五个机构放在了一处,在内地应该都是分开的。此外,1993 年,在江苏东海县,也就是今天的连云港附近的一座西汉末年的墓葬里出土了一批简牍。墓主人叫师饶,是当时东海郡的功曹,也就是人事厅厅长。在他元延二年(前 11 年)的日记里发现,这一年他有 38 天夜宿传舍,传舍是该年他外出住宿时利用得最为频繁的机构。管中窥豹,帝国官员出差最常住的,应该就是传舍。

为了维持统治的运转,官员出差十分常见,使用传舍也一定十分频繁。管理传舍显然不能依靠皇帝亲力亲为,需要制度化的办法。秦汉帝国于是通过律令来管理传舍,我们现在可以看到的秦汉律令中有很多规定和传舍的使用有关。从什么人可以使用传舍,到具体的招待规格,如一顿饭吃多少盐、能在传舍吃多少天;从随从数量到能不能发兵,从动用当地车马的规格到马匹如何管理,规定十分细密。一般情况下涉及传舍使用,都可以依据律令来处理,但皇帝可以给本来没有资格使用的人下诏书,赋予他们使用传舍的资格。只是皇帝批示文书未必及时，一些应该由他批准才能签发的"传"文书未必能按时获准，后来也允许在向皇帝报告而未获批准情况下签发"传"文书（在当时"传"文书上注明"有请诏"）。此处可以看到皇帝不同的侧面，既可以超越律令，其职权也可以被臣下预支。

这一日常事务亦成为皇帝与官吏围绕律令相互博弈的空间。其中，皇帝可以说是个失败者。法网严密，但官员们未必都会严格遵守。我们在敦煌悬泉置出土的简牍中就可以看到当时传舍的出米记录，说明官府的免费口粮花费在了哪些人身上。除了外国使者和出差官员，还有县长夫人：

出米一斗二升，十月乙亥，以食金城枝阳长张君夫人、奴婢三人，人一食，东。[13]

西汉的金城郡枝阳县在今天甘肃兰州市西北不远处，并非官吏的枝阳县长夫人与奴婢同样享受传舍提供的免费口粮，这等于占国家的便宜。从枝阳一路走到敦煌，相当于从今天的兰州走到敦煌，往返两次的开销可以计算出来：

30 处 ×1 食 ×0.12 石 ×2 次＝7.2 石

一次额外的招待花销有限，全国一共有 2057 个这样的机构，如果到处都有这样的占便宜、搭便车，积少成多，加在一起对国家来讲就不是个小负担，会成为朝廷财政的巨大包袱。皇帝对此并非毫无觉察，而是高度注意，却无法解决。

西汉时，每年年底，各地郡国都要派遣官吏向朝廷汇报全年的工作，称为"上计"。上计完毕，发遣返回前，丞相都要令人重复宣读同样的敕，其中就包括："诏书无饰厨传增养食，至今未变。"就是要求各地官吏遵守传舍与饮食的接待及供给标准。最早大概在宣帝时候，就已经有这样的诏书，元康二年（前64年）五月诏，其中提到："或擅兴徭役，饰厨传，称过使客，越职逾法，以取名誉，譬犹践薄冰以待白日，岂不殆哉！"[14]诏书年年读，表明问题年年得不到解决。其中不难看出皇帝的无奈与无力。这类现象历朝历代均会遭遇到，积年累月也可能成为使国家走向崩溃的最后一根稻草。王莽时期许多机构已无法正常运营，《汉书·王莽传下》"地皇元年"提到：

> 乘传使者经历郡国，日且十辈，仓无见谷以给，传车马不能足，赋取道中车马，取办于民。

不久，翼平连率田况在上言中甚至建议王莽：

> 宜尽征还乘传诸使者，以休息郡县。

居延新简 EPF22：304："□东部五威率言：厨传食者众，费用多，诸以法食者皆自斋费，不可许"，云云。无论文献还是简牍，都在抱怨传舍供应负担沉重，难以承受。东汉初就因为财政无法供应，只好大量裁减这些机构。《晋书》卷30《刑法志》引《魏律序》称：

> 秦世旧有厩置、乘传、副车、食厨，汉初承秦不改，后以费广稍省，故后汉但设骑置而无车马，而律犹著其文，则为虚设，故除《厩律》，取其可用合科者，以为《邮驿令》。

这里虽是从律令角度来描述，"费广稍省"已经点出制度变化的核心背景。

以上是以传舍的使用作为一个例子来讨论律令、皇帝、官吏之间的互动,传舍既帮助维持了国家运转,也掏空了国家。前期正面意义大,后来逐渐朽坏。

除了刚才提到的律令、皇帝、官吏之间的互动,国家管理还有很多其他的机制。一个是年度的层层汇报,从乡里开始,到县郡、朝廷,自下而上每年都要进行,国家要掌握全国的统计数字,包括人口、田地、财政收支、官吏与机构设置,乃至司法案件数量等。除了民政系统,军事系统也一样要层层上报,以使国家了解"国情"。因为帝国对统计的需求,数学作为统治术的一部分获得发展。除了下对上的汇报,还有上对下派出的使者,包括刺史也是使者的一部分。皇帝不放心,所以时不时要派一些身边的臣下到郡国视察工作,皇帝自己也会出去巡视,对下面的工作进行检查。定期的统计与临时的监察两相结合,管理国家。秦代有监御史,汉代武帝后设刺史,名称不一样,但功能差不多。需要注意的是,除了皇帝,丞相、九卿也都可以派使者去地方检查工作。西北汉简中就不时可以看到"丞相使者"的身影。

我们今天可以看到出土材料里有上报用的各种统计报表。朝鲜平壤出土过的乐浪郡户口簿,整个叙述方式和中国出土的文书完全一致。前面提到过的江苏连云港东海县的尹湾汉墓出土材料中,有西汉成帝末某年东海郡向朝廷上计用的"集簿"抄件,内容很丰富,郡国的基本数据都包含其中。具体如下:

行政机构设置(县邑侯国、乡里、亭邮数量,1-3行)、郡界(4行)、县乡三老、孝、悌、力田数量(5行)、编内官吏数量(6行)、不同性质的官员分类统计(7-9行)、户口数量与增量(10行)、土地面积(11行)、各类耕地面积(12行)、种麦子面积(13行)、人口统计(14-16行)、春种树数量（17行）、成户数（18行）、钱谷收入与支出（19-21行）。

很有意思的是，这里面也不乏虚假数字。根据这份抄件，东海郡当时总人口不到140万人，90岁以上的就有11670人，这个高龄人口比例到现在也达不到。造假原因大概是当时仁者寿观念的流行，以此来暗示太守的统治乃德政。

国家掌握了郡国的年度基础数据之后，如何实施管理呢？我们来看看财政管理是如何运作的，东汉的一条材料非常重要。《续汉书·百官志三》"大司农"条：

> 郡国四时上月旦见钱谷簿，其逋未毕，各具别之。边郡、诸官请调度者，皆为报给，损多益寡，取相给足。

大司农相当于今天的财政部长。这条材料讲到的财政运作方式是通过文书来管理数据，根据数据安排实物转运。各郡国每三个月要向大司农汇报一次钱、谷的基本账目，由大司农根据各郡国钱、谷的盈缺需求进行调拨，原则是"损多益寡，取相给足"。全国一盘棋，实际就是古代的计划经济，然后再根据大司农的指令，郡国之间进行调剂与钱谷的转运，这种行政调拨是很常见的，具体体现为百姓承担的各种运役。当时人们还不会计算GDP增长率，只是进行多与少的比较而已。而且当时受天灾等多重因素的影响，生产无法计划，所以和现代计划经济的管理程度相差甚远，但也是数目字管理。调度与损多益寡，类似今天的转移支付和物资调拨。

结合其他资料，可以了解汉代财政管理最基本运行方式大致如下：农民生产物资，交给县，县收纳物资，并将物资记录在册，变为统计数字，层层上报，最终汇总于大司农。大司农根据各郡国的供求情况安排调剂，最后落实为郡国之间的物资调运，以及最终的分配与消费。这一机制对于维持国家运转非常重要。

除了上计等制度化安排，国家运转还有很多随机性的因素。一是请，二是议。请就是下对上提建议。皇帝不可能事事皆能预见，许多具体事务他也未必能意识到，臣下乃至百姓可以提出各种各样的建议，便是"请"。小到个人乞求田地，大到立太子、立皇后这些重大事情都可以提建议。张家山汉简《二年律令·置吏律》规定：

> 县道官有请而当为律令者，各请属所二千石官，二千石官上相国、御史，相国、御史案致，当请，请之，毋得径请。径请者者（后一"者"字衍），罚金四两。（J219、220）

制定律令也可以由臣下提建议，经过层层筛选，最后如果获皇帝批准，便可以变成律令。直接向皇帝建议，也只是受到罚金四两的行政处罚。总之，提建议（"请"）在汉代是有制度规定的。

"请"之外还有"议"。从朝廷到郡县，都存在各种各样的商议。有皇帝亲临的议，也有皇帝不在场由丞相主持的议。东汉以后三府、公府主持的议很多，各种形式的议到六朝以后也有很多。《通典·礼典》中有很多议，因为很多礼仪问题皇帝不懂，就让大夫、博士一起去商议。议也会记录某种意见有多少人同意，另外一种意见有多少人同意，由皇帝最后裁决，最终结果取决于皇帝的意愿。举个例子，西汉元帝时珠崖郡（海南岛）不断反叛，元帝与有司议大发军，贾捐之（贾谊曾孙）认为不当击。接到建议后，朝臣又是一番讨论，意见亦不一致：

> 对奏，上以问丞相御史。御史大夫陈万年以为当击；丞相于定国以为："前日兴兵击之连年，护军都尉、校尉及

丞凡十一人，还者二人，卒士及转输死者万人以上，费用三万万余，尚未能尽降。今关东困乏，民难摇动，捐之议是。"上乃从之。[15]

最后听从了贾捐之的建议，放弃发兵，且放弃了珠崖郡。这里面有元帝的个性因素在，元帝不是个性很强的人，容易听取别人的建议，但亦是朝廷处理政务中的一种通行的办法。类似的例子还有很多，时间关系不多举。不唯朝廷如此，地方也是如此。湖南长沙五一广场出土的东汉中期长沙郡临湘县的司法文书简，有不少记录了县丞与掾就某个案件"议请××"，商议、建议如何处理。后来郡县官府有议曹，主要工作就是议。议与请，从不同角度体现了政务处理中君与臣或府主与僚属的互动。

概括而言，我们不能把秦汉王朝的统治简单地理解为独裁专制，里面实际有很多复杂的互动过程，既有按照律令执行的日常事务，无须皇帝或府主出面，这应占多数，不过，史书中保留下来的反而不多；若需要皇帝或府主裁决，最终的结果是以皇帝或府主命令的形式下达，但裁决本身包含了很多人的智慧。

此外，我们也应注意，皇帝和府主还有其他办法来驾驭群臣和下属，这就是宠的机制，即利用身边的熟人统御外围的群臣和下属。王朝历史中反复上演的求宠→争宠→得宠→失宠→再求宠的循环往复，不仅见于皇帝身边，不止于后宫，亦普遍见于前朝（信-任型君臣关系的循环往复）。各个官府中均在反复上演，衔接成一个不断发生的机制，构成历史变化（波动，并非发展）的直接动力。

宠的机制在王朝时代一直存在，它的作用也体现在多方面。当国家由分封制进入郡县制，形成广土众民的帝国之后，面临庞大的官僚队伍，如何和他们打交道是让皇帝感到不安的事，宠的机制便是帮助皇帝克服不安、恐惧维持统治的重要武器。皇帝既是强者,也是弱者,是矛盾聚集体。中国是一个广土众民的国家,内部有不同的地域文化差别,人们成长于熟人社会。这些基本情况两千年一直都存在,宠的机制本身是对抗这样一种状态的武器。大家有兴趣可以看看我 2018 年出版的小书《宠:信-任型君臣关系与西汉历史的展开》。

六 儒生的崛起:得君行道路漫漫

秦代以法治天下,西汉前期用黄老之道,武帝之后儒生登上历史舞台,这在中国历史上是一个划时代的变革。儒生怎样走上历史舞台?其中有很多偶然性,和武帝个人的爱好等因素有关。儒生走上历史舞台之后便开始落实为制度,这很关键,是儒生后来逐步控制政局的要害。《汉书·儒林传》:

> 公孙弘请曰:"……谨与太常臧、博士平等议曰:……为博士官置弟子五十人,复其身。太常择民年十八以上仪状端正者,补博士弟子。郡国县官有好文学,敬长上,肃政教,顺乡里,出入不悖……诣太常得受业如弟子。……请著功令,它如律令。"制曰"可"。

公孙弘向武帝请,建议给博士弟子编制,规定什么人通过什么程序可以进入这个序列,给他什么待遇,并将这些变成制度。武帝同意了。有了制度保障,后代儒生便可以循制鱼贯而入。这个制度的起点很重要,公孙弘的确很有眼光。他深知在这样一个大帝国里,儒生要走上政治舞台不能只靠个人关系和个人好恶,一定要有制度保障。班固说:"自此以来,公卿大夫士吏彬彬多文学之士矣。"此处文学是经学的意思,以后儒生们就循此进入官僚队伍,坐至公卿。

　　当然,班固的描述忽略了具体的历程。事实上到了元帝(前49年)以后,朝廷里最顶层的公卿才变为儒生出身的大臣为主,此前多数还是文吏出身,经过长时间努力逐级升迁到御史大夫与丞相,如丙吉、于定国之类。儒生们完成这个过程,花费了八九十年时间。他们上台以后要做什么?用宋人的话就是"得君行道",希望改造皇帝,利用皇帝实现他们的王道理想。他们发现明主很少,圣人没有,大部分皇帝都是可上可下的平庸之辈。近朱者赤,近墨者黑,所以要有人好好辅佐皇帝。

　　儒家既有理想,也有对现实的把握。他们为什么这么看重皇帝?有一段很重要的材料,是董仲舒最为系统地表达出来的。他在武帝对策第一策中说:

> 故为人君者,正心以正朝廷,正朝廷以正百官,正百官以正万民,正万民以正四方。四方正,远近莫敢不壹于正,而亡有邪气奸其间者。是以阴阳调而风雨时,群生和而万民殖,五谷孰(熟)而草木茂,天地之间被润泽而大丰美,四海之内闻盛德而皆徕臣,诸福之物,可致之祥,莫不毕至,而王道终矣。[16]

过去思想史或政治思想史很少注意这段话,而更专注研究汉代对灾异的重视,其实那些都是契机性的东西,根本的考虑还是在这里。由正人君之心始,逐步外推,最终便可实现王道。这套想法在战国已经出现,在董仲舒这里获得了充分的表白。在我看来,这也是中国古代政治哲学里最为核心的部分。正是为了得君行道,儒生们才要不断地和宦官、外戚等各种试图争夺、利用皇帝的势力(集团)做斗争,去争取控制皇帝,进而引导皇帝去实现王道理想。

七 天朝体制的双刃剑

我们前面讲到，秦汉统治少数民族，对内设置道，对外靠修筑长城防御匈奴等活跃在蒙古高原上的游牧部落。秦、两汉与匈奴战争结束，北匈奴北遁，南匈奴附塞并接受监管、互市朝贡，加上西域诸国接受汉廷监管并朝贡，西南地区政治体接受册封，出现了被后人称为"天朝体制"的天下秩序。

1784年日本九州福冈市东区的志贺岛出土过一个汉委奴国王印，现收藏在福冈市博物馆。刚出土时日本学界就真伪问题争论了很长时间，直到20世纪中期以后中国出土了若干形制一样的王印，譬如滇王之印、广陵王玺，争论方平息，才开始确认这就是《后汉书》记载中的原物。从中可以看到东汉时期对周边政治体的册封，这是西汉以后很常见的一种方式，包括对匈奴、西南地区等周边政治体的册封，由此形成"天朝体制"。

东汉以后每年的元会上，朝臣和诸侯王要参加，蛮夷、戎狄都来朝贡，一起参与盛会。除了臣下进贡献礼，还要一起酒食欢宴，宴席上演出的是杂技，还有西域来的各种戏法、舞蹈。汉代画像石里类似杂技的内容很多，倒立、绳舞，如此种种，娱乐活动很丰富，都是吸引少数民族很重要的一些方式。《续汉书·礼仪志中》注引蔡质《汉仪》有具体的描述：

> 正月旦，天子御德阳殿（洛阳北宫正殿），临轩。公、卿、大夫、百官各陪位朝贺。蛮貊胡羌朝贡，毕，见属郡计吏，皆陛觐庭燎。宗室诸刘〔亲〕会，万人以上，立西面。位既定，上寿。〔群〕计吏中庭北面立，太官上食，赐群臣酒食，〔西入东出〕。（贡事）御史四人执法殿下，虎贲、羽林〔张〕弓〔挟〕矢，陛戟左右，戎头逼胫陪前向后，左右中郎将〔位〕东〔南〕，羽林、虎贲将〔位〕东北，五官

> 将〔位〕中央，悉坐就赐。作九宾〔散〕乐。舍利〔兽〕从西方来，戏于庭极，乃毕入殿前，激水化为比目鱼，跳跃嗽水，作雾鄣日。毕，化成黄龙，长八丈，出水遨戏于庭，炫耀日光。以两大丝绳系两柱（中头）间，相去数丈，两倡女对舞，行于绳上，对面道逢，切肩不倾，又蹋局出身，藏形于斗中。钟磬并作，〔倡〕乐毕，作鱼龙曼延。[17]

每年举办的这一次盛会，是为了让蛮夷、戎狄体会到天朝的威严与德化。此外，单于等蛮夷首领还要把他们的儿子送到长安、洛阳做人质。先秦以来就有这套做法，秦始皇的父亲就被送去赵国做质子，秦始皇在赵国出生，因而也叫赵政。这是很常见的古代政治体之间的交往方式。质子们在天朝都城耳濡目染、潜移默化，会萌生建立国家的想法，十六国时期最早建国的就是南匈奴的刘渊。因为匈奴和汉庭的交往已经有三百年的历史，除战争外，汉宣帝时候呼韩邪单于第一次入朝，到长安朝见汉宣帝。最初单于只是不定期地朝见，后来每年参加朝会，三百年间了解了很多中原王朝的威仪和国家构成。到了天下大乱，他们最早开始模仿建国。所以我说天朝体制是把双刃剑，一方面可以宣示天朝大国的威严，另一方面也让周边政治体追慕并学习怎样建立国家，中原王纲解纽则给他们提供了创立基业的契机。这套仪式成了十六国时期非华夏的诸族建立政权的背景。

这样的天下秩序是内中国而外夷狄的，具体而言，内臣—外臣（通过册封接受中原王朝印绶、封号，称臣）表示宾服，定时朝贡；盟约（和亲，始于汉－匈奴）；互市三种方式构成"天朝体制"，建立稳固的秩序，从汉代持续到清代。这是日本学者檀上宽的概括[18]，我看还是比较全面准确的。

最后简单归纳一下为什么说秦汉是奠基时代，原因有如下五点：

其一，从诸侯争霸到统一王朝，奠定了两千年的基本制度格局。

其二，这个时代孕育出了皇帝制度、等级官僚制、郡县乡里制，还有律令、文书等制度运作方式，以及运作中的伴生问题和在此基础上萌生的官场文化。

其三，以这个时代为起点，确立了农耕为本的方针、耕织结合与重农抑商的传统，出现了百姓的日常抵抗。

其四，强调思想统一，儒家制度化。

其五，中外关系上天朝体制的初步形成与东亚核心地位的奠定。

日本学者西嶋定生认为，日本国家的形成就是对秦汉的模仿。基于以上五点，我认为秦汉时代可以称为中国历史上的奠基时代。

我们应该如何看待这样一个时代？有很多种说法，最常见的比如专制国家，黑格尔、马克思、西嶋定生等日本学者以及林剑鸣等很多中国学者都这样认为。毛泽东讲的专制主义中央集权的封建国家某种意义上也属于这种说法。钱穆的讲法与众人不同，他反对专制论，认为秦朝是最后一个贵族政府，汉朝是第一个平民政府，秦汉是一个转换。最近看到一个新提出来的说法，保育式政体。[19]这些看法都展现了秦汉时代的一个侧面。

我自己更赞成马克斯·韦伯的说法，即家产官僚制。[20]按照韦伯对理想的支配类型划分，官僚制属于理性社会、法理型社会的支配方式，对应于资本主义社会，但在中国实际上很早就已经出现并长期存在。但它又不是彻底的官僚制，而是在家产制之下，在皇帝以天下为一家的前提下，利用官僚进行统治。原因是秦汉广土众民，无法仅仅依靠家臣来实现统治，需要借助非亲非故的官僚，通过律令和形式化的规定来管理国家，因而构成了矛盾性的存在。为什么之前讲到皇帝可以超越律令和官僚制？因为这是他家的事务。韦伯的家产官僚制之说较好地把握了中国的矛盾性：一方面是发达的官僚制，另一方面皇帝又凌驾于官僚制之上。虽然皇帝在斗争中也经常失败，但他在形式上是超越的。有些学者就没有注意到这种矛盾性，像弗朗西斯·福山写的《政治秩序的起源》，就完全忽略了皇帝的作用，认为秦代就是现代国家。我们传统的制度研究也常常偏重皇帝或官僚两者中的某一方，而不能把两者结合起来全面把握。恰恰是二者的统一，才体现了中国秦汉以来国家的特点。

注　释

［1］《史记》卷16《秦楚之际月表序》，点校本，中华书局，1959年，第759—760页。
［2］赵翼：《廿二史劄记》卷2"汉初布衣将相之局"，王树民校注，中华书局，1984年，第36页。
［3］钱穆：《秦汉史》，1957年初刊，生活·读书·新知三联书店，2005年，第35、39页。
［4］毛泽东：《中国革命和中国共产党》，《毛泽东选集》，人民出版社，1966年，第618页。
［5］西嶋定生：《秦汉帝国：中国古代帝国之兴亡》，1997年日文增补版，中译本，社会科学文献出版社，2017年，第4页。
［6］见钱穆：《中国历代政治得失》第2版，生活·读书·新知三联书店，2005年，第3页。与"时代意见"相对的是"历史意见"，指的是在那制度实施时代的人们从切身感受而发出的意见。
［7］许倬云：《万古江河》，上海文艺出版社，2006年，第62页。
［8］《史记》卷79《蔡泽列传》，第2422页。
［9］王子今：《秦始皇的阅读速度》，《秦汉闻人肖像》，社会科学文献出

版社，2011年，第28—29页。
- [10] 《晋书》卷30《刑法志》，点校本，中华书局，1974年，第936页。
- [11] 《后汉书》卷39《刘般传》，点校本，中华书局，1965年，第1305页。
- [12] 《史记》卷68《商君列传》，第2230页。
- [13] 编号Ⅱ90DXT 0213②：112，收入胡平生、张德芳编《敦煌悬泉汉简释粹》86，上海古籍出版社，2001年，第74页。
- [14] 《汉书》卷8《宣帝纪》，点校本，中华书局，1962年，第256页。
- [15] 《汉书》卷64《贾捐之传》，第2830—2835页。
- [16] 《汉书》卷56《董仲舒传》，第2502—2503页。
- [17] 参考渡边信一郎：《元会的建构》，收入《中国的思维世界》，江苏人民出版社，2006年，第372—376页。
- [18] 檀上宽：《明清时代の天朝体制と華夷秩序》，收入《明代海禁＝朝貢システムと華夷秩序》，京都大学出版会，2013年。
- [19] 见闾小波《保育式政体——试论帝制中国的政体形态》，《文史哲》2017年第6期，第11—18页。
- [20] 马克斯·韦伯：《经济与社会》第2册上，阎克文译，上海人民出版社，2010年，第1193—1195页。

推荐阅读

林剑鸣：《秦汉史》，上海人民出版社，2003年
　　此书出版较早，分析史实的角度较单一，但资料丰富，亦吸收了不少日本学者的成果，今天依然价值不小。

西嶋定生：《秦汉帝国：中国古代帝国之兴亡》，社会科学文献出版社，2017年
　　此书日文版1997年出版，是日本中国古代史大家的名作，并非面面俱到，带有自己的独特视角。

陈高华、陈智超：《中国古代史史料学》第三章，中华书局，2016年
　　要想系统了解秦汉史的史料，这一章是个很好的指南。

阎步克：《波峰与波谷：秦汉魏晋南北朝的政治文明》第一章到第七章，北京大学出版社，2017年

秦汉政治制度的系统梳理，视角鲜明，叙述明快。

王明珂：《游牧者的抉择：面对汉帝国的北亚游牧部族》，广西师范大学出版社，2008年

跳出汉人中心，不同视角看匈奴。

顾颉刚：《秦汉的方士与儒生》，上海古籍出版社，1998年

出版了半个多世纪，依然是了解秦汉思想文化方面的杰作。配合蒲慕州《追求一己之福——中国古代的信仰世界》第五—八章（上海古籍出版社，2007），可以让我们走近秦汉人丰富的内心世界。

第三讲

变态与回归
魏晋南北朝的政治历程

阎步克

我要讲的话题是"变态与回归：魏晋南北朝的政治历程"。讲课限于两个小时，几百年的复杂历史不可能面面俱到，只能提示若干特定问题而已。所提示的内容跟我以前上的课有关。大概有同学看过我的讲课视频。如今我的PPT肯定比那时好看多了，因为这些年又讲了很多轮，每一轮的幻灯片画面都有改进。然而内容就无甚新意了。原因是我老了，相对众多生气勃勃的新锐学者，比之他们的新开拓，我的知识与思路均已陈旧。受邀难以谢绝，内心难免惶惑。

一　周秦汉的"世家"

首先对魏晋南北朝的时代地位做一提示。我个人的教学科研方向是中国政治制度史，所以思考的出发点是"制度史观"的。上课时我会给同学们提供一个示意图——

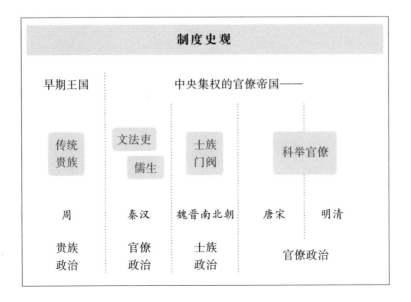

如图所示，夏商周的最高统治者称王，所以把这一时代称为王国时代。在周代，王国政治体制进入了典型形态，天子与列国的朝廷上都有若干大贵族世代把持政权，形成贵族政治。战国秦汉间出现了一大社会转型，经变法运动，"集权官僚帝国"建立起来了。这一转型的剧烈程度，跟近代这场转型相似。对比周代与汉代的出土器物，便能立刻看清这是两个判然不同的社会。

新体制的特点一是皇帝专制，故称"帝国"。这个"帝国"不是"帝国主义"的意思，而是因为元首称"皇帝"，与王国有异。二是中央集权。三是官僚政治。官僚体制能使国家行政像机器一般精密、高效与可靠。官僚依能力而选拔，依业绩而晋升，表现不佳者被降职，有罪过者还能被开除。所以官僚和贵族判然不同：贵族是血缘世袭的，而官僚是政府雇员，其任用原则是选贤任能。战国秦汉的行政承担者有两批人，一是"文法吏"，或称"刀笔吏"，属职业文官，秦始皇就是用刀笔吏来治天下；二是儒生，在汉武帝独尊儒术后，他们不断进入朝廷。二者都凭专业能力而居位任职。

进入魏晋南北朝，政治体制又发生了一个较大变化，一个叫士族门阀的阶层兴起了。几十家、上百家的大士族把持了朝政，凭的是雄厚的家族文化、崇高的家族门第。大家也许立刻感到，这士族政治与周代的贵族政治好像有点类似。确实，一定意义上或某种程度上，魏晋南北朝的士族政治就是周代贵族政治的一次历史回潮。官僚政治道路上走了六七百年，进入三国后，就政治体制而言，历史走回头路了，一走就是几百年。走回头路这种事儿，其实在人类史上经常发生，就是未来会不会走回头路，也没法儿打包票，只能期望最好别走回头路，继续往前走。

北方大士族有崔、卢、李、郑，江东大士族有朱、张、顾、陆。东晋南朝最显赫的是王、谢两家。王、谢两家数百年不衰，古典诗文经常出现"王谢"的典故。同学们最熟悉的一句诗，大概就是"旧时王谢堂前燕,飞入寻常百姓家"了。也就是说,几百年不衰的高门王、谢,进入唐代就衰弱不堪了。为何士族入唐便衰落了呢?很大程度上在于科举制的推行。考卷面前人人平等,至少在考试环节上,门第不起作用。这就给寒门子弟提供了一个进身之阶。这些科举考生、新科进士,通常都是自幼刻苦攻读的。很多刻苦读书的历史故事,就是他们留下来的。他们都知道 No pain, no gain, 成功得拿汗水换取。士族门阀家的公子哥是吃喝玩乐长大的,无力与之竞争。科举考生、新科进士登上政治舞台之后,随即就展现了强劲的政治竞争力,中高级官位逐渐被他们占据,"旧时王谢堂前燕,飞入寻常百姓家"了。

这样在示意图上,就看到历代政治体制呈四大阶段:周代贵族政治,秦汉官僚政治,魏晋南北朝士族政治,唐宋明清回归于集权官僚政治,科举官僚占据了政治舞台的中心。由此,魏晋南北朝史就展示出了其历史特殊性。这个观察角度就是"制度史观"。制度史观关注这么几点:一是"制",即政治制度的结构变化,包括组织制度、管理制度和法律制度等。二是"人",即政治势力的结构变化,看哪种势力占支配地位。像贵族政治、军功政治、士人政治、外戚政治、门阀政治、宦官政治等概念,都是用支配势力来概括体制特点的。

"制"与"人"相结合的视角,跟政体类型学的经典作家也相一致。孟德斯鸠论专制政体时,一看政治制度,若存在三权分立,君主就不是专制君主;二看政治势力,若存在强大的中间阶层,如贵族、教会和市民等,君主便难以专制。此外政治文化也是制度运作的基础,也是不同势力的制度抉择的标准。同样的制度在不同的政治文化中运作,便可能面目全非。当今世界有三大政治文化传统:民权文化传统、集权文化传统和神权文化传统,它们维系着不同政治体制。在中国古代,儒术占主导、道术占主导、法术占主导和玄学占主导的时代或地区,其政治运作便有明

制度史观

1. 政治制度
   组织制度、管理制度、法律制度
2. 政治势力　集团、阶级、群体
   如：贵族政治、军功政治、士人政治
   外戚政治、门阀政治
3. 政治文化
   儒术、道术、法术、玄学

孟德斯鸠：1. 政治制度：是否三权分置
　　　　　2. 政治势力：是否存在中间阶层

显差异。制度、势力和文化就是我们的基本视角。

周代实行封建制，封建了大量诸侯国。诸侯又把境内的土田授予卿大夫作采邑。所以这体制不是中央集权的。周天子号称天下共主，但他根本管不到天下每一家农民。他只能以王畿为生，不能到列国去收税。而列国国君也管不到国内每一家农民，因为卿大夫有大片私人领地，国君是不能去收税的。

这状况跟秦帝国以降判然不同，同中世纪的封建欧洲倒有几分相似。以13世纪的法国卡佩王朝为例，其时国王领地只占很小一块，大小诸侯在一己领地上拥有各种特权。勃艮第公爵、诺曼底公爵的领地都比法国国王的领地更大，弗兰德尔伯爵、韦芒杜瓦伯爵比国王更富有。国王只能以自己的领地为生，不能到诸侯领地去征税，遵守 The king shall live of his own 的原则。大家觉得这跟周代有点像吧？中世纪的欧洲王权不够强大，若需向全国征税，便由贵族、教会派出代表与国王共同商定。代表会议由此萌生，而这个制度就是现代民主制的起源。可知民主最初跟"民"关系不大,其实是国王、贵族与教会权力相对均衡的产物。由此还孕育出了一种观念——无代表权不交税（No taxation without representation）。向我收税就得经过我的同意,就要跟我的代表协商。大家若去美国华盛顿特区,就能看到特区车牌上面写着"Taxation without representation"（无代表权也交税）。因华盛顿特区在国会中没席位,特区居民认为自己在国会中没人代表,收税就不合法,就用这种车牌表达抗议。

周朝又实行贵族制。选官用世卿、世禄、世官之法。世卿制就是大贵族世代做卿执掌朝政。鲁有三桓,郑有七穆,晋有六卿,齐有国、高、晏、田,楚有昭、屈、景等。齐之田氏后来篡齐,是为"田氏代齐";晋之韩、赵、魏瓜分了晋国,是为"三家分晋"。曾有学者以"三家分晋"或"田氏代齐"为中国封建社会的开端。世禄就是大贵族子弟都有爵有禄。世官指某些官职由某家族世代把持。这类官职往往需要专业技能,比如占卜、著史的官即是。司马迁就出自一个史官家族。商周之时世官制是普遍现象。世代担任某官的家族,往往就以官名做了姓氏。比如世代占卜的家族后来就姓了卜、世代做史官的后来姓了史。这叫"以官为氏"。又如世代做乐师的就姓了师、世代做巫师的就姓了巫、负责祭祀的就姓了祝、管文化典籍的就姓了籍、管乐器的姓了钟、管冶炼的姓了冶、管制陶的姓了陶、管山林的姓了虞、管粮仓的姓了仓、管库房的姓了库、管屠宰的姓了屠、做毛皮衣服的就姓了裘。中国人的姓氏有一部分就来自官职。司徒、司马、司空这些姓,在古代都是高官之名。

自秦以降,情况大变。秦始皇借助郡县、乡里、什伍、户籍之制,让天下四千万农民都向他交税、为他服役,还不必经他们同意。清人赵翼《廿二史劄记》中有一条"汉初布衣将相之局",指出秦汉间是"天地一大变局","自古皆封建诸侯,各君其国,卿大夫亦世其官,成例相沿,视为固然"。而"汉祖以匹夫起事,角群雄而定一尊。其君既起自布衣,其臣亦自多亡命无赖之徒,立功以取将相"。一介布衣领着一群亡命之徒,干了几年便成了天下之主,这在此前从未有过。一个流动化、功绩制的社会来临了。陈胜仅一个佣工,居然声称"王侯将相宁有种乎",若在欧洲中世纪,一个农奴有可能说"王侯将相宁有种乎"么?敢说"苟富贵,勿相忘"么?项羽观看秦始皇巡游会稽,便说"彼可取而代之"——那小子我可以取代他。这句话太强悍了。刘邦到咸阳服役,见到秦始皇,感慨"大丈夫当如是也"。这些话的背后就是其时社会的高度流动性。先秦那些古老家族,无法以旧贵族的身份在汉代政坛表现自己了,他们都成了普通人。开国集团是一帮平民。如樊哙就是个杀狗的,现在当地政府便利用这个历史资源开发了"樊哙狗肉"。刘邦的老爹被儿子接到未央宫里住,很不快乐。侍从告诉刘邦,您老爹以前的好朋友是一群屠夫小贩,卖酒卖饼、斗鸡踢球的,"今皆无此,故不乐"。刘邦一听这事好办,就照着当年"丰"的样子,在长安复制了一个一模一样的"新丰",把那帮老朋友全都弄过来,"太王乃悦"。老爹的生活情趣是最底层的那种。

秦汉间"世家"有一个巨大断裂。但两汉四百年间,社会又开始了新一轮的"世家"的积累。奥尼尔论大国兴衰,说任何一个国家,只要稳定时间比较久,必定出现利益集团。"世家"现象与此相似。在这一轮的漫长积累中,出现了三种类型的世家。

第一种是官僚世家。汉廷崇尚选贤任能,但也保障官僚特权。任子制就保证了官僚子弟优先当官,让他们赢在起点上。在官场上,一些家族两三代就衰落了,一些家族四五代就衰落了,但总有一些家族比较长久,逐渐建立了族望,是为"官族"。

第二种是豪强世家。西汉初年小农的数量可能比较庞大。文景之后土地逐渐可以自由买卖了,兼并随即出现。大量小农丧失土地，无以为生，变成了豪强的部曲、佃客或奴婢。豪强地主拥有大田庄、大宗族和大量依附民，其生存能力就非常强，小农无法相比。豪强世家也发展起来了。汉代地方长官必须任用外地人，其掾属则在本地辟召，豪强世家的子弟往往优先入选。由此豪强就在乡里建立了政治影响力。

第三种是文化世家。学术家传现象，在先秦诸子那里尚不明显。汉代情况有了变化。东汉官学私学遍布各地，儒生队伍已极庞大。首都洛阳人口约30万，太学生竟达3万余，占1/10。按此比例，今天的北京就该有200万大学生。那么汉末出现了学生清议运动，也就不奇怪了。经学家族、名士家族于是普遍滋生，并逐渐建立了族望。对于官僚子弟先当官这件事，儒生本是反对的，你爹有能力不代表你有能力。但对经学家族、名士家族就不一样，这些家族有深厚儒学教养，他们家的孩子先当官，在儒生看来乃是官得其人。

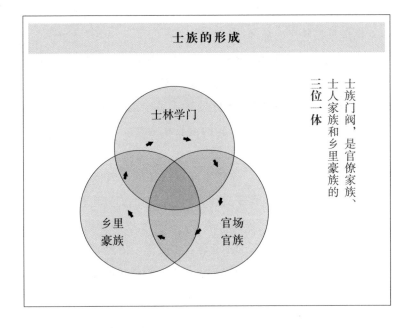

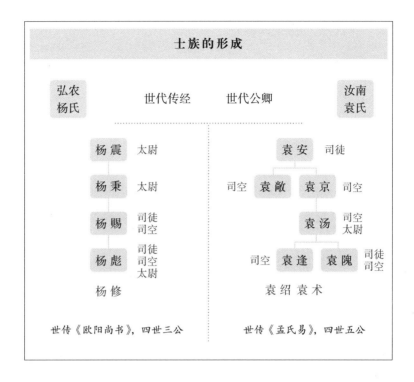

三种世家不断发展，围绕"家族"这一轴心，形成了三位一体的循环。我们看到了三个不同领域——乡里、士林和官场。乡里豪族凭借着经济实力让自家子弟念书，由此成为儒生、进入士林；进而明经入仕，进入官场；获得政治权力后，反过来又强化了其乡里势力。世代传经、世代公卿的家族出现了。东汉弘农杨氏家族世传《欧阳尚书》，"四世三公"；汝南袁氏世传《孟氏易》，"四世五公"，四代就出了五个"三公"，据《三国志》，臧洪说袁氏"四世五公"。这样的家族在历史后期，就极罕见了。三位一体的循环，逐渐成了一个排他性的闭环。什么是士族呢？就是官僚家族、文化士族和乡里豪族的三位一体。

二　魏晋南北朝士族政治

东汉士族继续发展，就是魏晋南北朝的士族门阀。这时有两个观察点可供利用。一个是"士族 vs 官僚"。对"士族在多大程度上是贵族，在多大程度上是官僚"这个问题，中国学者并不敏感，日本学者则有长久深入的讨论辩驳。另一个是"文士 vs 武人"。方才同学们看到，中古士族源于汉代士人，可以说成是"士人的贵族化"。那么中国中古的士族与欧洲中世纪的贵族，就判然不同。前者有深厚的文化渊源，后者则来自蛮族武士，不以文化见长。为此欧洲中世纪成了一个黑暗时代，所以后来才需要启蒙，启蒙就是点亮，Enlightenment，才有文艺复兴。中国的中古士族引领了玄学思潮，为中国思想史、文化史增添了绚丽的遗产，在这一点上，欧洲中世纪的贵族就相形见绌了。曾有一些学者，拿中国史的中古比拟欧洲中世纪，但两方的差别也不容忽略。其重大差别之一，就在于中国的中古士族还是官僚，还是文人。这便影响到了历史走向。士人的贵族化伴随着皇权低落、集权官僚体制的萎靡。而在南朝时，由军人集团而非世家大族，重振了皇权。刘宋的开创者出自北府兵将领刘裕，文化士族出不了皇帝。北朝皇权振兴的动力，来自鲜卑军功贵族，文化士族在北朝是被征服者。所以"官僚－贵族""文士－武人"的两个线索，须紧紧抓住。

还有一个豪族地主的问题。在阐述魏晋南北朝史时，采用唯物史观，尤其是采用"魏晋封建论"的学者，偏重从生产关系来观察政治势力、文化势力，所以每当提到"士族"，一定缀上"地主"两字。士族被认为起源于古老的农村阶级结构，亦即起源于乡里层面，但官场、士林这两个更高层次的活动空间，多少就被他们忽略了。

进入三国时代，士族扶摇直上。魏晋两朝权贵一脉相承。政治动荡，政治上就会出现退行性措施，如强化私人性关系，从爪牙、心腹和党羽的家族里选官用人，他们家的娃娃被认为更忠诚可靠。统治阶级明显封闭化了。本来，中国史上的王朝循环，也算一种自我更新机制。王朝初创时生机勃勃，若干年达到全盛，随后老化、僵化、腐化的逐渐积累，便像癌细胞一样无法逆转，王朝崩溃，陷入战乱。然后，一个经过战火洗礼的新集团崛起，它另起炉灶，一扫前朝的腐化、老化、僵化，再度生机勃勃。然而魏晋南北朝的改朝换代不是通过"征伐"，而是通过"禅让"，也就是内部政变，皇帝换了，权贵还是那些人，故前朝所积累的老化、僵化、腐化因素，就被原封不动地带入新朝。这就为士族的发展铺平了康庄大道。东晋小朝廷风雨飘摇，大门阀家族的支持更是不可或缺了。

我的老师田余庆教授的《东晋门阀政治》一书，把"门阀政治"概念用于东晋。"门阀政治"的要点有二：一是"皇帝垂

士族的发展

魏晋权贵一脉相承，统治集团封闭化……

　　魏太仆何夔——晋太傅何曾
　　魏豫州刺史贾逵——晋司空、尚书令贾充
　　魏尚书卫觊——晋司空、尚书令卫瓘
　　魏司徒王昶——晋司徒王浑
　　魏尚书令裴潜——晋司空裴秀
　　魏司徒陈矫——晋大司马陈骞
　　魏上党太守羊衜——晋征南大将军羊祜
　　魏尚书仆射杜畿——晋幽州刺史杜恕
　　魏东郡太守王机——晋御史大夫、守尚书令王沈

拱"，二是"门阀当权"。所谓"朝权国命，递归台辅，君道虽存，主威久谢"，便是南朝皇权重振后人们反观东晋的观感。门阀大致分为两个层次。居首的是侨姓门阀。在东晋先后与皇帝共天下的侨姓门阀，有琅邪王氏、颍川庾氏、谯国桓氏、陈郡谢氏等。琅邪王氏对于东晋创立厥功甚伟，以至晋元帝登基时，拉着王导同登御座。王导反复推辞，称如果太阳落到了民间，苍生就没办法仰望了，晋元帝才作罢。任何君主都有专制渴望。以色列社会学家艾森斯塔特说，任何一个集权体制的产生，都起源于一位君主的专制渴望。但东晋初皇帝做不到，若没有大门阀的支持，在这兵荒马乱的局面中他当不了皇帝。江左士族顾、张、朱、陆等，构成了士族的第二层次。

田余庆认为，门阀政治只存在于东晋一朝，魏晋时皇权还没这么低落，南朝时皇权又复兴了，北朝根本就没有门阀政治。则东晋是中古皇权的一个谷底。但整个魏晋南北朝都存在士族现象，我另用"士族政治"一语，指称士族的政治特权和优越地位。

政治势力发生了结构变化，政治体制相应也呈现了若干"变态"。九品中正制被认为保证了士族特权。我们说魏晋南北朝是士族政治时代，这个情况，大家看三国小说、电影、电视剧，是看不出来的，但专业学者的百年研究早就揭示了这一事实。一看选官制就清楚了，九品中正制恰好同魏晋南北朝共始终，进入三国它就出现，到唐朝就被废除了。

九品中正制是曹丕与陈群设计的。其具体方法，是在朝官中选拔若干德高望重者，让他们业余兼差做"中正"。"中正"并非正式的官职，而是一个兼差，用今天的话说，就是受邀去做评委了。中正由本籍的人担任，每月初一开会，品评人才。品评标准是德行、才能，还要把士人评为九等，从"上上"到"下下"共有九品。士人获得了一个中正品，凭此到吏部候选，吏部便按品

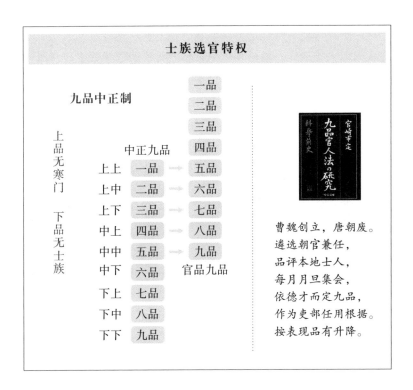

授官，品高的官职就大一些，品低的官就小一些。日人宫崎市定认为，中正品与起家官品一般相差四品，即某人被评为中正一品，就意味着他理论上最高可以做到一品官，但是他不能一步登天，而是要从五品官起家；如某人被评为中正二品，那么理论上他最高可以升到二品官，但要从六品官起家，以此类推。中正六品以下的，因德才太低，就只能做吏，不能担任品官了。宫崎这一解释虽有一些缺陷，但中正品与起家官品差四品的材料确是比较多的。

可能有人会有疑问：刚才说中正制维护了士族特权，可是听到这儿，它好像是按德行、才能来定品的，那么，它的哪一条规定优待士族了呢？这就涉及一个常识了：任何政治制度，都不能只看法律上怎么写的，其全部意义，必须在投入运作后才能全面表现出来。在那个时代，中古士族占据了最大权势，中正往往由士族头面人物担任，最初有些中正品评时还能兼顾德才，到西晋之后，基本就是"上品无寒门，下品无士族"了。形式上九品中正制是选贤任能的，但在实际运作中被扭曲，面目全非了。

人称东晋南朝"公门有公，卿门有卿"。刚才讲过周代实行世卿制，而到了魏晋南北朝，"卿门有卿"再度出现，这就证明在一定程度上，魏晋南北朝的士族政治就是周代贵族政治的历史回潮。门阀子弟"平流进取，坐至公卿"。王、谢是中古高门。南朝王僧达是东晋初宰相王导的五世孙，他"自负才地，三年间便望宰相"。他的孙子王融"自恃人地，三十内望为公辅"。南朝沈约曾论述说："周汉之道，以智役愚"，"周汉"这里指战国秦汉，"以智役愚"换个好听一点的说法就是"选贤任能"。魏晋以来世道变了，"魏晋以来，以贵役贱，士庶之科，较然有辨"，人一生下来就有贵有贱，生于士族就高贵，就可以做高官；生于寒门就很下贱，就只能做小官，甚至连官都做不了。士人、庶人之间有一道鸿沟。互联网上有网民调侃，说人类社会可分三大类：一是按劳分配的社会，二是按需分配的社会，三是按爹分配的社会。在相当程度上，魏晋南北朝就是一个"按爹分配"的社会。

下面再从政治文化视角做一审视。中古士族与先秦士人、汉代儒生、汉末名士一脉相承，它有一个文化来源。若对几个王朝的创业集团做一比较，结果是很有趣的。

西汉创业集团是一群亡命无赖，没多少文化。有个文人陆贾，时不时就给刘邦讲《诗》《书》，刘邦就骂他："乃公居马上而得之，安事《诗》《书》！""乃公"的意思就是"你爷爷我"，中国人喜欢在辈分上占别人便宜，刘邦亦然。一份"詈辞"研究显示，《史记》《汉书》中的骂人话有1/3是刘邦在骂。刘邦晚年读了一些书，他便回忆说，我年轻时生活在秦朝，焚书坑儒、不让念书（众人鼓掌），等我老了读了一些书，感觉就非常好。反过来就是说，西汉创业集团不以文化见长。

清代史学家赵翼指出，东汉创业集团就很不一样了，"东汉功臣多近儒"，很多功臣当年都有儒学教养，甚至出身太学生，受过高等教育。刘秀早年也是太学生，是一个学生皇帝。刘秀念书时经济条件不算好，但他智商高，勤工俭学的办法比别人高明。其他同学勤工俭学，或者帮同学抄书，或者帮同学做饭，以此维持学业。刘秀呢？他跟同宿舍的同学凑钱买了一头驴，跑运输挣运输费。在汉代跑运输是很赚钱的，两个人一辆车拉沙子，一个月挣的钱比县官高一倍。

东汉末年，士人已发展为一个文化雄厚、影响重大的势力了，出现了"名士"现象。进入魏晋，"名士"现象更为夺目："正始名士""竹林七贤""中朝名士"，一直到江左"八达"，继踵而来。名士现象的背后，就是士人的高贵身份。魏晋创业集团的"红二代"，大抵都是当世名士，思想界的前卫，文化先驱。何晏、夏侯玄、王济、司马师等人，都是玄学家。魏晋达官显贵很像法国人，热爱哲学，坐在一块儿就谈宇宙本体（众人笑）是"有"还是"无"，讨论名教与自然谁为本。以道家为资源的玄学大盛，玄学清谈成为时代特色。玄学清谈与汉代经学有什么不同呢？汉代经学是开放性的社会教育，而魏晋玄学清谈是贵族性、封闭性的沙龙性学术；汉代习经是为了当官，而魏晋名士不愁吃喝、不愁当官，他们清谈是"为学术而学术"的，是发自内心的知识兴趣，所以刘师培赞扬魏晋名士"学以为己"。

田余庆先生探索士族文化特征，发现了"由儒入玄"现象。两晋间儒学家族若不"由儒入玄"，就产生不了名士，就难以发展为大士族。东晋执政的大门阀在何时、以何人为代表，在多大程度上由儒入玄，史籍都斑斑可考。琅邪王氏始于西晋王衍，他是中朝名士，清谈大师；颍川庾氏始于西晋庾敳，也属于"中朝名士"；谯国桓氏始于东晋桓伊，在江左"八达"之列；陈郡谢氏始于东晋谢鲲，也在江左"八达"之列。魏晋名士崇尚自然，"越名教而任自然"，放达不羁，成为时代特色、名士风度。何为"八达"？东晋初山河破碎、政权草创，其时居然有八个名士放达不羁，整天裸着身子喝酒、披头散发，反而名重一时，号称"八达"。这事很奇怪吧？谢鲲、阮放、毕卓、羊曼、桓彝、阮孚、胡毋辅之和光逸八人"散发裸袒，闭室酣饮已累日……不舍昼夜，时人谓之八达"。谢鲲其人放达不羁。邻家女孩长得好看，谢鲲就去调戏人家。那女孩正在织布，看见他的样子太讨厌，就拿织布的梭子砸他，砸掉了他的两颗门牙。这就成了一个笑料。可谢鲲毫不在意，他说没事，"犹不废我啸歌"，还不至于唱歌漏风（众人笑）。谢氏家族由此"由儒入玄"，此后却做出了重大历史贡献。淝水之战的胜利，统筹全局有赖宰相谢安，战场上的胜利，是谢家子弟谢石、谢玄率领百战百胜的北府兵赢得的。总之，随着士族的兴起，中国学术思潮也发生了明显转向，魏晋玄学构成了时代特色。欧洲中世纪的贵族兴起，就只伴随着古典文化的衰落。

三　从"变态"到"回归"

由上所述，魏晋以来出现了政治社会体制的"变态"。"变态"是田余庆先生的用语，是相对于秦汉而言的。在政治势力方面，出现了由行政官僚到门阀士族的"变态"；在政治制度方面，出现了九品中正制等"变态"；在政治文化上，出现了"由儒入玄"的"变态"。然而进入南朝，若干"回归"的迹象出现了。

东晋末刘裕作为北府兵将领创建刘宋，皇权随即有重振之势，不再与门阀"共天下"了，门阀政治告终。南朝皇帝"主威独运，空置百司，权不外假"，恢复了对诸行政机构的有效支

> **宋武帝像**
>
> 东晋一朝大事，几乎都与流民群有直接的或间接的关系……刘裕的成功，终归又是靠京口流民的力量。
> 田余庆

昌明之后有二帝

> 宋祖受命，义越前模。晋自社庙南迁，禄去王室，朝权国命，递归台辅，君道虽存，主威久谢……高祖地非桓文，众无一旅……诛内清外，功格区宇！
> 《宋书》

孝武帝
安　帝
恭　帝

> 战争对于王权的强化一定起过很大的作用，因为战争需要统一的指挥。罗素
> 专制权稍薄弱，则有分裂，有分裂则有力征，有力征则有兼并，兼并多一次，则专制权高一度，愈积愈进。梁启超

配；随后还采用了"武将执兵柄""寒门掌机要""皇子镇要藩"等多项措施来保障、强化皇权。刘裕的身份被认为是次等士族，称为军人势力也许更好。军人势力中出了一位刘裕。几百年来除了曹操，刘裕的武功无人能比，十六国被他灭了三个。凭借如此显赫的武功，取东晋而代之，这就显示了皇权重振是基于军事原因、军人势力。在这里，"文－武"视角就有意义了：文化士族出不了皇帝。

在这方面，十六国北朝的体制变化更为剧烈。十六国以来，中国北方走上了一条不同于东晋南朝的道路。所谓"五胡乱华"曾造成巨大动乱与灾难，汉晋以来的政治秩序一度瓦解。不过十六国随即开启了"汉化"。十六国重视学校教育，清人李慈铭曾说十六国"文教之盛，转胜江东"，其官学规模居然比东晋更

大。十六国君主,如后秦君主,对法制的重视,被认为也超过南朝。五胡君主的军事专制,自初就相当强悍。东晋时中国皇权陷入低谷,但十六国皇帝自初就拥有重大专制权力。南北皇权的变化轨迹是截然相反的。在观察政治体制上,除了"文-武"视角,"胡-汉"视角也有意义了。

皇权是官僚行政的发动机,官僚行政随皇权的振兴而振兴。北魏的"汉化"积累在孝文帝时迎来了一个飞跃,不仅是学习汉晋南朝,还有新创。可以说从孝文帝以来,北朝行政水准就已超越了南朝。有位学者曾说:同样的制度,在北朝运作就比南朝要好。这说法是有事实依据的。尽管北朝经历了胡化、汉化的多次曲折,到了周齐之时,政治行政又赢得了多种进步。

考课是激励官僚的重要手段,而北朝的考课相当活跃。从孝

北朝政治复兴

从政治看:东魏西魏一度"胡化"。
从制度看:齐周制度建设斐然有成。

北魏传祚无穷瓦当

【法制】魏律、齐律"取精用弘,成此伟业"。_{陈寅恪}
【考试】北魏选御史,八百人参试;
　　　　北齐选东西省官,二三千人参试。
【考课】孝文帝后,北朝考课经常化了。
【监察】北齐御史台与大理寺互相制衡。
【官阶】孝文帝析分官阶被梁武帝效法。
【学校】北朝形成六学体制,为唐继承。
【府兵】改变了军人地位下降趋势。
【均田、三长】重建了编户齐民体制。

敦煌北周壁画
角力

文帝开始，五品以上官由皇帝亲考，六品以下官由吏部考核。内外百官无论贵贱，统统参加考课。活跃的考课一直延续到了隋唐。对比魏晋南朝，士族名士"居官无官官之事，处事无事事之心"，醉心玄学清谈、吟诗作文，考课随之衰颓。再看法制，魏律、齐律被陈寅恪赞为"取精用弘，成此伟业"。唐律是中国法律史上的一座丰碑，标志着中华法系正式成熟，这个成就源于北朝。科举制是中国制度史上的又一丰碑。科举以文辞取士，可以说来自南朝的影响，可是用考试选拔公职人员，北朝的规模远过南朝。北魏选拔御史，八百人参试；北齐选东西省官，两三千人参试。这么大的考试规模，魏晋南朝没有，连秦汉都没有过。再看学校制。隋唐的六学体制，即国子学、太学、四门学、律学、书学、算学体制，上承北朝而非南朝。律学、书学、算学即法律之学、文书之学、算术之学，都是实用性的，与治国安民息息相

北朝政治复兴

南朝尚清谈文学　北朝尚武功吏治

河北邺南东魏塔基石螭首

- 南朝史传叙人——
  风神夷简　雅有远韵
  词采遒艳　善为文章……
- 北朝史传叙人——
  武艺绝伦，有将帅之略；性雄豪，工骑射；详练故事，有几案才；明练时事，善于断决；敏于从政，果敢决断……
- 后秦古成诜
  以天下是非为己任。京兆韦高慕阮籍之为人，居母丧，弹琴饮酒。诜闻而泣曰："吾当私刃斩之以崇风教。"遂持剑求高。《晋书》

东魏陶塑镇墓兽

关，它们在北朝变为六学之三，被隋唐继承，在南朝却不受重视。刘宋有玄、儒、文、史四学，反映的是士族非实用性的文化偏好。北朝通过均田制、三长制重建了编户齐民体制。南朝的国家能力相对软弱，据一些学者估计，最多只能控制实际人口的四五分之一。而北朝多次大规模"括户"，往往一次"括户"就能将几十万人纳入户籍。监察制、官阶制等，在北朝都有发展。

政治文化上也出现了"回归"。汉代重经学，而魏晋南朝玄风大盛。北朝恪守汉代经学，用经学治国，对这样一点，钱穆特别赞赏，还把北朝之政治复兴归功于华夏儒学。依其所说，魏晋江左之玄风看上去是个"另类"，北朝崇儒反倒是上承两汉、下启隋唐的。江左崇尚名士风流，而北朝崇尚吏治武功。南朝史传叙人，赞扬之辞往往是"风神夷简""雅有远韵""词采遒艳""善为文章"之类；而北朝史传叙人，更多的是说这人"武艺绝伦""有将帅之略""性雄豪，工骑射""明练时事""敏于从政"等。魏晋南朝名士的容貌欣赏非常女性化，北朝则崇尚"雄豪"，跟秦汉崇尚的男性美相似。

再来看政治结构。南朝士族屈居皇权之下了，可是百足之虫，死而不僵，他们依然高踞在其他各个阶层之上，用其传统地位和文化压制着寒人、武将，使他们无法发展为新兴政治力量。但北朝不同，北朝政权的主干是"鲜卑皇权－军功贵族－国人武装"，汉士族作为被征服者，是依附在这个主干之上的。在异族政权下，一个少数民族统治大多数异族，它就得高度凝聚、高度紧张，这种张力带动了整个政权的振作。因同族的缘故，国人武装、军功贵族都给了皇权以坚定支持，所以鲜卑皇权相当强大。以一种简化的方式说，南朝最有权势的集团是文化士族，北朝最有权势的集团是军功贵族。于是我就有了这样一个论断：在某种意义上，南北朝历史就是南朝文化士族与北朝军功贵族的竞争史。有些时候，两个政权的竞争，其实就是这两个政权中最有权

北朝持胄武士俑

南北朝史：文化士族与军功贵族的竞争史

势的集团的竞争。南北朝两方谁将成为历史主流，将由这两个集团之长短得失来决定。

历史表明，北朝是魏晋南北朝的历史出口。历史是由北齐、北周走向隋唐的。学者在讨论北朝史时，往往引用恩格斯的这句话："德意志人究竟用了什么灵丹妙药，给垂死的欧洲注入了新的生命力呢？只是他们的野蛮状态，他们的氏族制度而已。——的确，只有野蛮人才能使一个在垂死的文明中挣扎的世界年轻起来。"江左名士给中国文化宝库增添了璀璨瑰宝，系华夏文明于一缕不绝，但在政治军事上，他们难以抗衡异族武装的长枪大马。有一个"低人权优势"的提法，那么，存在"野蛮的优势"这种东西吗？野蛮与文明的关系，也是一个永恒的斯芬克斯之谜。

隋唐时中华民族复兴的动力来自北朝的民族融合，专制官僚制的复兴动力来自北朝的民族压迫。钱穆曾说，中国史上有四次民族大融合，每一次都带来了全盛。前三次是上古到先秦，秦汉到魏晋南北朝，隋唐到元末，第四次是满族入主到现代，汉族融合各少数民族，迎来另一个全盛。我个人觉得第四次的说法是类推不当，近代衰盛主要来自中西碰撞交流。但这个民族融合带来发展动力的说法，大家可以思考。

历史学往往采用综合性感悟，政治学则要求你把最核心的原理找出来，击碎九连环中最关键的一环，其他迎刃而解。借助政治学思维，我把北朝的集权官僚体制的复兴起点归结为"部族武力的制度化"。这就同时涉及"文－武"与"胡－汉"问题了。

战争、军事能强化王权，罗素已指出了这一点："战争对于王权的强化一定起过很大的作用，因为战争需要统一的指挥。"梁启超也看到："专制权稍薄弱，则有分裂，有分裂则有力征，有力征则有兼并，兼并多一次，则专制权高一度，愈积愈进。"一个王朝崩溃后，社会陷入动乱，动乱在各地不断制造出各种暴力，而军事体制、军事活动、军事集团最终把各地的暴力体制化了，由此恢复秩序，一个新的集权体制得以重建。军事途径的改朝换代，是为"马上天下""打江山"。中国通史著作在叙述王朝初年之时，往往会有"专制皇权的强化"一节，看上去是一个老套，其实是有其道理的。专制主义这头猛兽，是以暴力做养料的，而战争能大量供应暴力。和平年代砍脑袋杀人，是个让人踌躇的事儿，因为这跟祥和安宁的社会氛围不符。故死刑数量同社会体制的温和程度成反比。若刚刚经过战争就不同了。白骨鲜血已司空见惯，借着这个余威，违法违令的就砍头，不服从不忠诚的就下狱，专制由此强化。

在这个意义上，我们把异族征服看成一种特殊的"马上天下"。民族压迫、民族冲突能制造出更多暴力。压迫异族人总比压迫同族人更严酷。所以北朝的鲜卑军功贵族与国人武装，在振兴皇权上，显示了比南朝"次等士族"更大的动量。甚至中国史上的历次北方游牧民族之入主,都强化了专制集权,把草原上酋长和属民的主奴关系,带入了文明宽松的社会。比如北宋时中国文化达到了一个辉煌高峰,政治宽松,出现了"士大夫政治",有学者还看到了"皇权象征化"。若无外来因素,沿此方向继续发展,中国制度史将会出现什么,无法悬拟。可辽、金、元、清历次外族入主,一次次扭转了这类"宽松化"的趋势。这就意味着北方族群的入主不仅仅是一个民族关系问题与国防问题,也是制度史问题。当近代来临之时,改革者所欲改革的政治体制之所以是那个样子,其中就有北方族群入主所造成的历史影响。

四 历史分期问题与两千年一贯制

魏晋南北朝在中国史上的特殊性,与历史分期息息相关。不同分期意味着对这个时代的不同认识。

近代以来,马克思主义的唯物史观传入中国。郭沫若根据阶级关系和生产方式来划分社会形态,认为战国以上是奴隶制,生产关系是奴隶主与奴隶;战国以降是封建制,生产关系是地主与佃农。1949年后大陆学者一度都用"五种生产方式"的模式为中国史分期,具体的分期则有八九种。同学们在中学历史课上听到的"战国封建论",就是影响最大的一种。各种观点大抵都以"地主阶级"为核心概念。范文澜还说,共产党通过土地改革消灭了地主阶级,中国的永远大治之日,便来临了。

特别能凸显魏晋南北朝史的时代特殊性的,是"魏晋封建论"。魏晋南北朝史研究有四位大师,被戏称"四大名旦",其中三位都持"魏晋封建论",即何兹全、王仲荦、唐长孺三先生。何兹全在中西对比上尤为深入,他说自己是魏晋封建论的始作俑者,这个发明权一定要争。这些学者认为,汉代依然有大量的奴婢劳动，属于奴隶社会；魏晋南北朝则进入封建社会，土地所有制形态是世家大地主占有大量土地，不完全地占有依附农民——部曲、佃客。所以在一段时间中，大陆学者讨论士族，习惯加一个"地主"做后缀，称"士族地主"。"士族地主"被认为构成了这一时期的历史特殊性。苏联社会科学院有一个10卷本的《世界通史》。我当年上世界史课时，曾在图书馆翻阅过，估计这书至今几十年没人看了。"苏联老大哥"这部书也采用魏晋封建论，认为秦汉大量使用奴隶劳动，魏晋南北朝封建土地国有制占主导，农民被固定在份地上。

日本的内藤湖南原是搞新闻的，四十多岁时对东洋史发生兴趣。他参考西欧的古代、中世纪与近代，把"三段论"转用于中国史：一是东汉以前，相当于西方的古代社会；二是六朝隋唐，这是中国的中世纪；三是宋以后。内藤认为六朝到唐中叶，是贵族政治最盛的时代，君主成了贵族的共有物。这可以称为"六朝贵族论"。周朝是贵族制＋封建制，"封建"就是"授民授疆土"；魏晋南北朝有贵族制，但没有"授民授疆土"，没有封建制，不同于周。此后宫崎市定、谷川道雄等京都学派的大师，也把六朝隋唐称为"非封建的中世"。这个"封建"用语，与大陆学者的"魏晋封建论"截然不同，后者说的是生产方式。唐宋间，中国史发生了决定性转型，由"中世"进入"近世"了，是为"唐宋变革论"。内藤说，欧洲近代化第一阶段出现了文艺复兴、资本主义、专制主义和民族国家，而唐宋间的市民、新儒学、君主独裁、资本主义萌芽与之相似。宫崎相信，汉帝国可比于罗马帝国，"五胡"等北方民族之入主中原，与欧洲日耳曼蛮族的南下类似，"东洋的近世"则从宋朝开始。可见日人"三段论"明显地含有对西欧史三阶段的参照比附。

然而西欧只是广大世界的一个局部，那里的历史三阶段如何能套用于中国史呢？宫崎市定的思辨能力相当之好，敏锐地意识

对中古时代的认识

魏晋封建论

魏晋南北朝时期,封建土地所有制的形态,是世家大地主占有了大量土地和不完全占有土地上的耕作者依附农民——部曲、佃客。 王仲荦

六朝隋唐贵族论

六朝至唐中叶,是贵族政治最盛的时代……这个时期的贵族制度,并不是天子赐予人民领土,而是由地方有名望的家族长期自然相续,从这种关系中产生世家……君主是贵族的共有物。 内藤湖南

到了这一问题。他应对说:"既然我们的态度是将特殊的事物尝试应用在一般事物上,则所谓特殊事物实际上便不再特殊。"这话我觉得相当机智,试图用思辨来化解这一问题。我们知道,就连"误读"都能带来"创造"。中西比附虽有问题,但也可能带来创新的。日人随后也在着意揭示中国史的独特处。"非封建的中世"提法,除了表明六朝贵族制与西周政体之异,也表明了与西欧中世纪政体之异。

"五种生产方式"模式显然也有"套用"之病,但也带来了创新。北大何怀宏教授曾这样评价郭沫若:在运用唯物史观上,郭沫若离马克思相对最远,最具"中国作风和中国气派"。郭沫若把地主与佃农的关系视为封建,这跟马克思所说的"封建"相距甚远。改革开放后有人这样质疑"战国封建论",战国有地主吗?你举出一个给我看看?有位姓田的学者——不是我导师,是另一位——主张战国封建论,有人问他:你的战国封建论在马克思那里有多少根据？该先生承认："根据很少，甚至可以说没有。"他强调中国的奴隶制与封建制自成一类，不同于马克思所论的奴隶制与封建制。这就是"中国化"了，含有中国学者的新鲜看法。

"二战"后很多日本学者对侵华战争进行反思，由此走向了马克思主义。开创了东京学派的前田直典采用唯物史观，认为唐以前是奴隶制，宋以后是封建制。这便同京都学派的"三段论"大不相同了。滨口重国认为，中国社会特点应在君主专制与广大自耕农的关系中加以把握，国家是土地的最高所有者。西嶋定生进一步提出，秦汉帝国的基础是皇帝对全体人民的"个别的人身支配"，具体体现就是赋税徭役。豪强也是皇帝所支配的"民"。在滨口、西嶋等人的社会形态的讨论中，政治体制的分量明显地加重了。

对魏晋南北朝时代，日本学界有"自律贵族"与"寄生官僚论"之争。京都学派的内藤湖南和谷川道雄等，认为贵族是地方名望家族或乡里"豪族共同体"的领袖，是不依赖于政权而存在的"自律贵族"。宫崎市定指出九品中正制依门第而定品，而门第是在乡里形成的，所以中正品称"乡品"，中正的评定称"乡论"。"寄生官僚论"则相反。矢野主税认为，中古贵族是因国家权力而成立的，居官和官位高下是决定性的。越智重明也有类似说法。大陆学者对士族居官问题也有讨论，但对寄生性、自主性这类问题并不敏感，没有上升到"官僚性—贵族性"的理论层次。首先是大陆中国史学者的精力主要投注于"士族地主"了，其次是因学术封闭，一段时间中，对现代官僚制理论所知无几。而日本学者身处开放社会，马克斯·韦伯等人的官僚制理论，深化了"寄生官僚论"的相关思考。

"自律贵族论"与"寄生官僚论"的讨论有什么意义呢？事关对中国"中世"特殊性的评估。从政治学角度说，王权、贵族、官僚三者关系，是传统政治体制的重大问题之一。秦汉与唐宋都以"皇帝专制+官僚政治"为基本特点，夹在其间的魏晋南北朝若是贵族政体，"君主是贵族的共有物"，则其特殊性就相当大了，与西欧中世纪就比较类似了，唐宋间的政治变化就足以构成"变革"了。反过来说，若士族仅是"寄生官僚"，其历史特殊性就不那么大了，"唐宋变革论"的唐宋"从贵族政治到君主独裁"的论断，就相当可疑了。

一百多年前，二十七八岁的梁启超发表了名作《中国专制政治进化史论》，为历代政治体制建立了一个基本框架。在现代学术开端之时，新框架就是开创。我曾说，此文应成为历史系学生的必读论文之一。梁启超认为，周代是贵族制+封建制，战国秦时贵族制受到裁抑，专制得以进化；汉代统治阶级起于草莽，不带贵族气息，专制再次进化。魏晋南北朝出现了九品中正制，然而"可谓之有贵族，不可谓之有贵族政治"，并不构成欧洲中世纪那种贵族政治；"其于专制政体之进化，毫无损也"，尽管有贵族现象，专制政治在穿越了魏晋南北朝之后，再度大步前行。梁氏的这个认识，跟日人的"六朝贵族论"相当不同。

梁启超此文是以现代政体理论为基础的，在贵族问题上他也展示了出色的领悟能力。他说："贵族政治者，虽平民政治之蟊贼，然亦君主专制之悍敌也。"贵族强大了，君主专制就不大容易，这在人类史上是一个普遍规律。培根说："一个完全没有贵族的君主国总是一个纯粹而极端的专制国，如土耳其是也。"孟德斯鸠说："在没有贵族的君主国，君主将成为暴君。"贵族与皇权此消彼长。在魏晋南北朝，皇权低落，主要原因就是士族发展与官僚的贵族化。但其时官僚的贵族化，并没有达到改变政体类型的程度。总的说来，梁启超建立了一个"两千年一贯制"的模式，"一贯"的就是政治体制。

田余庆先生的看法与之非常接近。田老师不认为魏晋南北朝

几种分期模式

历史分期的模式
- 经济史观、文化史观
- 制度史观：政治体制、政治形态、政治结构

梁启超　　郭沫若　　内藤湖南

奴隶制	战国封建论		
古代/奴隶社会	魏晋封建论		
古代帝国	六朝隋唐贵族论	东洋的近世	
贵族+封建	中央集权的官僚帝国		

先秦　　秦汉　　魏晋南北朝　　唐　宋　　明　　清

是贵族政体，尽管东晋一度出现了门阀政治，但门阀政治只是皇权政治的变态，总体上仍是皇权专制占主导，并且"中国古史中始终是皇权至上，皇权专制制度是运转历史的枢纽。尽管朝代变了，制度的外观有异，甚至后来皇帝居位制度也被推倒了，但皇权统治思想和某些机制实际上是保存在社会躯体的骨髓里面，可以说形成历史的遗传基因"。一百多年来，论对六朝士族政治的看法，梁启超与田余庆遥相辉映。

上世纪 80 年代以后，在重视皇权专制与官僚体制的日本学者中，又发展出了"专制国家论"。他们认为"五种生产方式"这一单线历史观，抹煞了中国历史的很多特点，将西方的历史模式套用在中国身上。同时也批判了京都学派的"三段论"，认为是用西欧史来把握东亚史，从而贬低了东亚独特性，也是一种西欧中心论。上世纪八九十年代的中国改革主要发生在经济层

面,政治体制无甚变化,这跟东欧、俄罗斯形成很大反差,这一情况,也给了持"专制国家论"的日本学者很大启迪。但他们仍颇受马克思主义的影响,主要从生产方式,从小农经济、地主不独立于国家政权、租税合一等方面,来探讨中国两千年集权专制的原因。这几年日本学者不大使用"专制国家论"的提法,改称"国制论"了。我猜测,原因是一些中国学者基于"温情和敬意",对"中国专制"之说表示不满,日本学者很尊重中国学者的感受,就改称"国制论"了。

改革开放后,大陆学术界对 Feudalism 意义上的"封建制"概念是否适合传统中国,出现了很多争议。有学者索性把"封建"称为"百年来的一个误译"。(甚至对"奴隶社会"是否可以用于中国,也有很多质疑。)在这时候,京都学派的"三段论"启发了不少大陆学者的灵感,他们对"唐宋变革论"有很多讨论。很多中国学者原有一个看法:从经济文化上看,宋代开启了中国史的新时代。这看起来跟"唐宋变革论"有相似处。但柳立言强调,只有认为唐宋间发生了一场根本性的社会转型,而且这个转型具有"近代化"的意义,才算"唐宋变革论"。中国学者有的这么看,有的只是把唐宋间相关变化说成是"封建社会后期"的现象。

基于"五种生产方式"的历史分期,可以说是"经济史观"的;京都学派的"三段论"被认为是"文化史观"的。梁启超"两千年一贯制"的那种论点,则具有"制度史观"的意义。当然,梁氏尚没有在政治体制与社会形态之间画等号。但传统中国是一个政治优先的社会,"行政化"的社会,秦汉政府的完善程度已居世界之首,多方超迈罗马帝国,秦始皇就是当时地球上最有势力的人,四千万民众说什么、想什么、做什么,由他一个人说了算,则政治体制在塑造中国社会形态上所显示的巨大权重,任何人都不能无视、低估。

清人赵翼说战国秦汉是"天地间一大变局",晚清又有"三千年未有之变局"之说,但古人很少说唐宋间是天地间一大变局。唐宋间若有一次社会的根本转型,古人怎么没看到,过了一千年才被我们看到呢?宋代写成的《资治通鉴》,仍拿千年以前的史事做治国借鉴,时代好像没怎么变化似的。我们不否认唐宋间经济、社会、文化发生了很多变动,但政治体制这个权重,大大降低了其间的"社会形态变化率",古人感觉自己仍处于一个"君－臣－民"结构的社会中。钱穆说:"论中国政治制度,秦汉是一个大变动。唐之于汉,也是一大变动。但宋之于唐,却不能说有什么大变动,一切因循承袭。"这等于说,钱穆也否认制度史上有过"唐宋变革"。

若从"制度史观"说,魏晋南北朝到隋唐的制度进化倒令人瞩目。首先由分裂到统一,这就是一个决定性变化。一个强大皇权再现于历史舞台之上,又是一个决定性变化。进而中国制度史上树起了三大丰碑:三省六部制,科举制,唐律。这几乎就奠定了中国史后半段的制度基础。还有,唐代的品阶勋爵制度表明,从周代的"爵本位体制",经秦汉"爵－秩二元体制",而发展为"一元化多序列的复合体制"了。

由此反观魏晋南北朝,其时虽有"变态",但仍有"连续",有"回归"。虽在政治势力上出现了士族,但士族应视为一种"贵族化官僚",是官僚的"变态",兼有"官僚"身份;虽然出现了维护士族特权的九品中正制,但整个体制仍是沿着皇帝专制、中央集权的路线稳步进化,直到孕育出了隋唐三大制度丰碑;在政治文化上士族引发了玄学思潮,但儒家观念和"官僚政治话语"在王朝政治中仍居主导。我的《波峰与波谷:秦汉魏晋南北朝的政治文明》一书,有"冰层下的潜流:官制和法制的进化"一节,专论此期的各种制度进步;还有"空话不空:官僚政治话语"一节,专论此期的"集权官僚政治话语",尊君卑臣、选贤任能之类仍是政坛、官场上的正统论调。中国"中世纪"的历史轨迹,确实呈现出了若干曲折,但与西欧中世纪相比,其"断裂"程度并不那么大,有两个因素维系着其间的历史连续性:第一,秦汉集权官僚体制的政治传统;第二,士大夫阶层及其承载的文化传统。二者联袂携手,保证了"连续",实现了"回归"。西欧的中世纪没有这两样东西。

十六国北朝的军功贵族,与魏晋南朝的文化士族,构成了这一时期贵族的两大形态。但异族军功贵族与汉族文化士族的历史作用相当不同。梁启超《中国专制政治进化史论》有一个卓越的看法:异族政权下的部落贵族,反而是强化专制的,"贵其所贵,非吾所谓贵,彼以彼之贵族而拥护彼之专制"。例如在元朝,蒙古人最贵,但这个贵族不是汉民族自己的,蒙古贵族是拥护元朝皇帝对汉人的专制的。政治学原理之一,就是贵族如果强大了,皇权就会低落。但这个规律不完全适合征服王朝。如前所述,北朝的军功贵族,实为推动北朝专制官僚体制复兴的主要动力。

田余庆师的思维方式是"变态—回归"。循此思路,阐述"变态"原因,衡量"变态"幅度,寻找"回归"动力,我想可以成为深化魏晋南北朝政治史研究的主要模式之一。这个模式,可以丰富对"两千年一贯制"的认知。中国史穿越了魏晋南北朝一段曲折,最终回归于其历史的"中轴线"上来了。

谭嗣同有言:"两千年之政,秦政也";毛泽东有诗:"百代都行秦政法"。从制度史观看,两千年历史是一个整体,其开端是秦。秦以后两千年,中国人民就一直生活在秦始皇的身影之下。在京都学派的"三段论"中,秦统一的巨大历史意义黯然无光。而对郭沫若的"战国封建论",何怀宏指出了它的一个魅力:紧紧抓住了战国秦汉那场巨大变革。中国史上有三个大转型,第一是夏朝国家诞生,夏商周政权是中国国家的1.0版;第二是战国秦汉中央集权的官僚帝国之演生,两千年帝制是中国国家的2.0版；第三次便是近代以来的那场巨变，由此，中国国家的3.0版开启了升级换代。我之所以使用1.0版、2.0版、3.0版之词，就是要显示它是同一个事物的连续发展。俄罗斯的沙皇制度实行了近400年，而中国的"皇帝"之制从秦帝国到袁世凯的"中华帝国"，使用了2200多年；"五等爵"从周朝到袁世凯的"中华帝国"，也使用了二十七八个世纪。这样的制度连续性，其他任何一个国家都没有。李银河有言："我们最可能拥有的，就是历史和文化中曾拥有的；最不可能拥有的，就是历史和文化中没有的。"康晓光有言："两千多年来，中国发生了无数巨变，但是'行政力量支配社会'这一特性从未改变。专制政治具有巨大的适应能力，不仅可以适应农业经济，也可以适应工业经济，不仅可以适应计划机制，也可以适应市场机制，甚至也可以适应全球化。……中国的政治文化似乎与民主无缘。儒家与法家争论的是'王道'和'霸道'，而不是政府权力的来源。"这都是对几千年中国制度史的巨大惯性的深切感悟。而刚才所述魏晋南北朝史，便是在"两千年一贯制"的背景下展开的，它通过"变态"之后最终还是"回归"的历史轨迹，突显了"历史连续性"，而不是魏晋南北朝的特殊性。

推荐阅读

（编辑希望提供参考书目，而魏晋南北朝史的优秀著作实在太多，斟酌之余，决定只选本人师友作品。从他们的著作中我受益最多。）

周一良：《周一良学术著作自选集》，首都师范大学出版社，1995 年
田余庆：《东晋门阀政治》，北京大学出版社，2012 年
祝总斌：《两汉魏晋南北朝宰相制度研究》，中国社会科学出版社，1990 年
李凭：《北魏平城时代》（修订本），上海古籍出版社，2011 年
张伟国：《关陇武将与周隋政权》，中山大学出版社，1993 年
阎步克：《波峰与波谷：秦汉魏晋南北朝的政治文明》，北京大学出版社，2017 年
陈苏镇：《两汉魏晋南北朝史探幽》，北京大学出版社，2013 年
陈勇：《汉赵史论稿：匈奴屠各建国的政治史考察》，商务印书馆，2008 年
胡宝国：《汉唐间史学的发展》，商务印书馆，2003 年
李万生：《侯景之乱与北朝政局》，中国社会科学出版社，2003 年
罗新：《中古北族名号研究》，北京大学出版社，2008 年
陈爽：《世家大族与北朝政治》，中国社会科学出版社，1998 年
韩树峰：《南北朝时期淮汉迤北的边境豪族》，社会科学文献出版社，2003 年

第四讲

时代变奏
大唐的鼎盛与衰颓

张国刚

我今天要讲的是唐代历史，因时间有限，不能讲得很具体，所以我就找了一条线索——大唐的鼎盛与衰颓。为什么会鼎盛？表现在哪里？衰颓的原因又是什么？为什么没有解决方案？按照通常的分析框架，我们会从人事与制度这两个方面展开，人事就是当下的操作，制度是指长时段的路径。但是，如果事关长时段的历史发展，还需要讨论时代趋势。时代趋势是在多种因素的合力作用下形成的，所谓"识时务者为俊杰"，在历史趋势面前，英雄个人的聪明，就显得不具主导作用了。因此，对于唐朝的鼎盛与衰颓我们还要加一个分析工具：时代趋势。在时代趋势面前，英雄和圣人需要做的就是顺应时势，推动深入持久的变革。今天是这样，历史上也是如此。

一　大唐何以称"鼎盛"

秦以后的中国历史朝代，延续一百五十年以上的只有西汉、东汉、唐朝、北宋、南宋、明朝和清朝，将近三百年的唐朝是延续时间最长的。

唐朝的国家由它的核心区域和周边的都护府组成，其中安东都护府在平壤，安北都护府在蒙古，安西都护府在中亚，安南都护府在河内。另外唐帝国东面是大海，西面是高山，北面是沙漠。自然空间的相对封闭性，以及都护府构成的自然和军事的安全保障，是大唐繁荣和发展的基本条件。我们先讲一下大唐鼎盛的一些表现。

根据《唐六典》记载，开元时期前来朝贡的国家和地区有七十多个。唐高宗乾陵前面至今还有六十多个番邦君长的石刻雕塑，据说高宗死后他们以此形式陪葬。盛唐之际，东亚的日本、朝鲜，南亚的天竺诸国，中亚、西亚的大小政权，乃至地中海地

第四讲　时代变奏：大唐的鼎盛与衰颓　　117

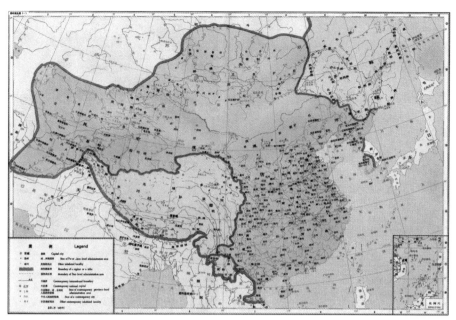

图1　唐最大疆域全图（唐高宗总章二年，公元669年）。
谭其骧主编：《中国历史地图集》第五册，中国地图出版社，1996年

区的一些国家，都在实质上或名义上奉唐朝为宗主，并以定期或不定期的朝贡维系着一种政治联系。开元时代，长安、扬州、广州等海陆丝绸之路的重要枢纽城市总是海外客商云集，成为沟通中外经济、文化与政治联系的重要渠道。据9世纪阿拉伯人的文献记载，当时广州的外商数以十万计，而长安是百万人口的城市，来自缅甸的骠国乐舞，来自中亚石国、康国的胡腾舞、胡旋舞、柘枝舞等，都曾在长安表演。

这些灿烂光环的背后是唐朝内政的修明。官方材料显示，天宝十三载（754）全国人户约962万、人口约5288万，学者们综合各方面史料推测，公元8世纪中叶，唐朝全国实际人户是1300—1400万，实际人口超过7000万。中国最早的人口统计是西汉末年进行的全国人口普查，当时统计的结果是将近

6000万。隋炀帝时候的官方统计是5000多万。在玉米、红薯、土豆等美洲的新粮食品种进入中国之前，中国人口一般就在六七千万徘徊。

我们知道，宋、元、明、清都有胜过唐的地方，但是唐的鼎盛有一种横向比较的优势，即同一时期世界上的其他地方都不如唐。8世纪的东法兰克福王国，从塞纳河到莱茵河之间的人口是两三百万。直到16世纪，哥伦布以后百余年，地中海地区的人口才五六千万。8世纪的北非人口300万，印度处于分裂状态，阿拉伯世界才开始扩张。而当时日本与朝鲜也都是人口寡少的小国，刚从唐朝学会创立自己的文字。在农业经济为主的时代，人口就是生产力。唐玄宗时期人口繁盛，反映了当时中国总的经济实力是独步世界的。

我们观察8世纪前期的欧亚大陆会发现，唐朝的疆域跟汉朝相比是东不及而西过之。"东不及"是说汉朝时在朝鲜半岛设置了乐浪、玄菟、真番、临屯四郡，而唐朝没有。"西过之"是说汉朝在西边只有西域都护府，而唐朝时新疆地区已经由州县统治，在中亚、波斯也都设了都督府（羁縻府州）。唐朝不仅版图比之汉代有新的拓展，南方地区也获得进一步开发，大运河把黄河流域与长江流域更密切地联系在一起，促进了全国经济的增长。农民的劳动热情空前高涨，杜佑说："开元、天宝之际，耕者益力，高山绝壑，耒耜亦满。"根据现有史料推算，当时实际全国耕地面积约850万顷，折合今亩达6.6亿亩（当下的中国为18亿亩），人均占有达9亩多，远远超过我国今日1.4亩的平均数。所以唐朝的鼎盛是有实实在在的物质基础的。

开元年间国家图书馆的藏书达53915卷。我们常说的四部（四库）图书分类，就是在唐代正式被国家官方图书馆采纳。《新唐书·艺文志》讲："藏书之盛，莫盛于开元，其著录者，五万三千九百一十五卷，而唐之学者自为之书，又二万八千四百六十九卷。呜呼，可谓盛矣！"玄宗大力提倡教育，广泛设立公私学校。开元二十一年（733）五月敕："许百姓任立私学，欲其寄州县受业者亦听。"（《唐会要》卷三十五《学校》）开元二十六年下令天下州县，每乡都要设置学校一所，以教授学生。这样推行政教的结果是，垂髫儿童，"皆知礼让"（《旧唐书》卷九《玄宗本纪下》）。可以说教化大兴！唐朝之所以让人觉得流光溢彩，和它的文化有关，那是一个诗歌的时代，李白、杜甫是其中杰出的代表。

杜佑《通典》记载，开元十三年（725）东封泰山之时，"米斗至十三文，青齐谷斗至五文。自后天下无贵物，两京米斗不至二十文，面三十二文，绢一匹二百一十文。"又说："东至宋、汴，西至岐州，夹路列店肆，待客酒馔丰溢。每店皆有驴，赁客乘，倏忽数十里，谓之驿驴。南诣荆襄，北至太原、范阳，西至蜀川、凉府，皆有店肆，以供商旅。远适数千里，不持寸刃。"这里说的是私人客栈，而供官方使用的驿站（公费招待所），每三十里一驿，全国共有1643所。交通便捷，道路安全，行走数千里不用带防身武器；农业丰收，国家和老百姓的粮仓都装得满满的。下面这两首诗从社会风气、农业生产、生活水准等不同的方面展现出了盛唐的气象。

杜甫《忆昔》

忆昔开元全盛日，小邑犹藏万家室。
稻米流脂粟米白，公私仓廪俱丰实。
九州道路无豺虎，远行不劳吉日出。
齐纨鲁缟车班班，男耕女桑不相失。

孟浩然《过故人庄》

故人具鸡黍，邀我至田家。

绿树村边合，青山郭外斜。

开轩面场圃，把酒话桑麻。

待到重阳日，还来就菊花。

唐朝能成为世界性帝国，还因为它能提供公共产品。前些年美国和欧洲举办的唐代文化展，称唐代为黄金时代。

唐朝提供的"公共产品"有：第一，巨额的商品贸易，包括出口的丝绸、进口的马匹和珠宝等。那时候的东南亚发展水平很低，中亚的人口相对很少，主要的贸易市场是从唐朝到阿拉伯世界、波斯甚至更远的欧洲。第二，先进的发展模式，对周边的吐蕃还有国外的日朝输出文化，接纳各国的留学生。我们现在很多古书无存，要到日本去找，就是那个时候输出的。第三，国际交流平台，著名大都市长安和广州都是重要的经济与文化交流空间。第四，国际经贸交流渠道，主要是"一带一路"。举两个例子，贾耽大概是唐德宗时候的人，写过一部《皇华四达记》，记载了当时的国际经贸交流情况；根据前些年发现的一份墓志，公元785年，宦官杨良瑶第一次代表唐朝政府出访黑衣大食，从广州出发到波斯湾。这是过去不知道的，我们都以为郑和是第一次。这次出访是中国官方第一次从海路出使西方，并且是从广州出发而非从南京出发，出访使用的是中国人的船，东晋末年法显当年从斯里兰卡回广州乘坐的还是其他地方的船只。第五，国际安全环境，唐朝实行羁縻府州模式。羁縻府州是唐朝在周边地区设置的特别行政区，从功能上说是维持唐朝与所在地的和平关系，保证当地的军事安全。当地统治者世袭，唐朝不向当地居民征税，军队在当地屯田或者收过往商税，解决部分军费。唐朝曾经保护过前来避难的波斯王子（波斯都督府），也在新罗、百济和高句丽战争时期维护过朝鲜半岛的秩序。

长安的东西两市外商外侨云集，据说"买东西"这个词就源

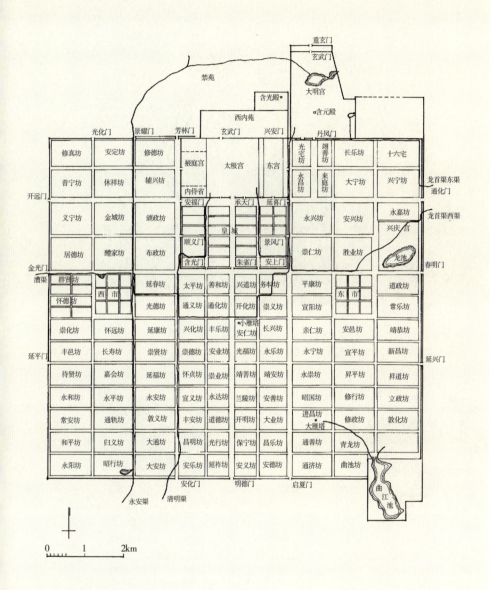

图 2 唐长安城平面图

图 3　大秦景教流行中国碑,唐建中二年(781)吐火罗人景净撰,记述了当时景教在中国的传播情况。现藏于西安碑林

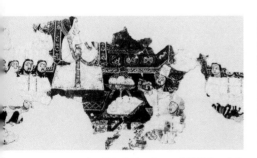

图 4　摩尼教皈依图,出土于高昌故城,为高昌回鹘时期的画作。此画面描绘了摩尼教会一年一度的 Bema 节场面,该节日为纪念其创始人摩尼殉教而设

图 5　敦煌白昼祆神图,出土于敦煌藏经洞。大概是 10 世纪的祆教图像,虽然已经受到佛教因素的影响,但画面的祆教特征仍非常明显,可能是晚唐五代宋初的归义军官民赛祆活动的遗物

自人们去东市和西市消费。唐朝有宾贡科，是为来华外国人特设的科举考试，日本的朝衡、新罗的崔致远等都参加过宾贡科。很多外国人在唐朝做官，不光是东亚人，也包括西边的大食人、波斯人等。唐朝还有三夷教，就是景教、摩尼教和祆教，佛教更是大行其道。

二　"唐风"：从"天可汗"说起

以上描述了唐朝的鼎盛，再来讲讲唐朝的风格。

贞观四年（630），唐太宗派李靖、李勣灭了东突厥，之后"四夷君长诣阙请上为天可汗，上曰：'我为大唐天子，又下行可汗事乎？'群臣及四夷皆称万岁。是后以玺书赐西北君长，皆称天可汗"。

如何理解"天可汗"？我们只要对南北朝的历史有点了解就会知道，十六国历史上的五胡政权是将单于（相当于可汗）与皇帝并列的。比如，刘渊的匈奴汉政权、石勒和石虎的赵政权，实行胡（大单于管理）汉二元体制，即"一国两制"。"天可汗"意味着天子不仅管理华夏，还管理周边胡人的地域。即使在以后唐朝比较衰落的时候，周边胡人还称唐天子为天可汗。举个例子，永泰元年（765），安史之乱平定之后两年，仆固怀恩引吐蕃、回纥、吐谷浑、党项等部，总共数十万人攻唐，郭子仪率兵抵御。

> 急召子仪自河中至，屯于泾阳，而房骑已合。子仪一军万余人，而杂房围之数重。子仪使李国臣、高升拒其东，魏楚玉当其南，陈回光当其西，朱元琮当其北。子仪率甲骑二千出没于左右前后，房见而问曰："此谁也？"报曰："郭令公也。"

> 回纥曰:"令公存乎?仆固怀恩言天可汗已弃四海,令公亦谢世,中国无主,故从其来。今令公存,天可汗存乎?"报之曰:"皇帝万岁无疆。"回纥皆曰:"怀恩欺我。"(《旧唐书》卷一百二十《郭子仪传》)

敌人已经连成一片,重重包围,郭子仪却只有一万多人,布置好东西南北的兵将后,亲率两千甲骑出没于左右前后。对方问此人是谁?回答说郭令公,因为郭子仪当过中书令。敌方说,本以为郭子仪和天子已经离世,既然郭令公还在,那么皇帝还在吗?回答说皇帝万寿无疆。敌方说是受了仆固怀恩欺骗。我引这段史料的关键是说明四夷君长仍然认同"天可汗"这个称呼。

关于唐朝兼祧胡汉的"天可汗"问题,我们可以回顾一下唐朝的建国史,庶几可从中发现"天可汗"的历史渊源。

众所周知,隋唐王室都是西魏"八柱国"成员,据《资治通鉴》载:

> 初,魏敬宗以尔朱荣为柱国大将军,位在丞相上;荣败,此官遂废。大统三年,文帝复以丞相泰为之。其后功参佐命,望实俱重者,亦居此官,凡八人,曰安定公宇文泰,广陵王欣,赵郡公李弼,陇西公李虎,河内公独孤信,南阳公赵贵,常山公于谨,彭城公侯莫陈崇,谓之八柱国。

八大柱国中,宇文泰创建了西魏北周,元欣是西魏的宗室,李虎是唐朝开国者李渊的祖父。隋朝开国皇帝杨坚的父亲杨忠,地位比八柱国低一级。

图6是很著名的北周李贤墓中出土的人像,卷发、高鼻、深目,明显是胡人,李贤墓出土的东西基本都带有胡的色彩。李贤的哥哥李穆坚定支持杨坚建国,他的弟弟李远坚定支持宇文泰。

图6　北周李贤夫妇合葬墓出土人像

李贤这个家族，包括李穆、李远都会突厥语，生活方式非常胡化。我们推测，李虎家族的文化氛围，很可能与李贤、李穆家族类似。

公元524年前后，北魏六镇起义，起义的人后来分成两拨，一拨是武川镇的宇文家族、贺拔家族、独孤家族、李氏、杨氏等，另一拨是在怀朔镇的高欢家族、侯景等。高欢出自渤海蓨县的高氏，他是汉族，可是完全胡化了。他后来建立的东魏北齐是胡化很盛的朝代。李氏和杨氏不管是不是汉人，最多跟高欢一样，是汉人血统但胡化很深。你是胡是夏由文化决定，不由种族决定。在这个背景下，唐太宗讲："自古皆贵中华，贱夷、狄，朕独爱之如一，故其种落皆依朕如父母。"（《资治通鉴》卷一九八）他这样说不是因为胸怀宽广，而是因为其家族传统就是这样。

李唐皇室家族的事业起步是北魏六镇起义，他们很自然地接续了北朝的政治传统。所以唐太宗做天可汗，不论对胡人来说，还是对他自己来说，都是自然而然的事情。这让我们想起康熙的话："自古皆筑长城以防夷狄，我把夷狄变成长城。"所以五族共和最早是满族人提出来的，孙中山当时还摇驱逐鞑虏的旗，后来讲三民主义才接受五族共和的内容。

我们再来看李渊的起兵易帜。温大雅是李渊在太原起兵时的书记官，他写的《大唐创业起居注》是比较纪实的，其中记载李渊说旗帜："宜兼以绛杂半续之。"当时突厥是白旗，隋朝是赤旗（绛色），李渊要一半用白旗一半用赤旗，表示一半隋一半突厥。同一件事，《资治通鉴》的记载是：

（裴）寂等乃请尊天子为太上皇，立代王为帝，以安隋室，移檄郡县；改易旗帜，杂用绛白，以示突厥。（李）渊曰:"此可谓'掩耳盗钟',然逼于时事,不得不尔。"乃许之,遣使以此议告突厥。

胡三省加注说:"隋色尚赤,今用绛色杂之于白,示若不纯于隋。"陈寅恪在《论唐高祖称臣于突厥事》一文中讲:"实表示维持中夏之地位,而不纯臣服于突厥之意。"两个人的说法正好相反。解决这个问题,需要用一条前人从来没用过的材料。唐人赵蕤《长短经》载:"秋七月,唐公将西图长安,仗白旗,誓众于太原之野。"李渊完全是用白旗。赵蕤是开元时代的人,所以这条材料也是唐人的材料。那么他和温大雅的记载,哪一个是对的呢?

其实两者都对,因为温大雅根本没讲最后是不是一红一白。陈寅恪先生的推论是对的,李渊希望通过易帜表示维持中夏地位,但突厥最后肯定没有同意。李渊的祖先深受胡化,六镇起兵其实是反北魏孝文帝改革。孝文帝从大同迁都到洛阳,改汉姓、易汉服、和汉人通婚、用汉字、讲汉语,六镇起义是对这个改革的反动。

日本早稻田大学的石见清裕教授 2017 年发表了《粟特人的东方迁徙与唐王朝的建立》一文,从微观角度讲述了很多粟特人参与大唐建立的过程。宁夏固原史氏家族从北魏末期到隋代,一直率领部兵参加军事行动。萨宝出身的史射勿统领粟特乡兵,被授予府兵军官"帅都督"的称号。其他史氏家族成员,为府兵军官的也很多。西魏北周及隋施行府兵制,岑仲勉先生讲,府兵制招募的乡兵其实很多都是胡人。粟特人是跟随部族活动的,还跟宗教连在一起。根据一份粟特文和汉文参半的《史君墓志》,同时为"大祆主"的同州萨宝,处在与东魏北齐斗争最前线。后来这个史氏家族还参与了讨薛举,也就是大唐建国时候的军事行动。

《虞弘墓志》中讲:"迁领并代介三州乡团,检校萨宝。"这

图 7　虞弘墓志拓片　　　　　图 8　虞弘墓石棺上的"夫妻宴饮图"

里的"乡团",即粟特人聚落组成的乡兵。根据深圳望野博物馆所藏《游涅槃陀墓志》(粟特文),6 世纪这个家族已经作为商人移居邺城。《曹怡墓志》中讲:"父遵,皇朝介州萨宝府车骑骑都尉。君……起家元从,陪翊义旗,后殿前锋,殊功必效。"《康令恽墓志》中讲:"天子龙飞于晋阳,诸侯骏奔于环宇。犹高祖起沛,先议萧何之功,成汤自陑,必酬伊尹之效。公折冲樽俎,拜为骠骑将军。"车骑骑都尉和骠骑将军都是府兵的军官。总之,从北魏时代开始,胡人(粟特人)大举入华,参与了创建西魏、北周、隋唐王朝。

时代的胡风、家族的胡风影响了唐太宗李世民的家庭氛围。李世民给魏征等编辑的《群书治要》回复说:"朕少尚威武,不精学业,先王之道,芒若涉海。览所撰书,博而且要,见所未见,闻所未闻,使朕致治稽古,临事不惑,其为劳也,不亦大哉。"性本刚烈,若被委屈压抑,"恐不胜忧愤,以致疾毙之危";"却思少时行事,大觉非也",慨叹"为人大须学问"。魏征编的这些书他没有读过,但他的突厥语很好。至于太宗的长孙皇后，根据《北周拔拔骀墓志》，拔拔骀第三子为季晟，孝文帝时改姓为长孙晟。长孙晟即长孙皇后之父，他死后妻子高氏携带儿女归宁，故长孙氏为舅父高士廉所鞠养。长孙皇后的母亲出自高欢家族，虽是汉人，但胡化严重，所以长孙皇后平常就讲鲜卑语。李渊生母独孤氏是独孤信的女儿，出自带突厥血统的鲜卑家族。李世民的外婆宇文氏是宇文泰的女儿，也是鲜卑家族。李承乾是武德二年（619）出生的，这个时候大唐已经建立了，但是他好讲突厥语，穿突厥服装。这个孩子的家庭教养完全是突厥式的，家族的突厥文化让他习染成风。从这个角度来说，唐太宗对于山东高门的礼法门风颇为不屑，其潜在的原因，倒是完全可以理解。

图9　粟特商人供佛图。出自新疆吐鲁番柏孜克里千佛洞第九窟

时代的胡风、皇室家族的胡风，也影响到社会上的胡人和胡文化的地位。唐代丝路贸易繁荣，对于中国方面来说，主要是边境贸易，中国人主动出境贸易不占主流。文献资料记载，陆上

图10　章怀太子墓出土壁画《客使图》，描绘唐朝外交机构鸿胪寺官员接待外国使节的场景

丝绸之路担当东西贸易的商人主要是塞种人，即大月氏人、匈奴人，中古时期则以粟特人为主流。《北齐书·和士开传》说这位北齐宠臣是西域胡商之后。前些年出土的虞弘墓、安伽墓、康业墓等，墓主都是在华粟特胡商或者其后裔。成书于东魏（约547年）的《洛阳伽蓝记》记载北魏"四夷馆"前来贩货的客商："自葱岭已西，至于大秦，百国千城，莫不欢附，商胡贩客，日奔塞下，所谓尽天地之区已。"北周的千金公主嫁到突厥，后来北周亡了，隋灭陈之后又送给她一面华贵屏风。她一时感慨写了一首诗，其中有一句："余本皇家子，漂流入虏廷。"可见这些北朝的胡人政权，是把更北方的部族看作胡人的。所以北魏有"四夷馆"也不奇怪。

　　隋唐一统，特别是唐太宗平东突厥、平高昌，促进了丝绸之路的贸易发展。唐太宗对来自昭武九姓的使者（他们关心的大约正是贸易）说："西突厥已降，商旅可行矣。"于是，"诸胡大悦"（《新唐书·西域传下》）。唐朝在边境地区设置了管理商贸活动的"互市监"，安禄山和史思明最早在幽州做互市牙郎，就是管这项工作的。他们通"六蕃语"，与外商谈生意有优势。安禄山是一个混血儿，母亲为突厥人，父亲是粟特人。其后母亲带着他嫁给突厥的安延偃，于是便改姓安。总的来说，李唐皇室对胡人没有"非我族类"的防范心态，也不只是从工具意义上使用番族胡人，而完全是胡汉一家亲。

　　总之，我们在理解北朝和隋唐的连续性的时候，不要忽视政治传统上的连续性，不能把隋唐取代北朝，仅仅看成汉人统一全国，而是胡汉融合。唐朝的开放与自信，是经济和社会繁荣发达的结果，也是唐朝胡汉一家政治风格的自然表现。北朝社会就是胡汉一家，隋唐延续了这个趋势。此时我们再读唐太宗所言："自古皆贵中华，贱夷、狄，朕独爱之如一，故其种落皆依朕如父母"，就有别样的意味了。到了五代的时候，五个政权中三个都出自沙陀,而且后唐四帝,虽不同姓,却都是沙陀。主导五代历史的八姓,六个都是沙陀。沙陀里面有粟特、突厥等不同部族。

三 唐前期:鼎盛与危机

我想从制度、人事和趋势三个方面来讲唐前期的鼎盛和危机。

就制度红利而言,魏晋南北朝四百年的大分裂期间有很多新的制度出现,这些制度在隋朝没有充分发挥其效果,到了唐朝才显现出来,突出表现在兵役制度、土地制度、赋税制度、科举制度等方面。第一是北朝均田制带来的土地改革红利,均田制在唐朝前期得到比较好的实施和推广。第二,汉武帝以来的内外朝制度到唐朝演变成三省六部制度。第三,科举制度对于社会文化风气的导向作用十分明显。出将入相,武功与文化追求相得益彰,不似后代重文轻武。

先讲均田制,北魏太和九年(485)施行均田制。自西汉以来,土地私有化的机制不断发展,西汉的崩溃就是因为没有解决土地问题。东汉也没解决,光武帝的"度田"很不彻底,豪强占田逾制十分普遍,东汉的士大夫或说党锢人士都是有土地的。北朝的均田制才解决了土地问题,到唐太宗时,均田制施行的条件比北朝更充分。当时全国只有200万户人口,即使太宗去世时也只有360万户人口,在统一而强大的中央政权推动下,很容易推广均田制。另外,"均田制"与"曲辕犁"完美结合。汉朝到魏晋都是大型犁铧和二牛抬杠,置办一套农具需要很多钱,一般人家用不起,而且也需要很多劳动力和比较大面积的土地,所以东汉豪强的形成也跟当时的生产方式有关系。曲辕犁具体什么时候出现的还不能确定,但是大型犁铧和二牛抬杠的使用在唐代肯定已经改变了。

再说行政制度,福山认为中国秦汉时期就属于现代国家,因为管理方式先进。秦朝的模式太累人,秦始皇每天处理公文120石,换算出来是48公斤,有人估算相当于30多万字的公文。而且他在全国视察,要在路上处理公文,最后就死在路上。汉武帝不一样,他活了70来岁,个人生活丰富多彩,因为他有时间。内朝有尚书帮助他处理,外朝有丞相,地方上设了13个巡视组,巡视组长就是刺史。到了东汉,首都地区的巡视组长叫司隶校尉,这个制度进一步完善。

东汉末年以后,从曹操到司马家族、从宇文泰到杨坚的统治都属于霸府模式。所谓霸府模式就是丞相府总领政务,兼录尚书事,皇帝身边没有内朝。比如说曹魏的孙资和刘放,这两个人是曹操时候的秘书,曹丕改朝换制以后当中书,实际掌握重大决策的参决大权。魏明帝曹叡安排的托孤大臣本来没有司马懿,是这两个人和曹叡安排的外朝托孤大臣有矛盾,所以在他临死的时候换上了新的托孤大臣,也就是曹爽和司马懿。隋唐整合了以往的制度,内朝外朝分开,而隋唐政权本身是从霸府发展过来的,隋文帝就是丞相,所以把出令、审核、执行统一成三省六部-中书门下体制。三省六部制有权力制约的特点,中书、门下、尚书三省互相制约。中国历代只讲监督,很少讲制约。监督就是御史台监督,制约是决策中心相互牵制。这个模式影响了唐宋的中央政权运作。

最后说人才选拔制度。科举和铨选直接导致了社会风气的变化和社会阶层的更新换代。唐朝考试很有意思,考墨义(简答)、口试、贴经(背诵)、策问、诗赋等。铨选就是吏部试,考身言书判,看书法是否遒美,文章是否有条理,体貌是否丰伟,言辞是否辩证。这对唐朝社会风气影响很大。唐朝科举不糊名,考官能看到名字,这就需要你有社会声誉。社会声誉怎么获得?必须有人肯定。所以士子要写诗歌、小说、传奇,要学书法。我们知道魏晋南北朝是贵族世袭,讲血统。不过血统背后有文化因素,他们是经学世家。从独尊儒术以后，经学世家世代传袭，各自标榜家法门风，贵族血统和文化连在一起，当时"士大夫"指的就是这些门阀。南朝宋的时候有几个大权在握的人物跟皇帝说想当士大夫，皇帝却说管不了。唐太宗要改变这种情况，才以官爵论高下。可是到两百年以后，还是有士族。不过这些士族发生了变化，他们是通过科举考试形成新的士族，所以唐宋时期"士大夫"的内涵发生了变化，从士门阀变成了士人出身的官僚群体。

就人事而言，唐前期英雄辈出。伏尔泰说："一个国家的繁荣昌盛，仅仅系于一个人的性格。这就是君主国的命运。"几乎没有哪个朝代像唐朝前期一样，一百多年间每任皇帝都知道民间疾苦，有磨难经历。李渊不用说，他51岁才开始做皇帝。李世民28岁登基，但他十几岁就开始跟着李渊打天下。高宗是贞观初年出生的，他当政期间有长孙无忌和武则天，武则天是吃过苦的。中睿时期是最动荡的时候，七年有八次政变。至于开元天宝时期，李隆基也是经历过政治磨难的，出生的时候他父亲是皇帝，后来变成太子、亲王，他的身份也随之不断下降，他母亲还不明不白死在了武则天手上。

唐太宗有高超的领导艺术。他善自省，能纳谏，并且能改过迁善。我们都知道邹忌讽齐王纳谏的故事，人越是身在高位，越没人敢提意见。唐太宗在这一点上做得很好，他说："以铜为镜，可以正衣冠；以古为镜，可以知兴替；以人为镜，可以明得失。"他还知道怎么用人，他在《帝范·审官》中讲，帝王统治天下是"独运方寸之心，以括九区之内，不资众力何以成功？必须明职审贤，择材分禄"。据《资治通鉴》，他还讲过："择天下贤才，置之百官，使思天下之事，关由宰相，审熟便安，然后奏闻。有功则赏，有罪则刑，谁敢不竭心力以修职业，何忧天下之不治乎！"

唐前期可谓人才济济。王夫之《读通鉴论》卷二十高度评价

第四讲　时代变奏：大唐的鼎盛与衰颓　133

图11　阎立本《步辇图》中的唐太宗画像

贞观之时人才济济的盛况："唐多能臣，前有汉，后有宋，皆所不逮。"宋真宗问："唐贤比肩而立，何当时得人之多也？"(《经鉏管见》卷四)秦人最崇爵（尚军功）、汉人最重孝（尚气节）、宋人最讲忠（尚贞操），而唐人最重才（尚才能），追求出将入相、文才武功。所以《太平广记》的小说里面，女孩子都喜欢有才能的人。

我们要重点讲讲武则天这个人物。高宗在娶武则天之前已经有六个孩子，四儿两女，其中一子二女是萧淑妃生的，王皇后没有孩子。武则天进宫以后，因为自己的经历，显得特别谦卑和谨慎。她当年做才人的时候管唐太宗的饮食起居，进宫的时候十四岁，是五品的才人，唐太宗死的时候还是五品才人。十二年没有升迁，唐太宗也没有讲过任何关于她的只字片语。比较徐妃以才人入宫，不久受到太宗宠幸，"俄拜婕妤，再迁充容"，充容为正二品。徐妃比武则天年轻两岁，地位反在武则天之上，可见武则天在唐太宗身边并不得志。武则天是怎样一个人？太宗有一烈马，名为狮子骢，无人可驯服。武则天自告奋勇地说，她能驯服，但需要三件东西，一铁鞭，二铁挝，三匕首。用铁鞭击打它，如果不驯服，就用铁挝打它的头，还不驯服，就用匕首割断其喉咙。英雄太宗不喜欢她的"女汉子"风格，懦弱的高宗却喜欢武则天的柔中有刚。

高宗初年，长孙无忌通过高阳公主一案，除掉了李渊和李世民各自留下的最年长的儿子，一批大臣受到牵连。唐太宗的女儿高阳公主嫁给了房玄龄的二儿子，房玄龄一死她就要求分家，唐太宗曾因此责备她。后来长安的执法人员搞"严打"，抓了个小偷,查到一个金宝神枕,明显是宫中的物品,小偷说是从和尚那儿偷的。这个和尚就是辩机。辩机是唐玄奘的助手,《大唐西域记》就是玄奘口述由他笔录的。接着查出辩机和高阳公主私通,又牵连出两个驸马,说他们要谋反。一个是丹阳公主的丈夫薛万彻,一个是巴陵公主的丈夫柴令武,分别是李世民的妹夫和女婿。吴王李恪(李世民在世的最年长的儿子)被逼自杀,此案还牵涉李元景(李渊在世的最年长的儿子)。另外,宇文节、李道宗、执失思力等也因为和长孙无忌关系不好被他废掉。房玄龄也不再配享太庙。

图 12　龙门石窟之卢舍那大佛,相传根据武则天形象塑造

在长达 30 余年的高宗统治时期,除了最初的数年以外,实际上都是由武后在操纵朝政。在此期间,唐朝还成功地解决了隋唐两朝遗留的东北高句丽问题。显庆五年(660),唐军联合新罗首先灭掉了百济,其后又在白江(白村江)全歼了赶来援助百济的日本(倭)军(663 年)。在形成对高句丽南北夹击的态势之后,以李勣为统帅的唐军乘势攻克平壤,高句丽宣告灭亡。此乃经过隋朝四次、唐太宗时的三次远征,加上进入高宗时代以后超过十年岁月与高句丽之间拉锯战的最终结局。征服高句丽之举也从一个方面给人们以一种强烈的印象,即这也是武后政治的胜利。

高武时代,武则天不仅除掉长孙无忌等顾命大臣,而且彻底摧毁了关陇集团势力。上官仪曾想借高宗之手除掉武则天,失败!徐敬业讨伐武则天,失败!李氏宗王起兵,失败!武后于公元 690 年最终登上帝位,但是这个新政权的诞生绝非一朝一夕之功,而是经过了武则天当皇后以后的 35 年岁月。在这一期间,武后倾注全力,一边排除朝野对于女性从政的抵抗和干扰,一边致力于确立自己的政治基础。为此,武后认为有必要培植自己的政治势力，于是便把根据地选在了洛阳。在武后时期，洛阳改名叫作"神都"。陈寅恪认为武周革命的意义超过了"安史之乱"，因为胡汉一体的关陇集团被彻底摧毁了。

唐玄宗通过政变上台，也是历经千辛万苦的。和他斗争的女人从武则天到太平公主，从唐中宗的韦皇后到堂妹安乐公主，都是有政治野心的女人。所以他对有政治野心的女人不感兴趣，他宠爱有加的武惠妃和杨贵妃都是没有政治野心又聪明漂亮的女人。据我对唐玄宗任命的开元时期十几名宰相的考察，他最后找到李林甫是必然的。科举官僚大都是出身于重视文学素养的进士科，在财务方面未必擅长。于是，要想重新修复并振兴唐朝的统治体制，就必须寻求与他们不同类型的人才。在这一方面，先是宇文融崭露头角，其后又出现了李林甫。他在中国历史上做了第一个全国的财政规划，每年收支多少都先做好预算。李林甫被抄家的时候既没贪污问题，也没有女人问题，他最大的问题是专权。

> 太府卿杨崇礼，政道之子也，在太府二十余年，前后为太府者莫能及。时承平日久，财货山积，尝经杨卿者，无不精美；每岁勾驳省便，出钱数百万缗。是岁，以户部尚书致仕，年九十余矣。上问宰相："崇礼诸子，谁能继其父者？"对曰："崇礼三子，慎馀、慎矜、慎名，皆廉勤有才，而慎矜为优。"上乃擢慎矜自汝阳令为监察御史，知太府出纳，慎名摄监察御史，知含嘉仓出给，亦皆称职；上甚悦之。慎矜奏诸州所输布帛有渍污穿破者，皆下本州征折估钱，转市轻货，征调始繁矣。（《资治通鉴》卷二百一十三，733年）

国家管理需要司法和金融人才，传统的教育却没有这两个部分，所以这种知识大多是家传的。杨崇礼主管国家财政干到90多

图 13 西安碑林中的石台孝经碑。刻于唐玄宗天宝四载（745），由玄宗亲自作序、注解并书写，太子李亨（后来的唐肃宗）篆额

岁才退休，因为他做得最好，没人能取代，最后还用了他儿子。

那么，盛世的危机又表现在什么地方呢？

先讲讲制度方面的问题。一是土地兼并的问题又出现了。二是逃户问题。比如说一人分 100 亩地，200 万人户是这个标准，1000 万人户也是这个标准，如果可耕地不增长，你说这可能吗？不可能！唐太宗时 200 万户，唐太宗去世时 360 万户，武则天去世时 650 万户，开元天宝年间 800 万户，黄河中游已经承受不了这么多人口，但唐朝政府不允许迁徙，所以大家逃亡。有人逃了就对邻居摊逃，逃户的赋税要邻居来交，那邻居也被迫出逃。

三是人口变化带来的兵制问题。府兵是通过当兵免除徭役，当兵的盘缠要自己带。可是，当商品经济的发展、人口的增殖和迁徙以及地产的频繁转移使老百姓无法固守丘园的时候，当边疆战争频仍需要长期镇守的武装力量的时候，这个制度就不合时宜了。人口问题导致军事体制的变化，周边国际形势的变化也需要军事体制的改革。

我想强调的是，唐朝中央政府是被问题推着走的，不是主动进行改革。它是头痛医头，脚痛医脚，或者说没有顶层设计。针对土地和逃户问题，唐朝采取括户的办法。政府允许这些逃户登入户籍后，享受免征六年租税的优惠待遇，仅每年纳钱一千五百文。这个税额相对较轻，受到老百姓欢迎。但是这个做法其实也有问题，那就是政府对于新检括出的土地和人口还是按照均田制的办法来管理。开元二十五年（737），唐玄宗甚至颁布了迄今最详尽的均田法令，严格限制地产的转移，但是，"虽有此制，豪强兼并，无复畔限，有逾于汉成、哀之间"。西汉成帝和哀帝年间是土地兼并最激烈的时候，此时则有过之而无不及。所以玄宗的田制改革仅满足于形式上的完备，罔顾现实中的社会变迁，不能在制度的创新中向前迈进一步。这是唐玄宗的悲剧，虽然开元之治表面亮丽，危机却潜伏了下来。

兵制上的改变首先从中央卫戍部队开始。开元十二年（724），张说建议招募长从宿卫的兵士，叫作彍骑，大约募集了十几万人。开元二十五年（737），边军体制也进行了改革，配置了长征健儿名额，规定凡兵士家属随军者，可就近分配土地屋宅，以使其安心在边疆服役。这一规定最适合于那些不习惯于农业生产的游牧民族，包括大量来自中亚地区的突厥化粟特人。天宝年间沿边八大军区（节度使）中，多数统帅由胡族首领担任。尤其是安禄山身兼范阳、河东、卢龙（在今河北、山西、北京、天津及河南、山东部分地区）三镇的节度使，拥兵20万，成为唐朝立国以来最有势力的军将。大家想想看，常年卫戍京师的军队只有8万人，而边疆统帅手中的军队却有49万（其中安禄山就掌握20万），是朝廷直接掌控军队的六倍。在帝国体制之下，均势失衡而形成所谓外重内轻的军事局面，潜伏的危险显而易见。

唐玄宗个人也陷入"倦勤"。苏东坡《晁错论》中说："天下之患，最不可为者，名为治平无事，而实有不测之忧。坐观其变而不为之所，则恐至于不可救。"面对以上所说的危机，本当通过制度上的创新来加以解决，不幸的是，唐玄宗陶醉于盛世之中，毫无忧患意识。有关这个问题，从唐玄宗个人在50岁前后所经历的一场心理危机可以看到一些端倪。开元十三年（725）十月，41岁的玄宗东封泰山，表示大功告成之意。此时的玄宗渐渐迷信道家长生不老之术，生活日益奢侈，"开元天子万事足，唯惜当时光景促"。开元二十二年（734）正月，玄宗五弟薛王李业去世，此前玄宗已有二哥、四弟相继辞世，这些朝夕相处的同气兄弟的离去，不仅使玄宗失去了饮酒唱歌的伙伴，也让他更体会到人生无常的阴影。薛王的丧礼刚过，50岁的玄宗就派人到恒山，礼请著名道士张果到洛阳宫中，访以长生不死之术，并封之为"通玄先生"。同样受到优待的道士还有罗功远等人。

开元二十五年（737）十二月，玄宗爱妃武惠妃突然去世，给53岁的玄宗皇帝以沉重打击。武惠妃15岁入宫，服侍天子25年，宠冠后宫，去世时年已40岁，皇上依然眷顾不衰。此时的玄宗非常烦恼。武惠妃去世前八个月，开元二十五年四月，在李林甫外推、武惠妃内助的情况下，玄宗毅然废太子瑛为庶人，并将其与受牵连的鄂王、光王一同赐死。本来接着就要立武惠妃的儿子寿王李瑁为太子，武惠妃病死后玄宗却放弃了这个计划。为什么呢？一方面，玄宗"自念春秋寖高，三子同日诛死，继嗣未定，常忽忽不乐，寝膳为之减"（《资治通鉴》卷二百一十四）。另一方面，玄宗自武惠妃死后，后宫无当意者。"初，武惠妃薨，上悼念不已，后宫数千，无当意者。或言寿王妃杨氏之美，绝世无双。"（《资治通鉴》卷二百一十五）玄宗到底是因为太子问题而烦恼，还是因为女人问题而烦恼呢？显然是女人，因为三子被处死便是源于在背后议论玄宗和武惠妃。如果是因女人而寝室不安，那么是因为旧人武惠妃之死，还是由于新人杨玉环之不可得呢？答案自明！如果是因为怀念武惠妃自然要立她的儿子为太子，玄宗烦恼的是，若立了寿王就没办法娶杨玉环了。

唐玄宗盛世中的危机是结构性、制度性的，也是人事上的。随着时间的推移，许多矛盾变得越来越无法解决。第一，流民客户问题。经济发展使人口的流动性大大加强，自武则天时代以来就开始出现大量农民离开原住地，到新的地区去谋生的现象。他们不顾法令的限制，脱离了原来的户籍所在地，又不在新居住地落籍，从而造成人口迁徙的失控。为了解决这一问题，唐玄宗采取宇文融"括户"的建议，整顿流动人口。

第二，兵制的变化。唐玄宗时期，唐初以来实行的府兵制度也亟待改变，随着人口的增殖和迁徙以及地产的频繁转移，这种耕战相兼、兵农合一基础上的兵役制度越来越不合时宜。招募雇用职业兵为唐代贞观以来大量内迁的胡族移民提供了机遇，胡族改变了边兵的成分，从安禄山、史思明的情况看，很可能有整个部族从军的情况。由于边贸的发达，其中粟特等民族甚至亦兵亦商。如果从唐代政治传统来讲，这种情况的出现不会让皇室感到意外。

第三，财政危机。募兵制与边境节镇系统的形成，促使军费大幅度增加。杜佑《通典》等记录，开元初边费约二百万贯，"开元末已至一千万贯，天宝末更加四五百万矣"（《通典》卷一百四十八《兵典·兵序》），"地租营田皆不能赡，始用和籴之法"（《资治通鉴》卷二百一十四，玄宗天宝二十五年七月）。每年军食和籴，衣装及别支所用布帛数达万匹段之巨。这些数字反映出开元末年以后军用"日增其费"的事实。天宝年间，全国户籍统计的人口达到890余万户，5290多万口，赋税收入怎么就入不敷出了呢？这就涉及开元、天宝年间的一系列社会经济变化。唐朝前期实行的府兵制、均田制、租庸调制，在唐太宗及唐高宗时期都运行得不错。武则天以来逃户问题就开始严重，开元时代已经是愈演愈烈了。一旦政治稳定出现问题，这套征税体系就会随之出现问题。

柏拉图说："理想的统治者应该是高度理智的哲人，而不是浪漫的诗人。因为后者的作用会激励、培育和加强心灵的低贱部分，就像在城邦中把政治权力交给坏人，让他去危害好人一样。"玄宗虽然不是浪漫的诗人，确是一个特别钟情于戏剧和音乐的风流皇帝。玄宗完全放纵自己的欲望，把个人兴趣置于政事之上，沉湎于音乐歌舞的世界："骊宫高处入青云，仙乐风飘处处闻。

欢歌慢舞凝丝竹，尽日君王看不足。"安禄山范阳起兵，唐玄宗出逃，唐朝进入动荡不安的下半场。

四　唐后期：改革与困境

下面我要简单讲讲唐后期的改革困境。为什么改革无法进行到底？最大的问题就是政治不稳定。唐肃宗、唐代宗时，安史之乱平定，形成初步的稳定局面。不久吐蕃进犯，唐代宗第二次被赶出长安，所以他一心要稳定，对河北问题就采取绥靖态度。德宗、顺宗和宪宗是想好好改革的，后来情况越来越糟糕，每次改革都以失败收场。

先看肃宗、代宗的改革。在平定安史之乱的战争期间，实行战时体制，各个军队自己收赋税、聘人才。肃宗和代宗的赋税改革，既要保障中央的收入，又要保证军事安全。而且周边形势也发生了变化，安西都护府被吐蕃攻占，这种情况下必须保证首都的安全。白居易诗云："平时安西万里疆，今日边防在凤翔。"凤翔就是今天的宝鸡。

唐德宗改革要处理的首要问题是能不能控制首都地区十万军队。京西北的军队有三个系统：朔方军系统、安西北庭系统、河西陇右系统。邠宁节度使、灵盐节度使、鄜坊节度使、振武节度使，都属于朔方军系统。泾原（今甘肃泾川县）节度使却是安西、北庭行营军改组而成。凤翔（今属陕西宝鸡）节度使来源于原河西、陇右行营军以及朱泚从幽州带来的防秋军。安西和河陇地区来的军队回不去了，就驻扎在首都附近。郭子仪领导的朔方军也在首都附近。

唐朝皇帝对郭子仪很担忧。大历十四年（779）五月，德宗即位的当月，就从对朔方军肢解入手，整顿京西京北的军队。具体做法是将朔方军一分为三，年过八旬的郭子仪爽快地接受了这种安排。德宗想利用朔方军系统的人统管这三个系统，对方不接受，双方埋下矛盾。所以，当德宗后来利用这些藩镇去打河北藩镇时，泾原兵借口待遇不好，在长安发动叛乱，把德宗赶出去，奉天之难就是这么出现的。河北藩镇节度使世袭，四家称王，分别是魏王、赵王、齐王、燕王，此外还有朱泚在长安称秦帝，李希烈在中原称楚帝，合称四王二帝。

德宗皇帝被赶到前线，784年，到了奉天（今陕西乾县），发布了罪己诏：

> 小子……长于深宫之中，暗于经国之务，积习易溺，居安忘危，不知稼穑之艰难，不恤征戍之劳苦，致泽靡下究，情不上通，事既壅隔，人怀疑阻。……或一日屡交锋刃，或连年不解甲胄。……怨气凝结，力役不息，……转死沟壑，离去乡闾，邑里丘墟，人烟断绝。天谴于上而朕不寤，人怨于下而朕不知，驯致乱阶，变兴都邑，万品失序，九庙震惊；上累于祖宗，下负于蒸庶，……罪实在予……
>
> 李希烈、田悦、王武俊、李纳等，咸以勋旧，各守藩维，朕抚御乖方，致其疑惧；皆由上失其道而下罹其灾，朕实不君，人则何罪！宜并所管将吏等一切待之如初。
>
> 朱滔虽缘朱泚连坐，路远必不同谋，念其旧勋，务在弘贷，如能效顺，亦与惟新。
>
> 朱泚反易天常，盗窃名器，暴犯陵寝，所不忍言，获罪祖宗，朕不敢赦。其胁从将吏百姓等，但官军未到京城以前，去逆效顺并散归本道、本军者，并从赦例。
>
> 诸军、诸道应赴奉天及进收京城将士，并赐名奉天定难功臣。其所加垫陌钱、税间架、竹、木、茶、漆、榷铁之类，悉宜停罢。（《资治通鉴》卷二百二十九）

除了下诏时已经称帝的朱泚，其他人一律免罪。抑制藩镇的措施就此破产。为什么？因为他手上牌太少了。他没有铁杆军队，只能用藩镇打藩镇；没有钱，只好开征新税，最后也都免了。

唐德宗第二方面的改革是针对税法。

安史之乱以后，国家掌控的户口大幅度减少，沦为逃户的农民们作为"客户"被大土地所有者的庄园吸收，而且显然很难再回到以前的状态。于是，承认这种现实的唐朝中央政府，遂决定按照现有土地面积的大小，实施每年夏秋两次课税，这就是根据杨炎的建议于建中元年（780）颁布的两税法。推行两税法以后，课税基准由人转变为土地（资产），人头税变成财产税，当然改革的彻底完成是在后代。这种以金钱来运营整个国政的体制称作"财政国家"。"财政国家"最终形成于宋代，唐代两税法的实施则是迈向"财政国家"的第一步。在改善中央财政的同时，两税法也有抑制藩镇的作用，藩镇最大的依凭是军队，养军队必须有财力，两税法可以用财力限制军队。

唐德宗第三方面的改革是军事秩序的重组。花大钱扩充神策军，主要在京西京北地区大量收编扩充，待遇高于其他军队，以此构建了一支十几万人的禁军。德宗初年的改革目标太多，但是实力不逮，导致乱局。这就迫使德宗兴元元年（784）回到长安之后，选择重点问题加以解决。贞元政治致力于解决京西京北军队部署问题，建立神策军体制；解决两税法的落地问题，夯实中央财政基础。

德宗以后有五次大的改革：永贞革新、元和中兴、文宗改革、武宗改革和宣宗新政。改革的主题是三大问题：宦官擅权、藩镇割据和朋党之争。要解决这些问题需要坚强的领导班子，但是这时候皇帝已经被控制在宦官手上。汉朝的宦官是皇帝打外戚的工具，明朝的宦官拥有批红的权力。而唐朝的宦官掌握军队，能废立皇帝。德宗以后的皇帝，几乎都是宦官立的，其中几位如宪宗和敬宗更为宦官所杀。

顺宗时"永贞革新"关注的是军权和财权，但是一方面时间太短，另一方面皇帝太弱。宪宗元和削藩，依靠祖父德宗留下的兵和钱两大基础暂时解决了藩镇割据问题。文宗改革可以说是笑柄。文宗改革失败的原因可以归纳为：班子不坚强、一把手地位不巩固、策略失当、用人失当、改革不能持续进行、思想意识形态混乱。武宗在会昌年间是有些政绩的，特别是反击回鹘、平定藩镇、加强相权、抑制宦官、储备物资和禁毁佛教。宣宗号称小太宗，最大的功绩是收复河湟。张义潮赶走吐蕃，河西走廊重归大唐，但是归义军还是自治，父死子继。

宣宗也想解决宦官问题：

> 上召翰林学士韦澳，托以论诗，屏左右与之语曰："近日外间谓内侍权势何如？"对曰："陛下威断，非前朝之比。"上闭目摇首曰："全未，全未！尚畏之在。卿谓策将安出！"对曰："若与外廷议之，恐有太和之变，不若就其中择有才识者与之谋。"上曰："此乃末策。朕已试之矣，自衣黄、衣绿至衣绯，皆感恩，才衣紫则相与为一矣！"上又尝与令狐绹谋尽诛宦官，绹恐滥及无辜，密奏曰："但有罪勿舍，有阙勿补，自然渐耗，至于尽矣。"宦者窃见其奏，由是益与朝士相恶，南北司如水火矣。（《资治通鉴》卷二百四十九，854年）

宣宗用人很有特色。他有点随兴所至，不过史家却不吝赞扬之辞。

举例来说，有一次宣宗出去打猎，碰到一个樵夫，问你是哪儿的人呀，回答说我是泾阳人。县令是谁呀，回答说是李行言。做得怎么样？回答说李县令性子很固执，抓捕了几个强盗，跟军家（指宦官领导的神策军）有关系，军家强行索要，李县令不给，把这些强盗都绳之以法。宣宗于是记住了李行言的名字，写在寝殿的柱子上。当年十月，李行言被破格任命为海州（今江苏连云港市）刺史。刺史赴任，照例要向皇上谢恩，皇上赐他金紫之服，问道，你知道为什么赏赐你金紫之服吗？回答说不知道，皇上就把当年樵夫夸他秉公执法的事情告诉他。皇上用人，察访民情，这没错。可是，常规用人应该有制度保障，比如怎么选拔人才，怎么让人才脱颖而出。偶然碰到一个人说他好，你把他记下来然后加以任命，这不是一个大政治家做事的风格。

类似的事情还有一例，醴泉县令李君奭被破格提拔为怀州（今河南沁阳市）刺史。起因也是宣宗有一次打猎，看见父老乡亲十几个人，在一个佛祠祭祀，问干什么呢，说我们是醴泉县的百姓，我们的县令李君奭有异政，现在他任职满了，要去担任新的职务，我们到上级去上访，请求将他留任，所以在这儿祈祷神灵保佑能够如我等所愿。宣宗记住了此事，随后任命李君奭为怀州刺史。当李君奭来谢恩的时候，皇上说出原委，大家才知道，原来醴泉县的百姓觉得他不错。一般来说，唐代县令任期结束后，要等待若干年才能获得新的任命，叫作"待选"。现在皇上亲自任命他为怀州刺史，宰相都不知道是什么原因，这种做法其实不太合乎规范。史家一方面赞扬宣宗皇帝对用人很上心，另一方面暗示这种用人方式其实不是常规，无法制度化。

在用人问题上，宣宗还有一点值得提出，即注意管好自己身边的人。对一些身边的人贪腐不法，他处理起来毫不手软。

我们再举个例子。罗程是宫廷乐师中一流的琵琶手，武宗朝就已经很知名。宣宗喜音律（唐朝的皇帝大多数喜音乐，大约因为他们做皇子的时候，娱乐休闲离不开音乐，在一起奏乐成为日常生活的一部分），罗程琵琶弹得好，颇受宠。罗程恃宠而骄，做事横暴，被京兆尹关在监狱里。罗程的那些同事，就为他求情。

在一次宫廷后院的音乐会上，乐工们设了一个空位子，把罗程的琵琶放在座位上，然后就一字排开，拜倒在皇上脚下，哭泣着说，罗程辜负了陛下，犯了罪确实该死，但我们可惜他的琵琶才艺，是天下一绝呀！如果他死了，他就不能再来侍奉您的宴乐了。宣宗说，你们可惜的是罗程的才艺，我可惜的是高祖太宗的法制。最后罗程被依法处死。

《资治通鉴》还讲了许多细节，记述宣宗治理之严。如有一个叫李远的官员，喜欢写诗，宰相让他去当杭州刺史。李远的诗有"长日惟消一局棋"之句，谓整天就靠一局棋来消磨时光。皇上忧愁地说，"长日惟消一局棋"，此人怎么能治民呢！宰相令狐绹回答说，这是诗人托兴之词，不是真的这样。

宣宗临朝理政，对群臣就像对宾客那样，神情威严，不可仰视。一旦朝政处理完，就说好了，现在可以说说闲话了，一脸轻松，聊起民间的一些细事。这样闲聊了一刻来钟，他一本正经地说，你们要好好工作，不要辜负了我，如果你们出了事，以后就见不到了。意思就是会让你们走人。宰相令狐绹讲，他秉政十几年，虽有皇上宠任，但是每次临朝，都汗湿衣背。

宣宗处理朝政很严肃，公事公办，从中我们能看出什么呢？我们看出皇帝不是不想努力，不是没有成果，也有一些小的成果，可是他的努力不是从制度层面入手，他没有任何深入的改革措施。当时民不聊生，贫富分化十分严重，如果不从这些社会问题入手，只是努力处理好一些日常工作，难免不会人存政存、人亡政息。

宣宗虽然想处理宦官问题，却又没有手段。他最后吃长生药死了，没有留下接班人。他原本想立第三子，宦官改立长子，也就是懿宗。

唐后期所有改革弊政的努力，都因当事人的严重缺陷而失败。宣宗所为，都是一些具体事项上的精明，而没有革除弊政的举措！制度变革才是解决晚唐积弊的根本途径。人才危机导致制度变革沦为空谈。科举产生文化人才，却没有治理人才。总之，唐朝后期，"国家能力"出了问题。所谓"国家能力"是指国家将自己的意志、目标转化为现实的能力，主要是指中央政府对社会的管控能力、贯彻国家意志的濡化能力、社会资源的汲取能力、各阶层利益的整合能力。唐后期缺乏这样的能力。

懿宗是败家子。他迎佛骨，现在法门寺地宫发现的佛骨就是他留下的。他宠爱的公主出嫁特别豪华，马槽都是金银做的，嫁出去不到一年死了，他把二十多个医官全杀了。咸通年间，庞勋领导桂林戍卒起兵，成为唐末大规模民变的先声。僖宗是小顽童，12 岁登基，喜欢踢球和斗鸡，黄巢的军队把他赶出长安，是唐朝第四个离开长安的皇帝（前面三个是唐玄宗、唐代宗、唐肃宗。肃宗在外即位，不算。后面还有唐昭宗）。昭宗是窝囊废，曾被宦官废黜，被禁军救出以后朱全忠让他迁都，最后把他杀了。哀帝是小傀儡，做的唯一一件事就是禅让。"唐亡于黄巢而祸基于桂林。"藩镇制约藩镇的问题导致这个状况。唐末起义的王仙之、黄巢都是私盐贩。因为官府控制盐的专卖，税非常重，价格非常贵。唐朝灭亡还有天灾问题。最终在天祐四年（907）四月，朱全忠废哀帝，改国号梁，史称后梁。

五　结语

唐朝前期繁荣，最大限度地体现了南北融合、胡汉一家所带来的成果。南北朝时期所创建的诸种制度，在这个时期，发挥了极致的作用。北朝、隋唐的政治品格的延续性，不仅体现为胡汉融合，也体现为制度容量的充分发挥。但是，唐朝又不是南北朝简单地重复，隋唐政治制度的转圜，又展现唐代前期政治实践的创新。盛唐气象,既是总结,也是余晖。唐玄宗错过了主动改革的时间窗口,安史之乱把这个大厦推倒。一切变革都是为了因应现实层面的问题而被动进行。中晚唐的衰败,既是落日,也催生出新芽。

土地制度、赋税制度、户籍制度、军事制度,都展现了新面貌:土地制度变革后的社会治理模式的变化,也影响到经济活动与商业模式。人口政策、军事制度的变化,引发政治结构的变化。宋代的中央集权体制和宽松的文治氛围是唐代中书门下体制和士大夫政治的进一步发展。唐代的神策军体制影响了宋代的禁军制度。土地方面,不抑兼并和主客户制度就是唐后期两税法的结果。富民社会与商业气息也是唐后期商业发展的体现,因为唐后期中央对地方管控放松。思想领域,一方面佛教和儒家的融合以及进士科的发展影响了理学思潮的兴起;另一方面由于礼法文化借助佛教文化而进一步下移,也为宋代社会和思想带来了新气象。

推荐阅读

陈寅恪:《唐代政治史述论稿》(与《隋唐制度渊源略论稿》合刊),生活·读书·新知三联书店,2001年

  该书是唐代政治史的开山之作,提出了解释唐代政治演变的诸多命题。

吕思勉:《隋唐五代史》,上海古籍出版社,2005年

  该书分章节叙述隋唐五代时期的政治、经济、制度等方面的历史,看起来是连缀旧史资料,实则颇多创见。

唐长孺:《魏晋南北朝隋唐史三论》,中华书局,2011年

  研究功底扎实,视野宏阔,中古历史研究的扛鼎之作。

崔瑞德等:《剑桥中国隋唐史》,中国社会科学出版社,1990 年
　　内容偏重政治史,反映了 20 世纪西方研究唐史的水平和特点。

气贺泽保规:《绚丽的世界帝国:隋唐时代》,广西师范大学出版社,2014 年
　　讲谈社《中国的历史》中的一部,比较通俗易懂,内容有所侧重,也有所忽略,反映了日本学者的研究水平和兴趣特点。

第五讲

转型时代
两宋政治文化

邓小南

我们知道，前辈学术大师对于宋代在中国历史上的政治文化意义，有一些基本的估计。严复先生在《致熊纯如的信》中指出：

> 古人好读前四史，亦以其文字耳。若研究人心、政俗之变，则赵宋一代历史最宜究心。中国所以成于今日现象者，为善为恶姑不具论，而为宋人之所造就，什八九可断言也。

陈寅恪先生在《邓广铭〈宋史职官志考正〉序》中讲：

> 华夏民族之文化，历数千载之演进，造极于赵宋之世。后渐衰微，终必复振。

钱穆先生在《理学与艺术》中说：

> 论中国古今社会之变，最要在宋代。宋以前，大体可称为古代中国；宋以后，乃为后代中国。……就宋代言之，政治经济、社会人生，较之前代莫不有变。

对于这些说法，相信大家都不会感到陌生。从中我们也注意到，虽然这些国学大师是从不同角度评价宋代的历史、学术文化和社会变迁，但有一点是相当接近的，那就是他们对于"演进"的观察。严复先生强调人心政俗之变，陈寅恪先生强调文化盛衰之变，钱穆先生强调的是古今社会之变。我们今天讲"转型"，也是希望在变迁的意义上，对这一时期的社会观念、政治文化等方面的历程有所观察和讨论。

说到转型问题，大家都会想到日本京都大学内藤湖南教授在上个世纪初提出的"唐宋变革说"。日本学者历来非常注重研究框架的概括，比较著名的像谷川道雄的"豪族共同体"、森正夫的"地域社会论"、滨下武志的"朝贡体系",以及沟口雄三对于思想结构内在"基体"的讨论等。这些概念简洁、醒目,提炼把握力和综括影响力都非常强;不仅提供了专题性的研讨重心,而且对于学术的后来者具有突出的引导之功。当然这些框架各有值得讨论的地方,既然简明扼要,就难免对一些问题照顾不周,所以很多年来学界一直会对这些假说进行质疑、补充和讨论。针对我们今天讲到的转型问题,需要注意的是,"变革说"并不等于变革本身。一个时代的变革,指的是历史上实在的变化,是历史发展趋势本身;而"唐宋变革说"则是一种研究的框架,是建立在观察基础之上的一种假说,我们不能把它绝对化。此外,历史上所有的"变革""转型",尽管有其标志性意义,但大多不是颠覆性的变化,而是在长期演进基础之上发生的变迁。

海外中国学近些年有长足的发展,进入本世纪以来涌现出不少有关宋代的研究著述。有几部书大家可能比较熟悉:一是《剑桥中国史》系列的第五卷(分为前后两部分),主编是杜希德(又作崔瑞德,Denis Twitchett)与史乐民(Paul Smith)、贾志扬(John Chaffee)教授。作者们展开了包括对于宋代政治经济制度、文化教育、社会风气和思想世界在内的许多方面的讨论。二是日本讲谈社《中国的历史》系列的第七卷,作者是小岛毅先生,题目为"中国思想与宗教的奔流"。"唐宋变革"是通贯其中的一条主线,全书内容丰富,但它的聚焦点是在政治文化方面。三是《哈佛(帝制)中国史》系列中的一部,作者是德国维尔茨堡大学的迪特·库恩(Dieter Kuhn)教授,题目是"儒家统治的时代:宋的转型"。这部书同样体现着海外学者的叙事风格,摆脱了单一向度,讲述着"复线"的历史。以上三部作品尽管内容、角度不尽相同,但作者对于宋代的政治文化都有高度的关注。

国内史学界对于宋代也有很多的讨论、研究与评价。我们对于宋代的很多基本认识来自前辈的著述,特别值得一提的,是钱穆先生的《国史大纲》。这本书的第六编是"两宋之部",其中一章的标题就明确指出北宋初期的特征是"贫弱的新中央"。从具体的论述中我们可以看到,一方面讲到宋代对外"积弱不振",另一方面讲到宋室内部的"积贫难疗"。现在的中学教科书和一些高校教科书在说到宋代时,还是会把它概括为一个"积贫积弱"的时代,这在很大程度上是对钱穆先生论述的阐发。上世纪60年代北京大学历史系编著的《中国史纲要》,虽然在"文革"以后几经修订,但是基本的叙事框架并没有重大的改变,大体上还是承袭了宋代积贫积弱的认识。最近这些年,学者们对宋代历史的观察有了更加丰富的角度,也有了很多不同的评价,比如有人讲"文采和悲怆的交响",也有人说"现代的拂晓时辰";在批评"弱宋"的同时,也会谈到"风雅宋"乃至"盛宋"。中国古代史上可能没有另一个朝代像宋代一样,面临如此两极分化的评价。

宋代历史上确实呈现出很多看似矛盾的现象,同时也给了我们十分开阔的研究空间。一方面我们会看到宋朝在经济、文化领域的辉煌成就,另一方面我们也能深切感受到它面对挑战的无奈,面对末日的苍凉。三十多年前我去巩义,看到有的北宋帝陵在一片庄稼地里,石像生散落周围,显得很荒凉。2007年和两岸的青年学者一起去考察绍兴南宋帝陵,下了大巴车,台湾学者问帝陵在哪儿?其实帝陵就在我们面前,只是因为遭受过严重破坏,地面上基本已经看不到任何痕迹。目睹这样的情景,心中对已经远逝的那个朝代的体认似乎更加深刻了。

宋代是在社会经济、制度建设、科技文化等多个方面领先世界的时期;同时也是外部面临周边政权挤压、内政因循求稳的历史时期,是面临着很多严峻挑战的时期,朝廷的战略格局和政策应对都存在着非常严重的问题。

一 概述：时间・空间・基本认识

我们首先从时间和空间的角度，对宋代历史做一个大致的介绍。从时间上来说，宋代处于中国帝制时期的中段，如果把两千年帝制时期打一个对折，折线的地方就是宋代。讲到朝代顺序，虽然我们通常会说"唐宋元明清"，其实唐宋两代并非直接相连，中间隔着短暂的五代。另外需要注意的是，宋代并不是一个严格意义上的统一王朝，在它北边始终有一些北方民族建立的政权和它同时存在。在这个意义上，如李治安老师指出的，可以说宋代是中国历史上又一个"南北朝"时期。跟宋朝先后并存的有契丹民族建立的辽、党项民族建立的西夏、女真民族建立的金，以及蒙古民族建立的大蒙古国，也就是后来的元朝。

从历史的纵向序列中，我们会观察到中国历史上的延续与变迁始终交织在一起，在历史的长河中相互推动前行。从延续和关联的角度来看，上世纪五六十年代，当时的中国科学院文学所编写过一部《中国文学史》，钱锺书先生执笔宋代部分，他在里面讲道："在中国文化史上有几个朝代是一向相提并论的：文学就说'唐宋'，绘画就说'宋元'，学术思想就说'汉宋'——都得数到宋代。"也就是说，不管哪一脉络的学术传承，宋代都处于承上启下的历史关节点上。

从变迁和转型的角度来看，葛兆光老师写过一篇文章，题目是"'唐宋'抑或'宋明'——文化史和思想史研究视域变化的意义"，提示我们唐宋并提或是宋明并提，观察到的问题可能是不一样的。当唐宋并提的时候，我们会看到宋代是中唐以来历史变迁过程的收束期，一些问题经历晚唐五代，在宋代得到了回应，得到了整合；当宋明并提的时候，我们感觉到宋代是一个起步期，面临着一系列新的问题，也开始了一些新的进程。从长时段着眼，有些学者在"唐宋变革"范畴下讨论宋代的问题，也有学者采用"宋元明变迁"的视角，把宋代和之后的朝代联系起来予以认识。

从空间上来说，宋代是中国历史上主要王朝中疆域最为狭小的，与它之前的汉唐强盛时期比较，这一差异尤为明显。当然，我们要了解，当我们说到一个历史朝代的疆域或版图的时候，和我们今天讲中华人民共和国的疆域或版图完全是两个概念。中华人民共和国是有经过勘察谈判的法定边界的，但古代中国特别是前期并没有明确的边界划分。在这种情况下，王朝力量强势的时候疆界就会扩张出去，反之就被压缩回来。所以我们会看到唐代二百八十多年的历史中，疆域并非一成不变。唐代鼎盛时期疆域辽阔广袤，由东西两个大的板块构成，两者由狭长的河西走廊连接在一起。但是这样一种情况并没有始终维持，安史之乱期间，原本镇守西北的军队被调入参与平叛，随之出现的西部政治地理真空很快被其他民族势力填补。受到叛乱以及镇压叛乱过程中各种政治军事势力冲突博弈的影响，唐代的疆域急剧收缩，疆域之内也出现了地方军阀（藩镇）叛服不常、相互混战的局面，乃至于势力膨胀的军阀敢于向中央叫板。在这种情况之下，唐代最终灭于它所提拔起来的地方军阀，末代皇帝被迫将皇权"禅让"给原宣武节度使朱温。此后中国历史便进入了五代十国时期。

"五代"是指中原地区前后相继的五个王朝：梁、唐、晋、汉、周；"十国"则是指中原王朝周边先后出现的若干政权，这些政权主要是在南方，加上太原的北汉，统称为十国。我们知道中国历史上分裂的时期并不短，但是分裂得如此彻底、若干政权同时存在的局面还是相对罕见的。宋代的统一，实际上就是结束了五代十国的分裂局面，把疆域恢复到了唐代晚期的范围。

就疆域的广度而言，和前代相比，宋朝没有完成真正意义上的统一。但是宋朝统治所达到的纵深程度是前朝难以比拟的。汉唐这样曾经鼎盛的王朝是怎样一夕覆灭的？实际上不完全是因为

第五讲　转型时代：两宋政治文化　　155

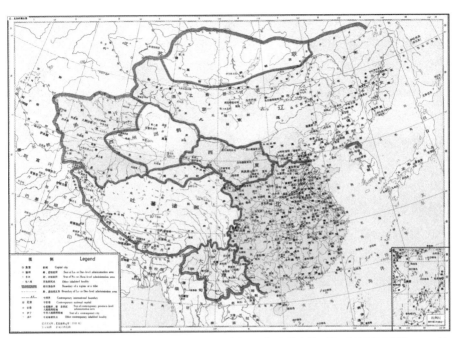

图1　北宋疆域图（政和元年，1111年）。谭其骧主编：《中国历史地图集》第6册，中国地图出版社，1996年

农民起义，而是被自己扶植起来的势力，特别是地方军阀势力取而代之。但是宋代之后，中国历史上再也没有出现这样的情况，地方势力再也不可能跟中央对峙甚至颠覆朝廷，这一变化与宋代对于内政的控制有关。

　　我们常看到对宋朝国势屡弱的批评，为什么宋朝国势不振，总是在对北方政权的战争中失利？不光史学界，很多对历史感兴趣的朋友都会有这样的反思。论述中经常讲到宋代"重文轻武"，但如果我们看一看北宋和南宋强敌环伺的立国环境，再想想赵匡胤本人是军事统帅出身，宋代是否可能真正"轻武"？若果真如此，这个政权究竟要怎么立足？所以我想重文轻武的说法是值得分析的。"武"有不同含义，包括军事格局、战略部署、武力、武职、武将、武资等不同层面，从什么意义上讲宋代轻武，要非常慎重。其实宋人会说"国朝以兵立国"(《鹤林集》),我们应该把"以兵立国"和"重文轻武"放在一起进行综合观察。宋初的政策选择,与它的"前车之鉴"相关。说到君主与武将的关系,我们看到,五代建国的君主多数都是军事统帅出身。那个时期先后五个朝代十四个皇帝,一共只有五十三年,最高统治者和政权更迭非常频繁。所以宋朝建立以后,必定要以五代为鉴。赵匡胤作为禁军统帅出身的君主,熟知前代教训,统御军队的心思主要用于控御武将、防范兵变,宋太宗更是有过之而无不及。宋朝的历代君主对于武将既有笼络、利用、联姻、待遇优厚的一面,又有深入骨髓的猜忌,这种猜忌从北宋立国到南宋灭亡始终都没有改变。他们深知武将对于政权的威胁,基于戒惕提防的考虑,对武将防范备至,应该说是"重武"而非"轻武";相应地,强化对于武将的管控,引导他们效忠驯顺,在任人取向上,可以说是"崇文抑武"。在此影响下产生的社会风尚,确实有"重文轻武"的情形。这样一种格局,保证了内部的相对稳定,但是不能有效地激发抵御外侮的力量。

宋朝一方面以兵立国,另一方面自太宗开始,建立了一种消极防御的战略,两者实际上是并存的。朝廷基本的战略格局是守内虚外、强干弱枝。说到守内虚外,宋太宗认为内部的问题,例如"奸邪"隐患等,容易危及政权,是帝王首先要关注的;如果内部稳固,外部的问题则相对容易应付。这是太宗以来对于基本国策的考虑安排,也因此而导致整体布局、军政指挥的问题,强调"将从中御",处于一线的指挥将领无由施展,造成外部边防的疏失。所谓守内虚外,不能仅从军队内外部署的数额上看,应该说主要是指朝廷的设计方略、指导思想。当时军队的精锐力量都纳入禁军系列,归由朝廷直接调遣指挥,地方上分布的军队缺乏一流的战斗力,不可能与中央抗衡,这就是所谓"强干弱枝"。这样的格局和宋代军事不振、面对外来侵扰无法第一时间及时反应是有直接关系的。

偏偏宋代碰到的历史环境是"天下大势分为南北"(《山堂群书考索》)。10—13世纪是中国历史上北方民族活跃的又一个重要阶段,周边有很多民族政权崛起。此时的辽、金和蒙元政权,既有别于匈奴、突厥、漠北回纥等草原游牧汗国,又不同于鲜卑北魏王朝、五代沙陀王朝这样长期居处汉地,最终放弃草原故土的北族王朝;它们大都是在短时间内将大片汉地纳入版图,同时将位于内陆亚洲的"根本之地"视为各自领土结构的重要部分以及族属、文化认同的珍贵资源。这些王朝已经成长为相当成熟的政权,在政治、军事和经济方面都能与赵宋王朝长期抗衡。这种情况之下,如虞云国老师所说,中原王朝所占据的核心作用与领头地位便不再体现为统一大业的领导权,而是表现为在政治制度、社会经济和思想文化方面的辐射性影响。

如果我们把视野拉开,把宋朝和周边的北方政权置于更为开阔的背景之下,又会注意到,我们现在讲唐或宋,实际上都是指中原王朝。站在中原王朝的立场上,我们会觉得契丹、女真和蒙古民族建立的北方政权是处于边缘地带的,但是如果把中原王朝和北方民族王朝对峙的格局放到亚欧的版图中观察,我们就会发现,中原王朝传统上视为边缘的地带,实际上正处于亚欧大陆的接合部,契丹、女真、蒙古等北方民族恰恰活动于衔接两大洲的中间地带,在沟通东西的大通道上纵横驰骋,它们的力量在这一时期的积极活跃、成熟与发展,对宋王朝造成了巨大的压力,当然也带来了新鲜的刺激。

一个王朝的强弱,取决于天时、地利、人和等诸多要素,刚才我们是从政治格局的角度看群体之间的分野与对峙关系,下面从天时、地利的角度来看一看宋代所处的环境。我国著名的气象学家竺可桢先生自上世纪二三十年代就研究中国历史上的气候变迁,70年代又写过长篇文章《中国近五千年来气候变迁的初步研究》。他指出，唐宋两朝温寒不同。从 11 世纪初至 12 世纪末这段时间，气候转寒，温暖期趋短。而两宋之交的 11 世纪初，更是处于气温的低谷期。中国古代大体上是农业国，国家财政很大程度上仰仗农业税收，如果无霜期急剧缩短，农业收成受到严重影响，就会进而影响到国家的财政命脉。更重要的是，气候转向寒冷和干旱是北方民族南下的重要原因之一。我们知道游牧民族习惯上是逐水草而居，如果传统的生活地域气候变得严寒，并且这种状况持续若干年，他们自然会向更加温暖的地方迁徙。大规模的南下就可能与长期生活在相对温暖地区的农耕民族发生摩擦、冲突甚至战争。在冷兵器的时代，游牧民族的骑兵组织性、战斗力非常强，对中原王朝会构成严重的威胁。这是"天时"的影响。

从"地利"的角度来看，黄河流域在宋代仍然是粮食的重要产地。黄河安澜或是泛滥，对于中原地区的生产生活有明显影响。从东汉至唐中期长达数百年的时段里，黄河相对安流。谭其骧先生指出，其重要原因在于黄河中游土地利用方式的改变。长期动乱中游牧民族南下，以务农为本的汉族人口急剧衰退，大片农田变为牧场，使水土流失程度大大减轻。而当唐代恢复了安定局面以后，大规模农田开垦又造成了严重的水土流失。晚唐五代时期黄河开始频繁决口，宋代接续了这样一种局面。当时黄河决口，北流最远到现在的天津一带，夺海河口入海；也曾在两宋之交的时候，受人为因素影响，向南夺淮河口入海。所以我们说宋代是一个"生于忧患，长于忧患"的时期，不仅仅是因为它处在周边政权环伺之下，某种程度上也与它所处的自然环境相关。

即便如此，我们还是会看到宋代的经济发展有非常耀眼的表现。著名史家伊懋可（Mark Elvin）在上世纪 70 年代有一本书，*The Pattern of Chinese Past*（《中国历史上的发展模式》），主要从社会经济角度来讲中国历史上的发展模式。他在这部书里提出,中古时期的中国出现过所谓"经济革命",他指出的时段正处于宋代。国内也有不少经济史家在各自研究的基础上做过类似的概括,有的将宋代传统农业达于成熟称为"绿色革命",有的将宋代面向大众的商业网络建设称为"商业革命",有的将世界上最早的纸币出现称为"货币革命",有的将都市面貌从封闭的里坊制向开放的街巷制的变化称为"城市革命";我们比较熟悉的,可能还有所谓"科技革命"——印刷术、指南针和火药技术的完善与传播基本是在宋代完成的。就个人意见来说,我并不同意"革命"的说法。革命通常是指颠覆性的变化,而历史上经济文化的发展,都是积累性延续性的,在渐变过程中可能呈现某些突出的表现。但是有这么多学者用"革命"来概括宋代经济的发展变化,还是提醒我们注意这一阶段的明显进展。

近些年,历史学界关注全球史的研究。对于跨国家、跨地区互动现象的研究,上个世纪已经有不少。50年代后期日本学者宫崎市定在《宋代的石炭与铁》一文中说:"中国文明在开始时期比西亚落后得多,但是以后这种局面逐渐被扭转,到了宋代便超越西亚而居于世界最前列。由于宋代文明的刺激,欧洲文明向前发展了,到文艺复兴,欧洲就走在中国前面了。"他把宋代的经济文化成就放到了东亚与西亚文明比较,甚至与欧洲文明互动的框架之下予以认识。现在经常说"一带一路",我们知道,草原-沙漠地带的陆上丝绸之路自中唐以后已经不在中原王朝控制之下;作为对外贸易的途径,海上丝路逐渐兴盛起来。尽管很早以前中国就有海上贸易,但直到宋代才形成固定的海上商路,瓷器、铁器、金银器以及书籍等大量外传。最近这些年也有一些海底沉船的发掘,像"南海一号",被称作"沉睡八百年的繁华",给今天留下深刻的印象。

宋代是一个"生于忧患,长于忧患"的历史时期,这样一种忧患意识在宋人的心中十分明确,始终挥之不去。范仲淹的《岳阳楼记》讲到士人的抱负，说他们：

> 不以物喜，不以己悲；居庙堂之高则忧其民，处江湖之远则忧其君。是进亦忧，退亦忧。然则何时而乐耶？其必曰"先天下之忧而忧，后天下之乐而乐"乎！

王安石之所以要变法，也是因为深以社稷为忧。他在《上仁宗皇帝言事书》中分析时势说：

> 内则不能无以社稷为忧，外则不能无惧于夷狄，天下之财力日以困穷，而风俗日以衰坏。

南宋张浚也曾和高宗讲到内忧外患相继出现：

> 今日事势极矣！……自此数年之后，民力益竭，财用益乏，士卒益老，人心益离，忠臣烈士沦亡殆尽，内忧外患相仍而起，陛下将何以为策？（《建炎以来系年要录》）

这些无法释怀的忧虑与强烈担心，都让我们意识到，对于国家大势、民生风俗，宋代士人一直抱有非常深刻的忧患意识。

二 "立纪纲""召和气"：相对开明的国策基调

面对令人忧患的时局，当时的政权如何应对？我们看看宋代国策的基调，也就是治国理政的基本方针。

公元960年，身为禁军统帅的赵匡胤通过陈桥兵变黄袍加身，摇身一变成了皇帝。我们现在看宋人的著述，会觉得他是

"堂堂大宋"的开国君主。但在他初登帝位的时候，不会有多少人相信这个王朝能够延续下来。因为在此之前已经走马灯似的过去了十四个皇帝，而且那些开国皇帝大多也是禁军统帅出身，人们有什么道理相信赵匡胤能够把王朝巩固下来呢？很多人可能觉得宋代不过是五代之后短命的第六代。但事实是，赵匡胤成功地巩固了这个王朝。宋人因此有非常强烈的自豪感，很多人讨论为何太祖能够"易乱为治"，实现平和安定的局面。

《朱子语类》是南宋大儒朱熹和学生对谈的记录，有学生说宋太祖得天命成为天子，必定是把五代的弊政全部革除了，才能扭转时局。朱熹却说，太祖只是"去其甚者"，革除了最主要的弊端，其他法令条目大多数都沿袭下来。他解释道："大凡做事底人，多是先其大纲，其他节目可因则因。此方是英雄手段。"也就是说，首先必须抓住核心问题，其他枝节项目可以暂时因袭。

那么，宋太祖致力于解决的，究竟是些什么问题呢？宋太祖在位十七年，在976年冬天十分突然地去世了，他的弟弟宋太宗继承了皇位。太宗在即位诏书中概括了太祖的功业："先皇帝创业垂二十年，事为之防，曲为之制。"所谓"事为之防，曲为之制"，是说所有的事情都要预先防范，制约周全，也就是要防微杜渐。这八个字的提炼，应该说相当精准。太宗接着表示："纪律已定，物有其常。谨当遵承，不敢逾越。"（《续资治通鉴长编》）这也就是宋人说的"祖宗法度"。

宋代的开国基调总的来讲比较开明，这是中外史学界相当一致的认识。古代帝制王朝原则上是专制统治，但各个时期的统治方式还是有区别的。宋代的朝政称得上是历代王朝中最开明的。据说宋太祖当了皇帝之后，曾经问辅佐他的智囊人物赵普："天下何物最大？"赵普再三思虑后回答说："道理最大。"我们目前看到最早记载这件事的是沈括《梦溪笔谈·续笔谈》。沈括是北宋中期的人，离太祖时期已经有大约一百年，他可能是得之传闻，我们很难确定当初究竟是否有这组对话。但是宋人相信有，而且经常会引用这段话，可见当时人对于其中表达出来的理念是相当认同的。

又如传说太祖曾经立誓不杀大臣和言官，刻有誓碑藏于太庙。是否真有这一誓碑，学界有许多讨论，我本人高度怀疑誓碑的存在。但是不管怎样，"不诛大臣、言官"，可能是宋代不成文的规矩。宋太祖杀过贪赃枉法的大臣，但确实没有杀过言官；宋代言官惹怒皇帝而被治罪的情况并不少见，但诛杀言官的现象是非常罕见的，这与后来的明清有很大不同。当然宋代也有政治上的整肃和党同伐异，像北宋晚期有元祐党籍，南宋中期有庆元党禁，当朝廷致力于"议论专一"的时候，思想上和现实中都容易导致专制倾向。但总体上讲，宋代还是思想比较开放的时期。正如陈寅恪先生所言，"六朝及天水一代，思想最为自由，故文章亦臻于上乘"（"六朝"是指六个前后相继在南京——当时称作建业、建康——建都的王朝；"天水一代"即指宋代，天水是赵姓的郡望——尽管赵匡胤籍贯在河北涿郡）。

宋朝的开明体现在哪些方面呢？就治国理政的方针来讲，值得注意的有"立纪纲"与"召和气"两端，这两端就像车之两轴，相辅相成。"纪纲"就是欧阳修等人所说的"纲纪"，是法制规矩的意思，这是宋代治国理政的一端。另一端是"和气"，当时人们认为天地之间有阴阳二气，如果它们自然地不受干扰地交互运行，就能感召和谐雍睦之气，宋人通常把它与仁义、仁政联系在一起。

我们可以以科举制度的实施为例，看看宋代怎么立纪纲，又怎么通过立纪纲来感召和气。科举制自隋炀帝大业元年也就是公元605年第一次开科，到清末1905年结束，在中国历史上存在了整整一千三百年时间。大家通常会把今天的高考和当年的科举相提并论，其实这是性质不同的两类考试。高考是学生受教育过程中的一个环节，关系到考生进入哪所高校；而科举考试的目的是选拔官员，从这个意义上来说，科举的性质接近当代的公务员考试，关系到文官队伍的来源与构成。

表1是学者统计的历代科举取士数额表，从中可以看出，宋代是年均取士数量最多的朝代。科举考试是希望选拔资质优良的士子充实官僚队伍，改变官僚队伍的原有结构；但是如果录取人数太少，这些人进入庞大的官僚队伍就像沙子撒入大海，瞬间会被淹没，很难对官僚队伍形成冲击效应。所以录取人数不仅是规模问题，也关系到科举制对文官队伍结构的实际影响。

表1 历代科举取士数额

	年数	榜数	取士总数	年均取士（进士）
唐	290	266	6603	23
宋	320	130	正奏名 42588+ 特奏名 50352	314+
元	98	16	1139 （左右榜）	12
明	277	93	24624	89
清	268	114	26888	100

科举制度一定程度上改变了文官队伍的构成，带来了社会阶层的流动，体现出时代的活力。这一制度让儒士有机会成为官吏，反过来也让官员队伍经历着一种儒士化的过程，形成了有一定影响力的社会风气。

唐代科举制度已经相当完善，宋代则走向更加严密与开放。通常一个制度如果强调严密就不容易开放，反之强调开放就不容易严密；宋代科举制度则是通过制度的严密化，保证制度向更多的人开放。下面来看一些具体的事例：

（唐太学博士吴武陵荐进士杜牧，）曰："请侍郎与状头。"

（崔）郾曰："已有人。"曰："不得已，即第五人。"郾未遑对，武陵曰："不尔，即请还此赋。"郾应声曰："敬依所教。"既即席，白诸公曰："适吴太学以第五人见惠。"或曰："为谁？"曰："杜牧。"众中有以牧不拘细行间之者，郾曰："已许吴君矣。牧虽屠沽，不能易也。"（《唐摭言·公荐》）

唐宋开科之前皇帝都会临时指定主考官员。唐文宗大和初年，有一次主考官是礼部侍郎崔郾，太学博士吴武陵向他推荐才子杜牧，希望将他列为"状头"（第一名），这时尚未考试，崔郾却说状头已经"有人"了，最后答应给予杜牧第五名。吴武陵走后，崔郾周围有人提意见，说杜牧生活作风不检点，但崔郾说，已经答应了吴君，纵使杜牧是"屠沽"（杀猪的或卖酒的），也不能改了。这种做法是否合理呢？现在大学招生，在正规高考之外也有中学校长实名推荐制，但是这种举荐如果没有严格的制度规定作为保障，制度的公正性和权威性就会受到强烈质疑。晚唐诗人杜荀鹤参加科举考试落榜，心情愤懑，就曾在诗作中抱怨说："空有篇章传海内，更无亲族在朝中。"（《杜荀鹤文集》）

这种情况在宋代得到了改善。宋代的科举考试分为解试（或曰乡试，地方上进行的选拔考试）、省试（传统上尚书省礼部负责的考试）、殿试（名义上皇帝主持的考试）三级。北宋初期，科举考试的操作方式有了调整变化，太宗时首先在殿试中"糊名考校，第其优劣，以分等级"（《续资治通鉴长编》）；真宗以后省试也采取了类似的做法。我们知道，科举考试时，试卷上都会有考生填写的名字、籍贯和三代姓名，唐代阅卷的主考官能同时看到名字和答卷，所以某些考生的卷子有可能被挑出来排在特定位置。但是宋代为防范弊端，卷子上交后会由监考官员把名字糊上，以《玉篇》或《千字文》中的某字作为代号，然后"送知举官考定高下"（《宋史·选举志》）。再到后来，考卷还会由专人重新誊抄一遍,避免熟识笔迹或留痕作弊。这就是"弥封""誊录"制度。这样考官很难猜出考生姓名,也就无法有所照顾。于是宋人有诗云:"唯有糊名公道在,孤寒宜向此中求。"(《秀水闲居录》)若家中富足,可以选择经商营生,或者通过"进纳"买个小官,这种情况历朝历代都有;但是如果既"孤"又"寒",朝廷中无人支持举荐,家境背景清寒,还想要出人头地,那么只能走科举这条路,"糊名"代表着公道。宋代这套制度施行状况究竟如何?我们看看下面这条材料:

> 李廌,阳翟人,少以文字见苏子瞻,子瞻喜之。元祐初知举,廌适就试,意在必得廌以魁多士。及考章援程文,大喜,以为廌无疑,遂以为魁。既拆号,怅然出院。以诗送廌归,曰:"平时谩说古战场,过眼终迷日五色。"(叶梦得《石林诗话》)

据《石林诗话》载,元祐三年(1088年)朝廷指定苏轼做主考官,这一年正好他的弟子李廌参加考试。按照宋代的规定,主考官被指定的当天就要进入贡院,贡院随即"锁院",内外的交通往来、私相授受全无可能。苏轼阅卷时看到一篇文章,以为是李廌的,判为第一,拆号以后才发现文章是章援的。章援的父亲章惇,尽管与苏轼私交尚好,但在政治上分属两派。章惇是王安石变法的左膀右臂,苏轼却是支持司马光主张的。虽然如此,结果却不可更改了。这一次考试录取了523名进士,没有李廌,他不仅不是第一名,而且名落孙山,彻底出局了。苏轼为表达歉意,写了一首诗送给李廌,说"平时谩说古战场,过眼终迷日五色",颇有自嘲的意味。这首诗还有另外两句:"青袍白纻五千人,知子无怨亦无德。"苏轼是说,五千人参加考试,我实在没有办法挑出你的卷子来,我知道你不会感谢也不会抱怨我。从中我们可以看到，科举考试制度的严密化保证了它向更多人开放，对更多人来说是公平的。

也正是由于这样的情形，宋代才会有"寒俊"的崛起。所谓"寒俊"，是指家境比较清寒的有才之士。唐宋时期有些士子进不了学校，读书于山林，在寺院里读书，因为寺院的环境比较清幽。北宋初年，吕蒙正和他的朋友温仲舒在洛阳龙门利涉院读书。夏天很热，两人下午在伊水边散步时遇见卖瓜人，很想买。洛阳当地产瓜，一个甜瓜用不了几文钱，两个人却掏不出来，只好怅然看着卖瓜人越走越远。这时担子上掉下一个瓜，周围没有别的人注意，两人就把瓜捡来分着吃了。后来吕蒙正高中状元，晋升很快，当了宋太宗的宰相。他回到当年捡瓜的地方，买了一片地，修了个亭子，匾额"馈瓜"，以示不忘贫贱，对于后来的清贫士子也是一种激励。

这样的行事风格跟前代有明显不同。我们看到唐代的一些传记、墓志，哪怕如今已经家道破落，也往往会追溯远祖如何显赫。吕蒙正却不觉得贫贱是耻辱，而是磊落呈现，回顾当年的艰难，激励执着的努力。类似的"励志"故事，还有范仲淹的"断齑画粥"。范仲淹出自苏州范氏，幼年丧父，母亲带着他改嫁到山东朱姓人家，一直到他参加科举考试，填的名字都是朱说。考中做官之后，曾回到苏州组织范氏义庄，资助那些读不起书的范姓子弟。"断齑画粥"是说当年他在长白僧舍读书，从家里带的米不够顿顿吃干饭，就熬成粥，凝成坨以后划成若干块，"计划"着吃，咸菜也要切成段算计着吃。

以吕蒙正和范仲淹为代表的这些人物，正是依靠科举考试才得以崛起。宋代的一些精英人物知识结构相对渊博，在文章、经术、政事等各方面都有所成就。如果把他们和唐代的杰出人物做个比较，我们会观察到其中的一些不同。唐代政治上的杰出人物，比如唐太宗时期的宰相房玄龄、杜如晦，能谋善断；唐玄宗前期的宰相姚崇、宋璟，称得上干练贤明……他们都是政治上影响深远的显赫人物，但在学术上却没有什么作品流传下来，只有房玄龄、魏征领衔撰著的《晋书》《隋书》等流传至今。而当时文坛上最有影响的人，像李白和杜甫，在政治舞台上并没有得到什么施展的机会。宋代的情形颇为不同，像范仲淹，他是推动庆历新政的重要政治改革家，曾经官至副宰相；而我们最早知道他的名字，是因为他的文学作品，收在中学语文课本里的《岳阳楼记》，像《渔家傲》"塞下秋来风景异"之类的词作也传诵广泛；他还有研究《易经》的作品，有经学著述。北宋中期其他一些人，欧阳修是当年的文坛宗主，修过史书，也做过副宰相。像王安石、司马光，都有杰出的传世之作，尽管政见不同，做宰相施政期间都有所建树。苏轼也在文学、书画、政治等多个方面展现过自己的才华。这是一个大师辈出、群星璀璨的时期。

这些经由科举选拔出来的官员，对当时的国家制度、社会、天下有很强的认同感和责任感。范仲淹和他的同辈、后学，都有强烈的天下国家意识。"以天下为己任"是一代优秀士人的情操。南宋高宗时，监察御史方庭实，品级不高，但他在奏疏里堂堂正正地对高宗说："天下者，中国之天下，祖宗之天下，群臣、万姓、三军之天下，非陛下之天下。"这样一种慷慨磊落，也让我们看到，这些士人不仅自认为是文化和道德的主体，还具有强烈的政治主体意识。

说到这些人物，我们会想到他们对当时学术文化的推进。当时的文化精英都是宋学的代表人物，在经学、史学、文学方面有重要的创获。我们现在经常看到这样一些说法，例如"宋学""新儒学""理学""道学"，这些概念都有各自的蕴涵，它们彼此之间是什么关系呢？我个人的感觉是，这四个概念的内涵是逐渐收窄的。"宋学"是一个比较开放的概念，宋代所有学术成就都可以包括在宋学之内；"新儒学"是宋学的主流，是对儒学经典的重新解释，其中又因为解释方式的不同而产生了不同的派别；新儒学最有影响力的派别是北宋中后期到南宋渐盛的"理学"，理学有广义和狭义之分，广义的理学既包括道学，也包括心学，后者就是陆九渊、王阳明一派。

这些概念之间的关系错综复杂，不少学者做过相关的讨论。美国亚利桑那州立大学的田浩教授（Hoyt Cleveland Tillman）在《儒学研究的一个新指向：新儒学与道学之间差异的检讨》一文中，重新审视"新儒学"概念，他并不赞成这一说法，认为这个说法掩盖了含混而又多歧的思想家谱系，把不同的流派含括到同一概念之中。多年前，陈来教授在《宋明理学》一书的"引言"中写道：

> 宋代的理学，亦称为道学。总体上说，道学是理学起源时期的名称，在整个宋代它是理学主流派的特称，而不足以囊括理学的全部内容。

也就是说，尽管理学、道学经常并称，但道学并不等同于理学，应该说是理学中的主流学派。在严格意义上，"道学"指的主要是从程颢、程颐兄弟到南宋朱熹、张栻以及他们的弟子门人这一学派。元代人修《宋史》，有《道学传》，但是并不把今人心目中的儒学代表人物都收录进去，只收纳了程、朱这一系。其他一些人物如吕祖谦、陆九渊等都被放在《儒林传》里，可见当时道学的观念确实是比较狭隘的。

人们通常觉得道学家或理学家，都是坐在书斋里做学问的，实际上并不是这样，他们中的许多人都是政治的积极实践者。宋仁宗中后期，程颐写过一个奏章，向皇帝说："行王之道，非可一二而言，愿得一面天颜，罄陈所学。"程颐1033年出生，这个章奏是1050年呈上去的，当时他只有十七岁，还谈不上是个理学家，但是我们可以看到他年轻时对于行王道、治天下的强烈关切与情怀抱负。

1163 年，宋孝宗即位不久，朱熹应召去临安觐见，他做了非常认真的准备，写了多篇奏稿，向皇帝口头进呈。事后他跟朋友回忆了当时的情况：

> 熹六日登对，初读第一奏，论格物致知之道，天颜温粹，酬酢如响；次读第二奏，论复仇之义；第三奏论言路壅塞、佞幸鸱张，则不复闻圣语矣……

他开篇讲格物致知之道，皇帝很温和地与他交谈；后来讲到言路不通畅，说皇帝周围的人没有真才实学而靠逢迎上位，皇帝就不高兴了，不再开口回应。

同样进言坦率的还有陆九渊。1184 年，陆九渊担任敕令所删定官，当时在京官员有机会轮流面对皇帝（称作"轮对"），可以当面提出治国建议。轮到他去见皇帝，他精心准备了五篇书面奏议，后来收到他的文集里，所以我们现在知道他当时说了些什么。我们现在谈到陆九渊，总是提到鹅湖之会，说他和朱熹观点不同，分道扬镳。实际上他和朱熹在精神上有很多相互呼应的地方，比如他们都希望君王能够正心诚意，希望能够致君尧舜，二者在这些方面是有高度认同的。朱熹曾经说："近世所见会说话，说得响，令人感动者，无如陆子静（即陆九渊）。"当陆九渊有机会进言时，包括朱熹在内的很多朋友也会替他出主意。朱熹建议说："果得一见明主，就紧要处下得数句为佳。其余屑屑，不足言也。"轮对时，在第一篇札子中，陆九渊就直截了当地说："（陛下）临御二十余年，未有（唐）太宗数年之效。版图未归，雠耻未复，生聚教训之实可为寒心。"批评尖锐恳切。

当时的理学家，都是政与学兼收并蓄的人物。余英时先生在

《朱熹的历史世界：宋代士大夫政治文化的研究》中说：

> 政治文化是一个富于弹性的概念，既包括了政治，也涵盖了学术，更点出了二者之间不可分割的联系。不但如此，这一概念有超个人的涵义，可以笼罩士大夫群体所显现的时代风格。

政与学兼收并蓄正是当时士大夫共同的追求，是他们集体显现出来的一种时代风格。

三　平民化·世俗化·人文化

下面我们来讲第三个问题。前面说到"唐宋变革"，我想重申一下，"变革"并非彻底颠覆，而是在原来的基础上向前推进。对于变革，不同学者会有不同角度的观察，哪些方面有变化？变化程度如何？学者们的认识其实是相当不同的。在这么多表述中间，我们是否能提炼出一些能够基本含括当时变化趋向的说法呢？我想，"走向平民化、世俗化与人文化"的概括是比较合适的。据我所知，最早提出这个说法的是陈来老师。

学界虽然说"唐宋变革"，但并不是指唐朝灭亡宋朝兴起那一天发生的变革，而是指中唐开始、长过程中发展演进的变革。这种变革经历了很长的历史阶段，平民化、世俗化与人文化是所谓变革的基本趋势。有些前辈学者认为唐代是"贵族社会"，而宋代是"平民社会"，我觉得这种概括可能不够准确，不过我们可以说宋代是一个走向平民化的社会。所谓"平民化"，是指普通民众具有较前代更多的生存发展机遇，受到社会更多关注；是指相对于贵族制、门阀制政治生态，身份背景淡化的时代特征。"世俗

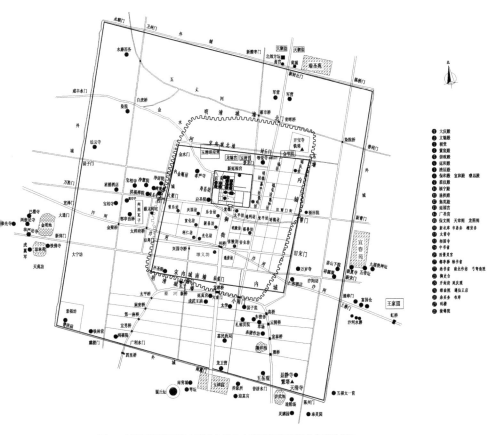

图2 宋开封城平面图（河南大学土木建筑学院教授李合群绘制）

化"，主要是指俗世生活影响增重，佛教经历本土化过程，民间信仰兴起，宗教教义愈益贴近世俗需求。"人文化"，则是指更加关心尊重"人"自身的价值，关注人的精神生活状态和教养成长。我们说到"化"，意指进行时，指倾向和趋势，是一种持续演进的目标。

对这个问题的认识，既关系到唐代宋代的定位，也关系到对整个中国历史基本走势的把握。这种发展趋势体现在许多方面。

就都市景观和城市布局而言，唐代长安城是在隋大兴城的基础上建立的，当年是通盘设计的结果，网格状的坊市布局，均匀对称，尊卑秩序井然。北大考古文博学院的齐东方老师曾经说，他在长安城的发掘过程中有个非常深刻的印象，就是唐代长安城像是一个半军事化管理的都城。宋代的东京开封本不是作为都城设计的，所以它不是那么方方正正，不是那么规则，官府与民居杂陈，没有明确的功能分区。开封城是一个多重的方城结构，宫城在整个城市的中央，宫城之外依次是内城、外城。这和唐代宫城在都城北部的格局不同。我们知道金中都、元大都、明清北京城基本上都是多重的方城结构，紫禁城是在城市中央。但是从元大都到明清北京，又跟开封有明显的不同，就是它们恢复了等级秩序森严、东西两侧严格对称的中轴线体系。

说到开封，就会说到当时的城市居民。现在我们改革户籍制度的一个重要方向，是要取消农村户口和城镇户口的区别，而这两者的区别是什么时候产生的？换句话说，城市户口是什么时候出现的？就是北宋。城市户口当时叫作"坊郭户"，指长期居住在城郭坊巷里的民户，有的居民来自手工业商业家庭，也有一些官宦人家。这一称谓在唐代后期已经开始出现，北宋则作为法定的户口分类固定下来。当时城乡间的社会流动，特别是经济上的社会阶层流动成为相当普遍的现象。北宋袁毂说："昔之农者，今转而为工；昔之商者，今流而为隶。贫者富而贵者贱，皆交相为盛衰矣。"过去有严格分野的士农工商，此时变动不居；同时出现的，还有"贫者富而贵者贱"的交相盛衰。伴随这种现象而来的，是以"重商"为核心的市民思潮和具有大众化、世俗化特征的市民文化的兴起。我们从《清明上河图》中可以看到，当时都市通衢行人川流不息，十字街头有说书、杂耍、休闲娱乐的人；活跃在民间的普通民众成为文学艺术、文化知识的传布者、欣赏者、接受者。随着城市经济的发展与市民阶层的兴起，市井文化在这个时代可以说是大放异彩。

宋代的平民化和世俗化并没有导致文化的粗俗和平庸。北大袁行霈先生主编的《中华文明史》第三卷，讲唐宋时期的情形，其中讲到这一时期文学重心下移，带来了文学的全面繁荣。文学重心下移是什么意思呢？就文学体裁而言，唐代有诗、有文，成就突出，非常繁荣；宋代的文学体裁扩大到了词、曲、小说。词是"曲子词"的简称，源于民间，是从燕乐甚至是从秦楼楚馆里面走出来的。寄情娱乐时要唱曲，也就需要填词。宋词中的淡雅婉约之作与豪放旷达之作相映成趣，交互生辉。小说也是一样，传奇和话本（"说话"）原本都是讲给下层市民听的，有平话，有讲史，像《大宋宣和遗事》，有些内容就是《水浒传》的蓝本雏形。这些故事在说书人口中越讲越丰富生动，内容逐渐凝聚成后世内容丰富的长篇小说。可见新的文学体裁的出现和市井文学有密切的关系。

这一时期，文学的创作者从士族文人扩大到庶族文人，进而扩大到参与口头或书面创作的市井文人。一些本不以文学著称的政治家、军事家如范仲淹、岳飞等，也有很好的诗词佳作，气势磅礴，情理交融。像岳飞的《满江红》，有些学者质疑岳飞作为一个战将，是不是有可能写出这样的词作。实际上岳飞不仅有《满江红》，还有其他的遗文题记及诗词作品；和他齐名的战将韩世忠也有《临江仙》之类的词作留下来。他们身边肯定有些文士墨客帮助润色，但主要内容和创作理念应该还是他们的。

这个时期的文化风格呈现出更为丰富多彩的面貌，格调追求和前代有所不同。以诗为例，同样是歌咏庐山，同样是当时一流文豪的作品，不同时代却展现出不同的特色。

> 日照香炉生紫烟，遥看瀑布挂前川。
> 飞流直下三千尺，疑是银河落九天。
> ——李白《望庐山瀑布》

> 横看成岭侧成峰，远近高低各不同。
> 不识庐山真面目，只缘身在此山中。
> ——苏轼《题西林壁》

同样的文学体裁，同样的歌咏对象，呈现出来的面貌却不完全一样。李白这首诗豪迈浩瀚，具有一泻千里的宏大气势；苏轼这首诗遣词造句疏畅平淡，却让人体味到蕴涵的哲思与理趣。人们会说，宋人跟在唐人后边作诗，是宋人的不幸，因为盛极难继，各色题目都被唐人写过了。于是宋人试图走出自己的路，当时的"新变"包括诗作的散文化，也包括他们对日常生活情趣的体悟，以及对于思理的追求。这正如钱锺书先生所说："唐诗多以丰神情韵擅长，宋诗多以筋骨思理见胜。"（《宋诗选注》）

"诗述志，词娱情。"相对而言，诗适合严肃庄重的题材，词则宜于表达妩媚细腻的情感。两宋之交女词人李清照的作品提供了典型的例证：

> 生当作人杰，死亦为鬼雄。
> 至今思项羽，不肯过江东。
>
> ——《乌江》

> 寻寻觅觅，冷冷清清，凄凄惨惨戚戚。乍暖还寒时候，最难将息。三杯两盏淡酒，怎敌他、晚来风急。雁过也，正伤心，却是旧时相识。
> 满地黄花堆积。憔悴损，如今有谁堪摘。守着窗儿，独自怎生得黑。梧桐更兼细雨，到黄昏、点点滴滴。这次第，怎一个愁字了得。
>
> ——《声声慢》

在李清照心目中，词和诗的分野很清楚。她的作品里，不同的选题、意境和心情，是用不同文体来表现的。但是在宋代，词作并不仅仅是婉约细腻这一路，像苏轼和辛弃疾这样的词人，篇什风格既有委婉清新的，也有洒脱豪放的。总的来看，宋代的文学形式，可以说是蔚为大观。

宋代的读书人逐渐增多，对于书籍的需求愈益迫切。我们知道"四大发明"中的印刷术包括雕版印刷术和活字印刷术。雕版印刷术在中国历史上影响更大，就其技术而言，在唐代已经非常成熟，但当时主要用来印历日、佛经、佛像以及方术类的世俗读物，因为同样的东西必须有大量的需求才值得投入雕版印刷。这也让我们看到，唐代社会的宗教气氛是很浓厚的。宋代才开始印刷书籍著作。北宋中期苏轼曾经说，过去都是手自抄写，"近岁市人转相摹刻诸子百家之书，日传万纸"。我们在宋代的一些绘画中可以看到当时的"书坊"，前店后厂，店铺售书，后院刻印。一部书刻板完成后先刷上一二百部，假如卖得好还可以接着印刷。

图3是宋刻本《昭明文选》第三十卷的最后一页。我们看到，后面空余处的三四行，刻的文字和《文选》内容已经没有直接关系。其中一行是"钱唐鲍洵书字"，钱塘（唐）是杭州别称，鲍洵则是抄写《文选》的书手。雕版印刷品悦目与否，和文字的抄写书字者有直接关系，因而提到他的名字。最后这一行"杭州猫儿桥河东岸开笺纸马铺钟家印行"，是个路线指南，也算是广告，告诉读者去哪儿找他的店铺买书。除去这部书，店里当然还有别的书可以买。有意思的是，钟家开的这个书坊本来是个"纸马铺"，也就是扎制、贩卖纸制冥器、香烛、纸马的店铺。商人触觉灵敏，大概发现图书需求量大，而自己店铺中有足够的纸张，于是转而多种经营，也去刻书了。当时的杭州，是坊间刻书十分兴盛的地方，这里我们也能感觉到当时社会风习的一种转变。

图4是南宋刻本《东都事略》目录的最后一页。目录后面有一方"牌记"，内容值得注意："眉山程舍人宅刊行"。眉山在四川成都一带，是苏东坡的老家，也是《东都事略》作者王称的家乡。程家或许有私塾，所以能刻书。这类家刻本，通常校刻精

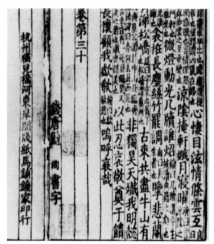
图3 《昭明文选》书影，现藏国家图书馆

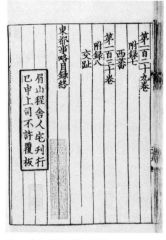
图4 《东都事略》书影，现藏台湾"国家图书馆"

审。牌记后面一行的八个字更有意思："已申上司不许覆板"，可见当时人已经有了版权意识。这种意识一定是在刻书业已经相当发达的情况下才出现的。

宋代对于读书识字的需求，已经普及到了社会下层。庆历年间富弼曾经跟仁宗说："负担之夫，微乎其微者也，日求升合之粟以活妻儿，尚日那一二钱，令厥子入学，谓之'学课'。"给人打短工的社会底层民众，可能无房无地，每天靠挑担送货挣两三斤粮食养活妻儿，即便如此，也要每天挪出一两文钱，留待将来让儿子上学。这些人未必期望儿子考中进士，只希望他能认识官府赋役公告上家人的名字，防止被人欺负。

这样的一些孩子，谁去教他们呢？他们没有机会进入官办的州县学校或者士人聚集的书院，启蒙教育基本都是在乡村的私塾、村学，甚至季节性的冬学学习。授课的"乡先生"往往是当年那些科举落第的人。宋代科举考试的录取率远远不到百分之一，落第者或者回家乡耕读为业，或者从医从商，也有一些人

第五讲　转型时代：两宋政治文化　　177

在乡里教书。比如浙东永康的陈亮，一开始科举考试没有成功，回去后给朱熹写信说："今年不免聚二三十小秀才，以教书为行户。"边教边读，养家糊口以备来年再考。有幸的是，绍熙四年（1193年）他考中了，而且高中状元；不幸的是，他还没来得及上任做官就去世了。这些科举落第的人在乡里民间或者聚徒讲学，或者参与公众事务，成为文化的普及者、基层社会活动的组织者。而村学、家塾等私学分布的时间、空间及其教学层次和灵活度，显然不是官办的州县学校以及书院所能比拟的。

《秋日郊居》是南宋陆游的一首诗，图5《村童闹学图》，据说是后人模仿南宋底本画的。图与诗原本没有直接关系，但放在一起就像诗配画。陆游在乡下的房子挨着冬学，他在诗的自注里说："农家十月乃遣子入学，谓之'冬学'。所读《杂字》《百家姓》之类，谓之'村书'。"冬学里教书的老先生，可能就是一位

秋日郊居

陆游

儿童冬学闹比邻，
据案愚儒却自珍。
授罢村书闭门睡，
终年不著面看人。

图5　《临宋人画册》之《村童闹学图》，明仇英，绢本设色，现藏上海博物馆

科举落第者,看来对于教书没有太大兴趣,课间自己伏案休息,孩子们在院舍中闹得翻天覆地。

陆游在自注中提到的"村书",就是当时常用的启蒙教材。通常所说蒙学读物主要有三种:《三字经》《百家姓》《千字文》,即所谓"三百千"。但这三者在历史上出现的顺序,恰好是倒过来的:《千字文》南朝的时候就出现了,《百家姓》中,赵姓高居首位,肯定是宋代出现的。我们还可以进一步推测,宋代哪个时期出现的?《百家姓》第二位是钱姓,我们知道,五代十国时期,江浙地区的吴越王室是钱姓,宋初统一后,钱氏在当地的显赫影响力肯定还会存在一段时期,把钱姓置于第二位应该是宋代前期的事。我们甚至可以据此推测《百家姓》出现的区域:应该出现于江浙地区,只有这个区域的人才会如此重视钱姓。《三字经》的出现则更晚,南宋后期出现,据说是王应麟所作,后来从明清到民国内容都有过增删。

我们前面说到宋代在学术、文学、教育等多个方面的变化,下面我们看几幅唐宋时期的人物画,比较一下人物形象的呈现

图6 《步辇图》,(唐)阎立本,绢本设色,现藏故宫博物院

第五讲 转型时代：两宋政治文化 179

图 7 单髻女立俑，唐天宝年间，陶制，高 40 厘米。1956 年西安东郊韩森寨出土，现藏故宫博物院

方式。

《步辇图》是唐代著名画家阎立本的传世名作。阎立本在贞观年间长期在朝廷做官，与太宗有直接接触，他画的太宗形象应该是非常接近原貌的。图中描绘的是一个接近实际的历史场景，表现的是青藏高原吐蕃赞普松赞干布的特使禄东赞到长安城来向唐太宗请求，希望迎请一位公主下嫁，这就是文成公主入藏前的一个情景。无论是唐代实景的描绘，还是后代临摹的画卷，或者壁画和雕塑，我们都会注意到，其中呈现的唐代人物形象似乎有共同的特点，就是神情特别雍容闲适。比如图 7 的唐代塑像，这位女性从服饰看并非属于社会高层，可是她看上去自满自足，洋溢着别无所求的神态。

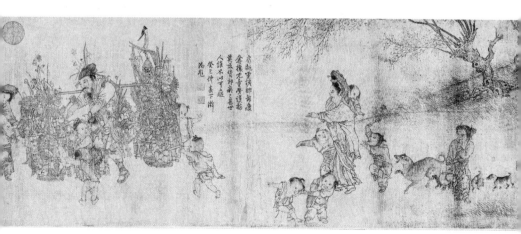

图 8 《货郎图》，(宋) 李嵩，绢本水墨，现藏故宫博物院

图 10 《纺车图》,(宋)王居正,绢本设色,现藏故宫博物院

图 9 《推磨图》,大足石刻宝顶山石窟大佛湾第 20 号地狱变图中"铁轮地狱"造像之一

图 11 《养鸡女石刻》,大足石刻宝顶山石窟大佛湾第 20 号地狱变图中"刀船地狱"造像之一

我们再看看宋代的人物形象，会感觉到明显的反差。宋代有很多描绘上层生活的画作或者雕塑，同时也有大量描写基层民众生活的作品，比如《货郎图》《推磨图》《纺车图》《养鸡女石刻》，等等，其中人物无不辛勤劳碌；即便是中上层的女性，也有不少亲自养儿育女、执掌中馈。唐代当然同样有众多艰苦劳作的中下层男女，但当时的艺术家或是画工刻工可能认为这样的形象不值得呈现；而到了宋代，创作者们对一般人的生活情境有更多的关注。这里面可能也有禅宗的影响，所谓"劈柴担水无非是道"。平民的日常生活状态，同样值得呈现。这也是我们所说平民化、世俗化与人文化的体现之一。

四　小结：宋朝历史再认识

最后做一个小结。

历史学是一门重在反思的学问，历史上很多的问题、人物、事件都有反思的空间。我们很难回到历史的现场——即便身处现场之人，也会有不同的记忆和认知；正因为如此，我们更需要有所警觉。每一段历史都值得我们认真追寻，值得反复思索和探求。宋代的历史，如前面所说，目前大家的认识是相对两极分化的，所以更有"再认识"的余地。

宋代处于中国历史上重要的转型期，面临着来自内部与周边的诸多新问题、新挑战，不是古代史上国势强劲的时期。但它在物质文明和精神文明方面的突出成就，在制度方面的独到建树，它对于人类文明发展的贡献与牵动，使其无愧为历史上文明昌盛的辉煌阶段。

推荐阅读

邓广铭:《宋史十讲》,中华书局,2008 年

朱瑞熙、张邦炜、王曾瑜等:《宋辽西夏金社会生活史》,中国社会科学出版社,1998 年

虞云国:《从陈桥到崖山》,九州出版社,2016 年

黄宽重:《艺文中的政治:南宋士大夫的文化活动与人际关系》,北京大学出版社,2020 年

邓小南:《祖宗之法——北宋前期政治述略》,生活·读书·新知三联书店,2014 年

第六讲

「大中国」的诞生
元王朝在中国历史上的定位

姚大力

我的题目是"大中国"的诞生，中国有一个从小到大的变化，它不是从一开始就这么大的。也许可以这样来概括："华夏"孕育了"中国"，又被"中国"所超越。中国文明的发展，大概就是这样一个线索。现有资料里最早出现"中国"这个词的，是西周初的"何尊"铭文："余其宅兹中国"，意思是我且安顿在这个称为中国的地方。这时候的"中国"指很小一块地方，即洛阳及其附近。中国就是从洛阳及其附近慢慢长大的，"中国"一词也随之慢慢变成了对中原地区的指称，大体相当于今山东、山西、河南、河北之地。然后它进一步长大，加上了陕西，基本上包括了华北的两大核心区域，再往后就有了秦朝的版图。秦统一时，中国南部的人口基本上不属于华夏人群，所以秦在当时就是多民族的统一国家。从秦到清，作为多民族统一国家的中国，其幅员又扩大了许多。不只如此，在这样逐渐长大的过程里，"中国"还获得了另外一层意思，即指汉族和汉文明的地区。自从清末大量汉族农业人口闯关东之后，东北三省也被括入汉文明意义上"中国"的一部分。

"中国"的后两层含义至少一直保存到清末：一是指汉族和汉文明地区，二是指中央王朝统治下的全部版图。现在我们已不再正式使用"中国"的前一种含义，但英文的 Chinese 还保留着那两层含义，它既表示汉语的，也表示中国的。中国的这两个含义之间有一个不重叠的地区，那就是中国的边疆。今日中国的边疆概念是从清人那里承袭过来的，它不是指边界线，也不是指边境地区，指的正是中国疆域之内汉族和汉文明传统地域以外的那些地方。我们今天要讲的，就是中国如何拥有汉族和汉文明地区以外的那片地域，从而形成"大中国"的过程，以及元朝在这个过程中起到了什么作用。

陈寅恪先生对元的评价，可能会让读到这段话的大部分人感到诧异。他说：

> 宋元之学问、文艺均大盛,而以朱子集其大成。朱子之在中国,犹西洋中世之 Thomas Aquinas,其功至不可没。而今人以宋元为衰世,学术文章,卑劣不足道者,则实大误也。欧洲之中世,名为黑暗时代 Dark Ages,实未尽然。吾国之中世,亦不同。甚可研究而发明之也。

陈先生在这里称赞的主要是宋。两宋在我们的历史教科书里一向是不太被看好的王朝,陈先生却认为两宋是中国文化发展的一座巅峰,甚至直到上世纪前叶,中国文化仍未能超越它在宋时曾到达的高峰!同时他两处以宋元并称,可见元在陈寅恪先生的心目中也不像我们今天很多人想象的那样糟糕和不堪。

今天我想讲以下几点内容:第一,从蒙古帝国到元王朝,我们要把蒙古帝国和元朝分开;第二,元统一中国的历史意义,教科书对这个问题的强调还远远没有到位;第三,空前繁荣的跨文明交流,也就是在这个多元文化交相辉映的时代,不仅外国的很多东西传入中国,中国境内不同民族的文化之间也获得前所未有的广泛交流;第四,教科书对元代东西文化交流的强调容易使大家产生某种误解,认为汉文化在元代必定蒙受了重创,所以我要讲讲汉文化在元代的状况;第五,文天祥与传统中国的国家观念,即通过文天祥对元朝的态度,去揭示为什么今人对元代的评估往往与当日人们的认识有那么大的差异。

一 从蒙古帝国到元王朝

13世纪,蒙古势力的版图不断扩大。1206年基本上在蒙古草原;1227年成吉思汗去世,此前蒙古的疆域在他手中向外扩大了很多;1280年,蒙古统治的范围是亚历山大帝国的四倍、罗马帝国的两倍，但此时蒙古帝国已经解体。蒙古帝国和元的区分很重要，元不是蒙古帝国，而是从蒙古帝国瓦解过程中蜕变出来的若干个继承国家之一。蒙古的每一次西征，实际上都与向南的军事扩张同时推进，西征和南征是同时的。第一次西征的作战范围主要还在亚洲；第二次西征一直打到欧洲，西北方向最远抵达里格尼茨；第三次西征最重要的目标，一是剿灭盘踞在里海南岸险峻山岭中的"山老"暗杀集团，二是攻打位于美索不达米亚的阿拉伯帝国本部领土，三是进一步向西直逼小亚细亚，扫清通向地中海的道路。

蒙古势力向外扩张，是非常残酷的征服战争的直接结果。通过残酷的征服战争，蒙古帝国造就了它辽阔的版图。那么它到底怎样统治这么大的版图呢？

蒙古初期采用的是间接统治方式。汉文史料里有一句话最简明生动地揭示出蒙古帝国初期统治被征服地区的全部秘密："北人能以州县下者，即以为守令。"谁带着一片土地来投降，这片土地就交给谁来统治。当然不是白白交给他，他要跟蒙古政权达成一些约定。比如说各地的统治者要上报户口数，根据户口规模确定每年上贡的份额；要把儿子送去当人质，这些人质可能会在成吉思汗身边担任他的贴身侍卫，观察甚而参与国家大事的治理，跟现在恐怖主义的人质是完全不一样的概念；要入觐，每过一两年到蒙古高原去参拜大汗；要从征，有军事活动的时候要亲自从征或派遣军队参战。到蒙古的制度比较完善的时候，还有普遍的置监，就是在各地设置达鲁花赤。

在蒙古势力所及的巨大范围内，到处都有带着土地来投诚的人，这些人的地位是可以世袭的，所以汉文材料称他们为世侯。西方材料则称他们为malik（"蔑里"），malik最初的意思是国王，后来地位下降，所指相当于地方上的实际统治者。获得世侯或者说malik职位的投诚者们，又是怎样一些人呢？蒙古征服时期各地社会上下等级间的对流非常强烈。原来的地方官员和当地富豪多与刚被推翻的政权有千丝万缕的旧联系，又觉得和蒙古人语言不通，即使投降也后果难卜，所以大都选择出逃保命。在大兵压境、形势险恶之时，敢于出头露面去与蒙古人交涉的，往往是身份地位原本不高，又见过一些世面而不甘安分守己之徒。想不到他们从蒙古军营里返回时，已经摇身一变，成了这个地方的统治者。汉文史料只用四个字就把这批人的共同形象勾勒出来了，叫"由鼠而虎"。波斯文很讲究修辞，它要用一大段话来讲这件事——"个个披罪恶衣袍的市井闲汉都成了异密，个个佣工成了廷臣，个个无赖成了丞相，个个倒霉鬼成了书记，……个个败家子成了御史，个个歹徒成了世库官，个个乡巴佬成了国之辅宰，个个马夫成了尊贵显赫的侯王……"。所以那时在蒙古人治下，东方和西方一样，到处可以看见下等人骤然翻身变成上等人的事情。

　　蒙古征服的极盛之时，也即蒙古帝国瓦解之始。那么它为什么会这么快就走向衰亡呢？一般历史书都把它归咎于最高统治集团内部的权力斗争、权力妥协和权力分配。下面这个故事出于著名的中古蒙古文史诗《蒙古秘史》：

　　　　其后太祖征回回。……临行时，也遂夫人说："皇帝涉历山川，远去征战。若一日倘有不讳，四子内命谁为主？可令众人先知。"太祖说："也遂说的是。这等言语，兄弟儿子，并博斡尔等皆不曾提说，我也忘了。"于是问拙赤："我儿子内你是最长的，说甚么？"拙赤未对，察阿歹说："父亲问拙赤，莫不是要委付他？他是篾儿乞种带来的，俺如何教他管？"才说罢，拙赤起身，将察阿歹衣领揪住说："父亲不曾分拣，你敢如此说？你除刚硬，再有何技能？我与你赛射远，你若胜我时，便将我大指剁去；我与你赛相搏，你若胜我时，倒了处再不起。"说了，兄弟各将衣领揪着。博斡尔、木合里二人解劝，太祖默坐间，有阔阔搠思说："察阿歹你为甚忙？皇帝见指望你。当您未生时，天下扰攘，互相攻劫，人不安生。所以你贤明的母，不幸被虏。若你如此说，岂不伤着你母亲的心？"

第一次西征前夜，在成吉思汗的御前会议上，他很宠爱的一个太太也遂夫人提出：万一他在远征中有三长两短，该由谁继承汗位？成吉思汗闻言大悟，嗔怪诸子及心腹们未能及早提出这个问题。他问大儿子拙赤（即术赤）怎么想。拙赤没有马上开口，他大概有点犹豫。因为他虽身为父亲正妻的长子，但母亲是在被一个敌对部落抓去时怀上他的，所以拙赤的血统问题一直是最高统治集团内部的隐痛。这时第二子察阿歹（即察合台）抢在前面说：父亲先问他，莫不是要传位给他？他不是你的亲骨肉，我们如何能服他管？被激怒的术赤起身扭住察合台。若不是成吉思汗的心腹阔阔搠思的劝阻，两人难免就要大打出手了。这个阔阔搠思是一名能与天沟通的萨满，正是他在蒙古建国前后代天立言，宣称成吉思汗是被上天选中、派来统治蒙古人的。史诗中的"您"，原文用的是第二人称复数，指成吉思汗诸子们；汉文缺少复数形式，元代的汉译者在"你"字下面加一个心表示"你"的复数（读音由当时的 ním 演变为后来的 nín），或者也写作"你每"，这就是后来汉语中"们"字的起源。这次吵架的结果是术赤和察合台都失去了继承帝国大汗的机会，成吉思汗第三子窝阔台后来继任大汗。

最高统治集团内部的权力争夺此后还一直在继续，它当然是蒙古帝国走向瓦解的重要原因。但从更深的根源上说，蒙古帝国的衰亡，是因为它的疆域实在是太大了。最初那种间接统治会导致很多矛盾的发生。比如驻扎在地方上的蒙古军队与当地世侯之间、势力范围互相邻近的各世侯之间、世侯与其部下以及底层民众之间等,会发生各种各样的矛盾冲突。所有这些问题都会反映到蒙古最高当局那里。如果当局不加干预,它的统治秩序很快就会变得不可收拾;如果加以干预,就亟须改革那种间接统治的形式,从而把最高当局的统治意志落实到地方性的治理上。这时按各地原有的社会文化传统在那里建立更规范的层级式统治体制,便成为不可避免的趋势。但是蒙古帝国太大了,各大征服地区内的统治体系朝着不相同的地域化方向加速发展,致使帝国体制内部日益增长的差异与裂隙,最终将脆弱的统一帝国撕裂开来。

同样性质的问题也发生在经济层面。蒙古帝国的庞大,使得它的通讯、运输以及军事、政治运作的成本变得过大。这与古语"千里不贩粮"的道理相似。一个美国学者从这段历史的实际情况反推,认为当时维持国家正常运行的距离极限,大体不超过九百英里。因此蒙古帝国至少需要三到四个统治中心:以和林为中心可以建立起从华北到别失八里(今新疆吉木萨尔)的统治;以阿里麻里(在今新疆霍城西北)为中心可以建立起西至中亚的撒马尔罕的统治;而伏尔加河上游需要另外一个中心,用来维持从花剌子模(在咸海西南)一直到莫斯科的统治;攻灭阿拉伯帝国以后,自然又需要有一个新的中心来统治阿姆河以西地区。

无论如何,蒙古帝国的统治在第二代大汗的时候就已经分成了四块:中央兀鲁思(兼领藏区)、中州(华北)行政区、西域行政区,还有位于南俄草原的术赤兀鲁思。术赤在第一次西征以后就没有东返蒙古高原,因为他知道东面的帝国大汗之位已与自己无缘。第三任大汗在位时间很短,到第四任大汗时帝国版图进一步五分化,这与帝国后来分裂为东亚的元王朝以及西部四大汗国的地理分割线十分贴近。从这个角度来看,蒙古帝国的瓦解是深埋在帝国内部的某种隐性的结构性危机必然爆发的产物。所以讲元史虽然要从蒙古帝国讲起,但二者又是完全不一样的两件事情。

蒙古帝国史与元史并不是同一部历史的上下两半部分。蒙古帝国是一个世界帝国，而元王朝则属于中国历史上的一系列王朝之一。

元朝的政治、经济、文化重心，全部都在今天的中国境内。而创立这个王朝的民族，它的人口中的大多数今天也仍然生活在中国境内。由汉族建立的历代王朝，往往把自己的统治扩展到周边少数民族地区，对此我们觉得再正常不过。既然如此，为什么当中国的皇帝宝座上坐着一个出身蒙古族的天子时，元王朝就不能被当作一个中国王朝来看待呢？当然元朝的版图还包括了今蒙古国疆域，以及今俄罗斯的西伯利亚一些地区在内。但这既不是中国征服了今蒙古国和西伯利亚各地区，也不是蒙古国征服了中国的结果，而属于蒙古帝国留下来的遗产。在这个意义上，把蒙古帝国史简单地等同于今蒙古国的历史也不对，恰如意大利人不会把罗马帝国史当作今日意大利一国的历史。所以蒙古帝国的历史，不是今天任何一个现代国家的历史所能包容的，但是元朝的历史则属于中国历史的一部分。

二 元统一中国的历史意义

唐后期中国藩镇割据，中央政府逐渐失去控制全国的能力。接着是黄巢起义。此后中国又经历了五代十国和宋辽金，在今天中国的版图上长期有七八个国家割据并存。中国经历近五百年的分裂而重新完成统一，正是在元朝。我们的历史教科书往往给人留下这样的印象：两汉在承继秦制的基础上确立和巩固的外儒内法的专制君主官僚制，为此后近两千年内传统中国的国家建构奠定了一个基本模式；而在最近一千年里，国家建构的这同一个汉唐模式又在被历朝继承的同时，经过进一步扩充和调整，最后就有了我们今天的中国。同样地，根源于上述见解，元朝所以能统一中国,被归因于它实行汉化,而它所以失败是因为它汉化得还不够。我在这里要提出的问题恰恰是,如果元朝真的只有汉化这一点值得我们加以肯定,今天中国的版图还能有这么大吗?

与当代中国的疆土相比,秦的版图虽然有限,但在当时它已经是一个多民族的统一国家。那时淮河、秦岭以南大部分土著都不是讲汉语的。汉朝在未控制西域之前,基本上就是在秦代版图的基础上再稍微向外扩张么一点。从两汉开始,历朝设置郡县(或后来的府县)建制的地域范围,在近两千年里变化不大。唐幅员最大时的范围四至让人印象深刻。但在河西走廊以西,真正有中央政府派出官员驻守的,总共不过二十处。唐朝控制蒙古高原前后不过四十年,控制新疆和新疆以西的时间长一点,也没有超过一百四十年。唐在这些地区施行的都是"羁縻"统治,即用"册封"方式向各地统治者颁赐可以世袭的官号,以"朝贡—回赐"制度维持后者与朝廷之间的从属关系,同时从政治经济核心地区拨发巨额财富,来支持一支弹压其地的两三万人规模的常驻部队,并设立极少州县以管辖为驻军提供后援服务的小群汉族移民。各羁縻地区与朝廷之间的这种从属关系,与其说是中央与地方政府之间的关系,还不如说是处于一个有差等的国际体系之内国与国之间不完全平等的外交关系。而唐代疆域内划分出府县制地域和羁縻地域的分隔线,其走向与著名的"黑河—腾冲线"十分接近。

在中国地理学意义上,黑河—腾冲线将中国版图分隔为面积大略相等,但人口密度相差十五六倍之多的两部分。不过这条线所蕴含的意义还远不止如此。它实际上还是有条件从事雨养农业(以及对降水需求更高的稻作农业)与基本只能从事牧业的中国东西部的分隔线,同时也大体上划分出汉族与非汉族的历史活动区域。与黑河—腾冲线的提出略约同时,拉铁摩尔揭示出另外一条与之颇多暗合之处的界线。他把这条线以西、以北的地区称为

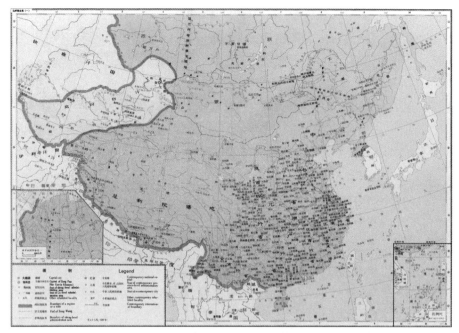

图 1　元时期全图（至元十七年，1280 年）。谭其骧主编：《中国历史地图集》第 7 册，中国地图出版社，1996 年

中国的亚洲内陆边疆。两条线最大的不一致在于对东北地区的处理。黑河—腾冲线把它划在人口密集的中国东部，而拉铁摩尔则将它划入中国的亚洲内陆边疆。从历史上看，东北地区有大批汉族从事农业开发始于清末，所以就讨论历史问题而言，拉铁摩尔线画得更准确一些。包括采纳汉唐建国模式的宋朝和明朝在内，依赖汉文明建立起来的王朝国家所能巩固的疆域，基本都位于拉铁摩尔这条线的东侧。

从公元 1000 年以后直到清亡的将近千年里，只有元和清两个王朝才真正把亚洲内陆边疆完整地括入中国国土。上述两个王朝分别由蒙古族和满族建立，这绝非出于偶然。我们看到，汉唐式国家对其版图的巩固，需要由汉族移民充当拓展国家治理体制覆盖面的先行队和后续支撑，持续不断地移入被国家纳入统治范围的那些地区。直到唐朝为止在南部中国仍显得相当稀疏薄弱的府县制网络,之所以能在此后变得密实起来,与北方汉族农业人口的大规模南迁有密不可分的关系。可是在黑河—腾冲线以西那些无法维持农业生计的地方,传统时代的汉族移民就难以持久立足。因此,中央政府对那里的行政管控与军事镇遏设施就始终无从培植起本土化的经济支持和文化响应。中央政府耗费巨大的远距离"输血"一旦中断,那里就重新回到"化外"状态。如果现代中国继承的是宋朝或者明朝的版图,试想今天的中国能有多大?很明显,正因为继承了元和清的遗产,中国才会有今天这样广袤的版图。

当然,汉唐国家模式也不是完全不具备将一部分边远的羁縻地区"驯化"为国家疆土的功能。唐代控御边疆的羁縻体制为后来历朝(包括元与清)继承,被羁縻地区的地位归属会分别遵循两种不同的方向逐渐演化:一是从土官、土司建制,经由土流并置、改土归流而实现内地化,最后变成府县建制地区,稳定地被纳入国家版图;而长期滞留于册封和朝贡关系中、未能向土司建制进一步演化的那些地域,就会随着东亚进入近代国际关系的过程,从羁縻政权向着与中国相分离的对等国家转化,最后形成中国周边的"外国"。

那么,羁縻地区沿着上述两个不同方向分道扬镳,表现在地域空间内又会是怎样一种状态呢?如果以已经发生的历史事实作为经验判断的依据,我们就有理由把直到民国初年尚未改土归流,因而依然存在土司设置的地域,认定为传统中国有能力推行土司建制的最边缘区位。如果以上说法可以成立,那么可能被汉唐型国家建构模式推展到最远的中国与"外国"之间的边界,就应当位于清代乃至民国初土司建制地区的外缘。这条外缘线虽然向西超越了黑河—腾冲线,但依然离开后者并不太远。换句话说,中国西部的大部分地区仍被排除在由上述外缘线所限定的地域之外。

　　这就是说,如果直到清末为止,历史中国只是遵循汉唐式国家建构的单一模式持续演进和扩大,那么当代中国就不可能拥有今天这样辽阔的疆域。当今中国境内属于"内陆亚洲"的那一大部分领土,因此很可能无缘被划进中国的边界线之内。所以,传统中国在它跨入近代前后,一定早已拥有除汉唐体制之外的另外一种国家建构模式。多亏了另外这种模式的推动,才使中国有潜力把历史上的"西域"稳固地括入版图之内。

　　上述"另外一种"模式,就是从汉唐等帝国边疆发展起来的内亚边疆帝国模式。它萌芽于辽,发育于金,定型于元,成熟、发达于清。这个秘密最早是被雍正皇帝一语道破的。他说:"中国之一统始于秦。塞外之一统始于元,而极盛于本朝。"他所说的"中国"是"小中国",而我们今天继承的中国,则包括了由秦最先统一的小中国,再加上由元代统一而为清朝所巩固的塞外中国部分(也就是拉铁摩尔讲的中国的亚洲内陆边疆)。那是一个名副其实的大中国。英语中的 Chinese 既指"汉语的""汉族的",又指"中国的",正反映了直到近代为止汉语"中国"一词所曾具有的那两层迥然不同的含义。

　　清朝的版图结构不仅包含着"内地十八省"以及从汉唐体制继承而来的土司建制地区,还有一大片地方,包括内蒙古、外札萨克蒙古(大致相当于今蒙古国的区域)、青海、西藏、金川土司,还有南疆回部,均由参办外藩(指内、外札萨克蒙古)各部事务的理藩院一并负责署理其地政务。从理论上说,其版图结构中还包含所谓"外属",所指为已从"羁縻"体制下独立出去的那些国家。因此,"外属"又与"外国"一起被归类为"域外朝贡诸国"。理藩院要管理的事很多,包括旗界、封爵、设官、户口、耕牧、赋税、兵刑、交通、会盟、朝贡、贸易、宗教。把它们合在一起,体现的正是一个国家在它的疆域内所履行的主权职能,汉唐宋明等朝从未在其羁縻地区履行过这些体现其主权的职能。所以对外藩等部的治理不是来源于汉唐型专制君主官僚制国家建构模式,而是出自一个内陆边疆帝国的架构。

清朝编写过一部以皇帝名义颁布的《钦定历代职官表》,力图表明本朝所有的各项制度皆渊源有自,都有传统的法度或成例可依,以此来论证自己统治的合法性。但它为理藩院追溯其前代来源的努力却难以遂愿。理藩院在明朝和两宋都毫无印迹可寻,不过本书还是从元代宣政院看到了理藩院的前世身影。这当然是对的。因为元宣政院除主管全国佛教,还负责署理吐蕃地区的诸多政教事务,正与理藩院之掌管外藩等部的职能相同。再往前追溯到唐,这本书随便把唐代鸿胪寺当作了理藩院的源头。其实由鸿胪寺承担的与羁縻各部的交涉事务,在性质上更接近于外交部礼宾司的职责范围。宣政院与理藩院在汉唐型国家模式里没有可与之相比拟的机构,就因为它们别有来源。

两种国家建构模式的理想治理目标也完全不一样。汉唐模式的理想治理目标是:"车同轨,书同文,行同伦。各要其所归,而不见其为异。此先王疆理天下之大要也。"这句话里前九个字出自《礼记》,是自两汉以来汉文明所长期追求的国家治理的理想目标。后面的话是对开头九个字的发挥。这个目标不容易马上达到,所以会有很多权宜的措施。但是不管如何权宜,理想目标都是要用以汉语、汉文、儒家伦理为构成要件的汉文明对全部国家版图实行全覆盖。清朝和元朝完全没有这样的目标,清朝承认满文、蒙文、汉文、藏文、维吾尔文五种使用人口最多的文字都是官方文字,有一部书就叫《五体清文鉴》。民国时讲的"满蒙回汉藏五族共和",那"五族"概念的起源就是《五体清文鉴》。这样的气派是在汉族的王朝看不见的。清朝治理的就是这样一个多元化帝国,所以它的国家建构模式跟汉唐完全不一样。它对汉族地区的治理主要继承了汉唐模式,那是一个小中国,它被包容在一个大中国之内。在这个意义上，我们再回过头去看元朝的统一，会发现它并不只是把一个遵用不衰的国家建构框架搭建到一个更大的版图上而已，它实际是创造了一个新的，后来又在清朝充分发展起来的国家建构模式。

三　空前繁荣的跨地域文化交流

到 13 世纪后半叶，蒙古帝国已经瓦解，分裂成很多个国家，这些国家之间时而也有矛盾、冲突乃至战争。但是无论如何，在由蒙古势力统治的那片广大领土上，最高统治者都是成吉思汗的直系子孙，而且与成吉思汗相隔还没有几代。欧亚大陆从来没有经历过这样的时代，人们在如此辽阔的地理范围内可以相对自由地往返移动。已经过去的战争当然很残酷，"王钺一挥，伏尸万里"，这话看来雄壮，却是用多少生命、鲜血和眼泪换来的。当这样一大片土地上的人们从失去自己亲人和家园的痛苦中幸存下来，重新开始在各领域从事创造性活动的时候，蒙古帝国的统一版图提供给人们的舞台就和过去的时代大不一样了。

中国很早就建立了驿传制度，杨贵妃吃的荔枝就是利用驿传来急递的。但是过去没有"驿站"这个词，查阅《广韵》，"站"字还只有久立的意思。它在现代汉语里还有一个意思是 station，那是始于元代的后起之义。蒙古人把很宽的路叫作 jam，该词在元代又用于指称包括驿道在内的整个驿传系统，汉语以"驿站"对译之。其中"驿"是 jam 的意译，而"站"则是它的音译。这是因为"站"字在元代还保留着闭唇尾声母 -m，读音与 jam 很相近。"站"作为 jam 的汉语音译语词，既与驿传等义，也在汉语中转而兼指驿传系统中可供停驻的设施。因而它又变得可与"铺"字相通，于是获得 station 的新义。元代一部学做刀笔吏的教科书里说:"站驿,安也。舡马车轿之所曰站;使客传舍曰驿。"可见在公文专用语里"站"字意思很窄;但在日常用语里它也可以指称利用驿传的过客留宿歇息的"次舍"或"传舍"。你们看,不同语言或文化之间的交流过程,细究起来竟会曲折得如此有趣。驿站的设施本来是供官方使用的,不过也有人假公济私。使用驿站的凭据是驿牌,有了驿牌就能使用驿站的设施。晚上可以住在那儿,并且根据你的身份等级供给相应的酒饭,第二天早上骑着经替换的体力充沛的马匹再出发。这样的驿道设施从北京开始,沿着欧亚内陆一直到达伏尔加河的萨莱城,那里是金帐汗国的首都。如果往西南走,可以从云南一直走到今天的巴格达。从巴格达再往北不远,直抵大不里士,也就是当时伊利汗国的首都。元朝的汉人说:"行万里如履庭户",出行万里,就好像在自己家的院子里散步。从西欧向东直到东亚,过去需要打通好几个相对封闭的贸易圈、经过无数关卡才能联通的交流网络,在元代变得空前的畅通便捷。

因此有人把蒙古人统治的一百年(1250—1350)称作欧亚旧大陆的世界体系时代。世界体系的出现,一般认为是一种近代现象,但是在近代之前欧亚大陆已经有过一个世界体系。元代中国各种各样的外来文化就是在这样一个近代之前的欧亚旧大陆世界体系背景下传入的。泉州有很多阿拉伯文字的伊斯兰教元代文物,而留在北京牛街的伊斯兰教文物却多是波斯文书写的。因为阿拉伯人可以从波斯湾通过海路直接到达中国南方,而经过陆地到达中国北方的中亚侨民大部分来自流行波斯语或以波斯语为宗教用语的突厥语国家。波斯文于是也就变成了11世纪之后伊斯兰教向中国北方传播的一种重要媒介。伊斯兰教传入中国虽然很早,然而"元时回回遍天下",才为回族在后来发展成一个全国性民族奠定了最基本的局面。基督教东方教会亦以其旧称聂斯脱里教派在元代重回中国。它过去曾因为在三位一体问题上和正统

图 2　元后期泉州一位聂斯脱里教徒的墓碑　　图 3　基督教圣方济各会修士安德鲁的拉丁文墓碑

看法不同,而被东罗马教廷判为基督教异端,赶出东罗马,遂向东在欧亚草原及伊朗寻求发展,并沿着草原和绿洲一路东传。聂斯脱里教派在唐代传到过长安,当时以"景教"知名,至唐德宗时被禁。在元代,它随着蒙古统治再次从中国周边地区传入汉地社会。

图 2 是元后期泉州一位聂斯脱里教徒的墓碑。碑面下方中间镌刻的四个字符组合,按直书右行的款式解读,所拼写的大概是汉文"叶氏墓记"四个字。这就是所谓"八思巴字"。八思巴是藏传佛教的一个高僧,受命于忽必烈,创制出一套脱胎于梵文、藏文字母的书写体系,用以拼写元朝境内的各种语言。墓主人应是汉族妇女,大概嫁入信仰聂斯脱里教的家庭,故死后按基督教仪式埋葬,在墓碑上留下的则是用八思巴字母拼写的汉语姓氏。元朝并不要求所有人都讲蒙古语,而是设计一种字母,让各种语

第六讲 "大中国"的诞生　　199

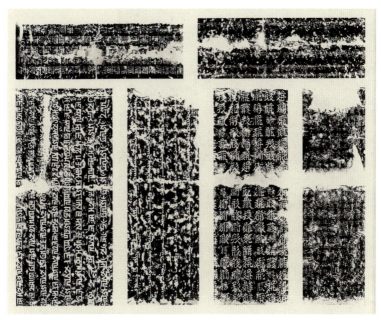

图 4　居庸关云台过街塔壁刻六体文字拓本

言都能够用它拼写各自的书面语。可惜这套字母体系被设计得太复杂烦难，使用起来很不方便，所以一旦失去官方强制推行的压力，便即刻无疾而终。图 3 是基督教圣方济各会修士安德鲁的拉丁文墓碑。碑主人生前来中国传教，死于晚元，安葬在泉州。

当时的文化交流并不限于"中外"之间，也发生在元代中国境内不同的民族与文化区域之间。元代后期在位于燕山支脉一段狭长山谷间的居庸南口，翻建了一座上有三个白塔的过街塔楼。建塔时在塔基券门的壁面上镌刻了很多题记，包括用梵文、八思巴字蒙文、回鹘文、藏文、西夏文和汉文形式书写的陀罗尼经咒语，以及后五种书面语的造塔功德记。尤其值得一提的是出现在这里的西夏文题记。1227 年西夏被灭国，以后党项人四处流散。事实证明，到了元末党项人还在这个地方活动，捐钱造塔并用西夏文将功德记刻在券门壁面上。梵文的陀罗尼经咒语一直保留在

图 5　杭州吴山宝成寺大黑天神造像

佛经里,成为一种仅供口诵的书面语片段而已。

　　杭州有很多元代留下的藏传佛教造像。图5为大黑天神（Māha Kāla）造像。大黑天神是藏传佛教中著名的护法神,但汉人对他印象是负面的。有诗云:"北方九眼大黑杀,幻影梵名麻纥剌。头戴骷髅踏魔女,用人以祭惑中华。"杭州灵隐山旁的飞来峰,有元代镌刻的梵文咒语、绿度母造像和宝藏神造像等。绿度母是西藏佛教特有的崇拜对象。飞来峰上还有杨琏真加师徒的造像,南宋灭亡以后忽必烈派了一个西夏出身的藏密高僧到南方从事文化镇压,就是杨琏真加,他主持盗掘了绍兴的南宋皇陵。

　　讲到元代的中外文化交流,最有名的当然是马可波罗。马可波罗其人的存在没有问题,现在还保留有他的遗嘱,但是他究竟来过中国吗?从上个世纪70年代以来,它逐渐变成了一个受到质疑的问题。这里没办法详细展开,只介绍几本相关著作。

　　英国学者吴芳思曾经是北大的工农兵学员,回国后做过很多年的大英图书馆汉文部主任,是一个对中国非常友好的学者。她写了一本书,书名就是"马可波罗到过中国吗"。虽然她本人是怀疑马可波罗真的来过中国的,但本书还是力求客观地反映在这个问题上的各种不同看法及其依据。

南开大学的杨志玖先生随后出了一本《马可波罗在中国》，在书名里就直截了当地表达出与吴芳思相反的看法。杨先生早在上个世纪 40 年代就从《永乐大典》里发现过一条重要旁证，表明马可波罗到过中国。据他的游记所言，马可波罗是顺道陪同一位出嫁波斯的蒙古公主，一同由海路离开中国的。书中还举出了随行返国的三名蒙古使臣的名字。杨先生在《永乐大典》里找到一则给远赴波斯的三使臣发放出差补贴的档案文书。文件签发于 1290 年，其中涉及的三人名字竟与《马可波罗游记》所载完全一致：

《永乐大典》： 兀鲁䚟　　阿必失呵　　火者
《马可波罗游记》： Oulatai　　Abishihe　　Coia

尽管该文件没有提到马可波罗和那位出嫁的公主，但它记载的三个人名与马可波罗的陈述密合无隙，已足可视为马可波罗所言不虚的有力佐证。

2013 年，德国有位学者 Hans Ulrich Vogel 又出版了一本讨论这个问题的了不起的书。作者写道，仔细研究游记的内容，可以发现其中"更多的说法能证明这个威尼斯人确实到过大汗的帝国，而不是相反。根据我多年考察所获得的对本书的总体评判，我最终决定将这部专题著作取名为'马可波罗亲历中国考'"。该书开列"引用书目"的附录部分达到 92 页之多。可以说它是学者手边不可或缺的一部世界性的马可波罗研究指南。

我们知道，信息若是经由多重承转环节的长距离传递，必定要发生严重的扭曲和走样。因此，《马可波罗游记》有关元代中国的大量感性、具体、翔实而又十分准确的细节描述，只能是由某些曾长期生活于中国的人们直接带到西欧去的。即使马可波罗没有来中国，那么也必定有某个或某些名为约翰·波罗或马可·斯特劳思的人们，曾在元代中国的大地上漫游过。就这个意义而言，马可波罗是否来过中国，甚至可以说已经变成了一个伪问题。

四　汉文明在元时期

见识过多元文化在元代交相辉映的图景，或许还不能驱除顽固地占据在人们意识深层的一个相关问题——元代汉文化的命运又到底如何？它是不是像很多人想象的那样被蒙古人摧残得一塌糊涂？我们的历史教科书从来没有讲过"崖山之后无中国"，但从这些课本里获得中国历史基本知识的很多人却有这样的看法。教科书也没有说过汉文明在元朝统治下一蹶不振，可是有这样认识的人却很多。所以我觉得我们的历史教育是有问题的，因为它还没有把有些应当加以充分阐扬的基本观念强调到位。历史教科书像陈寅恪那样表彰了"宋元之学问、文艺"及思想了吗？当然没有。所以我还要在下面讲讲汉文明在元代的生存发展状况。

汉文明在元代有三座高峰：文人画、杂剧与元青花。

顾安、张绅和倪瓒的《古木竹石图》图，可以当作在最极端的意义上颠覆两宋"院画"（即官方画院里专业画师的作品）之正统格调的典型来阅读。一个人写字，另一个人画竹子，倪瓒更是把原来的纸张接长，再在旁边补画一块大石头。整幅画就像是用想到哪里就涂到哪里的方式拼凑而成，看起来毫无章法布局可寻。文人画的特征，与两宋院画一比较就很容易看出来。首先，如果说院画多以工笔勾勒然后填色其中，那么文人画不取勾勒设色的画法，而是以书法的运笔方式渗入画中，甚至连书法本身也以长篇题款的方式变成整幅作品的有机构成部分。例如倪瓒的《渔庄秋霁》图，画上本来没有字，流传在外多年之后又为倪瓒所遇，他于是补了一长段题款在上面。一幅构思严谨的画怎么

第六讲 "大中国"的诞生 203

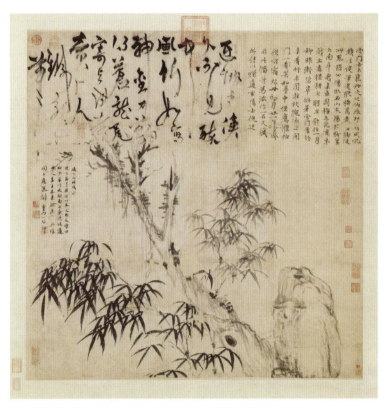

图 6 《古木竹石图》,顾安、张绅、倪瓒,纸本水墨,现藏台北故宫博物院

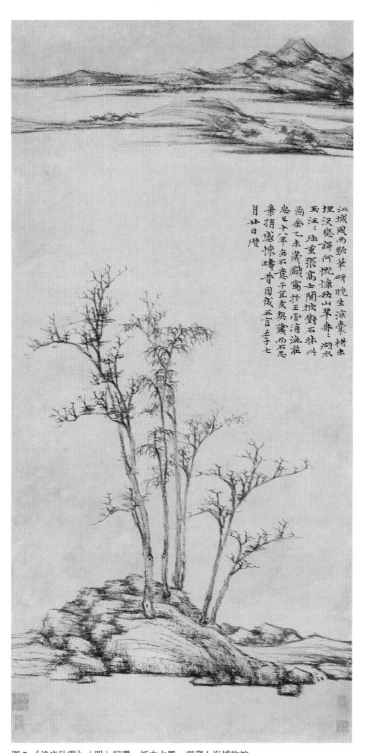

图 7 《渔庄秋霁》，(明) 倪瓒，纸本水墨。现藏上海博物馆

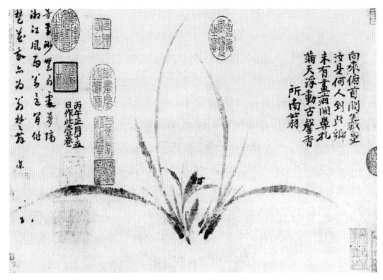

图8 《墨兰》，(元) 郑思肖，纸本水墨。现藏大阪市立美术馆

能有地方容得下事后再加上去的那么多字？它的完整性和布局平衡不是全部被破坏了吗？但是画家就这样做了。其次，院画总体上讲究细致"逼真"的刻画，会把屋顶上的瓦片、禽鸟身上的羽毛、植物的花瓣叶茎都细致入微地描摹出来，而文人画重"写"不重"描"，注重发扬"逸笔草草"（倪瓒语）、"取其意气所到"（苏轼）、"树石不取细"（米芾）的风格。复次，院画喜以珍禽异兽、牡丹红梅等为题材，以浓墨重彩的"青绿"着色来炫耀富贵气象，而元代文人画则强调用水墨来表现画家寄托在梅兰竹石、云烟山水之中的优雅淡泊的情操。宋元之际的郑思肖画过一幅有名的《墨兰》。为了表示不忘宋朝，他画的兰花像是无处生根的。画上自题"所南翁"，意为屋门朝南开，因为南宋在"北朝"（指宋元对峙时期的元政权）之南。

此外，元代文人的山水画还有一个表现在基本布局中的显著特征。美国学者高居翰把它概括为 hills beyond a river，汉译为"隔江山色"，他有一本讲元文人画的书，即以此为书名。中国学者徐书城则用"一河两岸，前后三段"表达出类似的意思。画面中的近景是江的这一面，远景是江的对岸，中间是江流，其中或许还有几片沙洲。元文人画描写重峦叠嶂的山景时，把前人偶一为之的一种夸张方法大大加强了。它把构图的视点提高，使大地似乎朝向观者一方前倾，因而能由近及远地呈现层层山脊和蜿蜒幽深的谷涧。"隔江山色"以及对山体纵深向度的突显，体现着元代文人的山水画创作仍坚持在描摹景物的自然形态和"意似便已"的"信笔"写意之间追求平衡的不懈努力。这与明中叶起"宛如层层摆置的屏风"般"突兀地冒起"的群山图像（徐小虎语），乃至晚明文人画以极度狂放的变形将"笔墨的抽象美"推到"唯我独尊的地位"（徐书城语）都迥然不同。

接着来看杂剧。汉地社会中戏剧的起源，一般被追溯到唐代的"踏摇娘"，是一种带点说唱的舞蹈表演。戏剧与说唱不一样，董解元的《西厢记诸宫调》是说唱，表演者用第三人称给听众讲故事，所以属于"他言体"。戏剧则是"自言体"，由演员分别担任剧中的各种角色，在舞台上各自都以"我"的身份说话和行动。我们现在可以确切地加以了解的最早的戏剧形式就是元杂剧。从说唱和舞蹈过渡到戏剧，就是从他言体的表演到自言体表演的过渡。但是在中国戏剧史上似乎找不到这样一种过渡发生的迹象。直到金末和元代，山西出现了戏台，这一地区出土的墓里面也发现了反映戏曲表演的壁画、棺椁画和石刻浮雕。

戏剧表演会不会是从外部世界传入汉文化的？我找到了一点点可能的线索，但还远远不到能做出什么结论的地步。元杂剧中的一段戏称为"一折"。这个名称从哪里来的呢？梵文里的 angkam 有三个意思：钩子、弯曲，还有戏剧中的一幕。元杂剧里的"折"，或许不是从汉语"折"字的原有词义中派生出来的；它很可能就是 angkam 的汉语对译词。翻译者选择其"钩子"或"弯曲"之义，意译为"折"，指的却是戏里的一个段落。元杂剧从北方传播到南方，"折"作为一个专用术语，被南方汉人改为"齣"字。在南方的汉语方音里这两个字发音相近，只有吐气或不吐气的区别。再往后，又因为"齣"字太难写，遂以笔画较少的同音字"出"来代替它。"折"作为元杂剧术语的遗迹，只被保留在"折子戏"这一用语中。

"折"在南方被改为"齣"，表明南方汉人并不认为它与汉语中"折"字的本义，即将某物"折"成一段一段的意思有什么联系。若元杂剧的"折"字真出于梵文，戏剧这种表演形式是否有可能是从外部传入汉语世界的？我们知道回鹘（今译维吾尔）有《弥勒会见记》，就是一部佛教戏剧。尽管在回鹘语的《弥勒会见记》里表示一幕的词没有采用梵文的 angkam，可是还不能断然排除山西的戏剧源于回鹘佛教戏剧的可能性。所以还需要耐心等待新发现的证据。敦煌变文没有发现前，我们始终很难解释中国的话本小说是从哪里来的。文学史家找不到话本的来源，只好说它从唐代传奇演变而来，尽管唐宋传奇跟话本的差别非常大。敦煌变文一发现，话本小说的来源问题立即就顺理成章地解决了。变文原是僧人讲佛经故事的稿本，后来也用这种形式讲世俗故事，成为话本小说的前身。

随着元朝把统治中心建立在北京，杂剧的中心也转移到北京。元灭宋后，杂剧进入杭州。它很快向本土化的方向演变，部分改用南方汉语方言念和唱，与南方的一些音乐表演元素结合在一起。于是就有了明清的传奇戏，其中以昆剧最为著称。所以传统中国的戏剧史上有两次戏剧高峰期，一是元杂剧，二是明清传奇。二者中最知名的作品，分别是《窦娥冤》《牡丹亭》。不过元杂剧中所含忠君报国之类的道德说教，有许多其实是在明代才加到原先的演出本里去的。元杂剧注重的是故事情节的奇险曲折，较少道德灌输。有人甚至公然在散曲里扬言："宁可少活十年，不可一日无权。"那是一个政治及正统文化的约束都较少的时代。

再简单讲讲元青花。元青花用的钴涂料是从西亚进口的，所以明人所称"苏麻离青"或"苏泥勃青"，均源于波斯语 lājavard-i sulaymānī，译言"苏莱曼青色"，它来自伊朗西北叫

图 9　元青花龙纹象耳瓶，因藏于英国大维德基金会，又名大维瓶

苏莱曼的地方。该词未见于现存元代文献，但它曾流行于元朝应该没有问题。"苏麻离"或"苏泥勃"，分别是 su[-lay]-ma-li（最后音节 n-、l- 相混）或 su-nay-ba[ni]（第二音节 l-、n- 相混；第三音节 b-、m- 相混）的汉字音写。中国本土钴料中锰、铁成分的比例与进口钴不同，用它做不出元青花的效果。元青花是进口钴料、江西高岭土，再与中国的瓷器技术相结合的产物。它从一开始就是一种外销产品。伊朗博物馆收藏的元青花盘直径 45.5 厘米，汉人用不了这么大的盘子，那是专门为中西亚生产的餐具。景德镇垄断了这种进口钴料，可能是它的一个商业秘密，所以只有它能造青花瓷。景德镇红卫电影院地下出土的一件青花瓷碎片上写着非常漂亮的波斯文句子，说明景德镇工匠里甚至有从西方来的技术人员。不然上面的文字不会书写得

那么神采飞扬。

图9这对瓶子叫大维瓶，原本是元代江西一对夫妻出钱烧制后，作为功德贡献给道观的。我们确凿地知道元代能烧元青花，实际上始于这对青花瓶在上个世纪20年代的重新发现，因为瓶颈部位的题款明确交代了它们的烧制年代。元亡后，明朝府库里面还存储的进口钴料，一直用到宣德前后。所以成化前的青花瓷质量很好，之后只好用国产钴料替代进口产品，青花的质量就下降了。大约从正德年间起，又从云南获得一种回青，应该也是进口的。此后青花质量又逐步提高。所以康熙时青花瓷成为一种大家都知道的名品。我们现在知道的元青花，大多烧制于元代后期的三五十年间。但是数年前在河北军阀张弘略的墓里出土了一个青花盘。此人死于1296年，是灭宋的元水军总帅张弘范之弟。上述发现将元青花的生产年代又提前了几十年。

到元末，东南海岸线战乱频仍，进出口贸易受到严重影响，青花生产需要将销售市场从海外转到国内。为了适应国内消费者的审美口味，描画在青花瓷上的图像多转而表现绣像小说或者戏曲里的人物和故事场景，如萧何追韩信、三顾茅庐、鬼谷子下山，等等。这些图像有不少是从刻本读物里的插画直接描摹而来的。

上述三项突出表现，至少有两项，即元杂剧和元青花，未必属于衡量一个时代文化发展时的主要领域。因此，还应留心一下元代在汉文明各主干领域内的状况如何。不过这需要对传统四部之学有通贯精深的学识，才能把元代的表现放在其中加以比较。那不是我能做得到的。因此我将主要借用清代四库馆臣对元代各门学问的评说，作为此处叙说的参证。

《四库全书总目》的"经部总叙"，用"学凡六变"来概括从两汉直至清前期经学的流变。它对经学各阶段的评述，大体兼持褒贬。清儒称赞汉代经学"笃实谨严"，弊端在拘于成说而乏创意。对魏晋到唐末宋初的经学，他们未予表彰，仅以"各自论说，不相统摄，及其弊也杂"一笔带过。可见在他们眼里这是一个经学衰落的时期。程朱理学的长处是"务别是非"，弊端则一出于"悍"（主观偏执）。所以不但一概排斥汉唐"经师旧说"，而且"学脉旁分，攀缘日众，去除异己，务定一尊"。元代经学则被置于"自宋末以逮明初"的阶段里，其长处、其弊端都与宋时相仿佛。是说盖为陈寅恪论儒学史以宋元并称之渊源所自。明代经学的特征是"各抒心得，及其弊也肆"，放肆到"空谈臆断"的境地，亦即梁启超所谓"束书不观，游谈无根"。所以才有清初兴起的实事求是之学以纠正之。很明显，在这样的认识框架里，传统经学的低潮分别在魏、晋、隋、唐和明，而不在元。

　　清儒对元代经学的评价并不低，与他们很欣赏元代科举考试除"经义"外还要考"经疑"的制度设计有关。他们以为，考"经疑"能促使应试者对经典文本下苦功夫，"非经义之循题衍说，可以影响揣摩者比。故有元一代，士犹笃志于研经"。元代用朱熹所作《四书章句集注》取士，"阐明理道之书，遂渐为弋取功名之路。然其时经义、经疑并用，故学者犹有研究古义之功。……至明永乐中，'大全'出而捷径开，八比（即八股文）盛而俗学炽。科举之文，名为发挥经义，实则发挥注意，不问经义如何也。且所谓注意者，又不甚究其理，而惟揣测其虚字语气，以备临文之摹拟，并不问注意如何也。盖自高头讲章一行，非惟孔曾、思孟之本旨亡，并朱子之四书亦亡矣！"。这里提到的"大全"，即明前期颁布的《四书大全》《五经大全》，也就是古代的高考参考资料。有了参考资料可资依赖，再没有人孜孜留意于经文本身了。所以在清人看来，儒学再次走向低坡，是在明永乐之后。两部考试"大全"、一种以八股著称的固定文章程式，束缚起士人的眼界和思想，对儒学的损害实在要远甚于元代。

　　元代的史学成就也很不寻常。元修"三史"中，《金史》"卓然有良史之风"。《宋史》虽因"取办仓卒"受到很多批评，至有后人试图改写者，然而"考两宋之事，终以原书为据，迄今竟不可废焉"。潘昂霄《河源记》据其弟亲历述黄河源头，是"前志传闻，率皆瞽说"所不可比拟的。汪大渊《岛夷志略》也一样，对南海诸国皆"亲历而手记之"，比所辑信息多得自口耳的南宋《诸番志》优胜不少。元修《至大金陵新志》，"荟萃损益，本末灿然。无后来地志家附会丛杂之病"。清人不大看得起史论，认为它比不得考据，可以信口横决，不着边际，但对胡一桂的《十七史纂古今通要》却不吝好评："宋以来论史家汗牛充栋，率多庞杂可议。……此书议论颇精允，绝非宋儒隅见者可比。一览令人于古今兴亡，了然胸次。"乾嘉考据派祖述其学术渊源，近推顾炎武，远溯胡三省、王应麟。后两人的学术活动入元后都持续数十年。其史学成就究竟属宋属元？这又使我们回到不能把宋元截然切开，更不能将它们视若冰炭、作黑白两极看待的问题。

　　元诗和宋诗相比亦不差。四库馆臣谓宋、金、元、明四朝诗"各有其盛衰，其作者亦互有长短"。宋诗极盛于欧阳修、梅尧臣、苏轼、黄庭坚的时代，但"黄太史必于奇，苏学士必于新，荆国丞相必于工。此宋诗之所以不能及唐也"。金诗学苏黄，故难有超越；而元人则以诗骚而下"古祖汉、近宗唐"高自标置，并因而自诩"能得乎风雅之声，以一扫宋人之积弊"。迨至明代论诗仍流行"举世宗唐尚元"的风气，以至有愤愤不平者要选编一部宋诗集来替两宋打抱不平。经学、史学、诗学都是汉文明最主要的构成部分，它们在元代哪有丝毫陷于没顶的迹象？

　　最后看一张元代世界地图，上面竟画出了非洲好望角的海陆轮廓线。原图已失传，现在存留于日本的几种临摹本，其底本都源于从朝鲜半岛东传的一幅朝鲜王朝重绘本，制作于1402年，取名《混一疆理历代国都之图》。据该图题跋，它主要依据元末苏州人李泽民的《声教广被图》，参以天台僧人清浚《混一疆理图》所载"历代帝王国都沿革"的相关资料画成，而图中的朝鲜

图 10 《混一疆理历代国都之图》。1402 年由朝鲜在两幅中国地图的基础上制作。原图已不存,1500 年摹绘本现收藏于日本京都龙谷大学图书馆

部分,已经重绘者"增广"。所以从《混一疆理历代国都之图》,我们可以推知《声教广被图》所反映的元代江南社会的世界地理知识。

仔细观察这张图可以发现,图幅左上部看似居中有两个大岛的湖泊,其实就是地中海和它以北的黑海。此图有一个摹本将尼罗河西源地山脉标注为"者不鲁哈麻"。日本学者指出,它是阿拉伯语 Jabal al-qamar 的汉字音译,意思是"月亮山"。它显然就是西欧的托勒密地理学对尼罗河上源山脉的命名。这个例子有力地证明,该图有关欧亚西部的地理知识,源于穆斯林地理学,包括被穆斯林地理学所吸收继承的希腊罗马古典地理学知识在内。

波斯湾在本图上被表现为一组通向大海的河流,可能是辗转描摹者在对已走形图像的意义难以辨认的情形下依样画葫芦的结

果。但只须依原有线条稍加重新勾勒,就可以复原出一个很接近实际形状的波斯湾,它与托勒密传统中几近长方形的波斯湾很不一样。这表明穆斯林地理学家用本土知识替代了不够精确的古典世界地理知识。本图对非洲南端的处理也是这样。不仅如此,就是在穆斯林地理学范围里,比鲁尼作于11世纪、卡兹维尼作于13世纪,甚至穆斯涛非作于15世纪的世界地图中的非洲,都不如这张图接近非洲南端的实际情况。

《混一疆理历代国都之图》上关于中国以外的地理知识是从穆斯林世界来的,而有关中国的地理知识当然源于本土学统,宋代《禹贡图》就是证明。那么这两部分知识拼接起来,是否就足够形成一幅能覆盖整个旧大陆的"世界"地图呢?还不够。所以图中有一块留出大片空白的地方,只写着"陕西汉中道按治土蕃地"和"古土蕃地"两条记注。前者是指今天四川和青海的藏区,后者指今西藏自治区辖地。对西藏以西,直到印度次大陆东半部,还有中南半岛,元代汉人也缺乏现实中的最新地理信息,只好根据《大唐西域记》《蛮书》之类唐宋历史资料,把一大堆历史地名,比如诸葛亮城、骠国、勃律、广荡城等,凭臆测标注在各处。在一幅当代世界地图上,就这样被嵌入了一块位置错乱的"历史地理区域"。

五 文天祥与中国传统时代的国家观念

崖山当初是广州湾里的一个岛,现在已与从前隔岸相望的大陆连成一片。1279年3月19日,元朝海军发动最后的攻击,以崖山岛为基地的宋军一天之内完全溃败。小朝廷内文臣第一人陆秀夫拿剑逼着妻子跳海后,登上幼帝的舟船。他对小皇帝说,在杭州被俘的宋帝已受尽屈辱,陛下你不该再受这个罪。他于是把小皇帝绑在自己身上，一起投海。朝中武将第一人张世杰战败后突围出去，遇到台风全军覆灭。宋朝就这样彻底灭亡了。

文天祥当时已经被元军俘获，在元海军的战舰上亲眼见证了故国的灭亡。这个时候他就已经下定了死的决心，"虽刀锯在前，应含笑入地耳"。

其实在这之前，他就曾经求死。宋朝的官员当时都随身带着毒药。最后一次兵败后，他吞下了带在身边的全部"脑子"，就是冰片，又喝了很多水。可是大约因为喝下去的水不干净，导致严重腹泻，意外地把毒都排出去了。崖山之战后，元人把他从广州由陆路押解到北京。他写信给江西父老，准备沿途绝食到江西，好在那里与故旧诀别后赴死。但他路过江西而毫不知情，又一次求死不得。在北京他坚定地拒绝轮番劝降，绝不肯在元朝政府里任职，最后英勇就义。文天祥已经做到了当时的道德标准要求他做到的一切，足以名列中国最伟大的道德英雄之列。连蒙古人都说："赵家三百年天下，只有这一个官人。"

文天祥被处死，是在他到达北京几年之后。当时曾出现流言，"或疑公留燕，所以久不死者"。事实上这种针对他的猜疑早就已经开始了。在他从广州被押解北上时，有人写了"生祭文丞相"的揭帖，像传单一样沿途散发，希望能被文天祥本人读到。人还没死，就当着你的面诵读为你写的祭文，这是什么意思呢？"大意在速文丞相死国"，即巴望他尽早殉国。文天祥在北京等了好几年，他自己说："当仓皇时，仰药不济，身落人手，生死竟不自由。及至朔庭，抗词决命。乃留连幽囚，旷阅年岁。孟子曰：'夭寿不贰，修身以俟之。'如此而已。"这就是说，他一面以必死之心抗命不从，一面修身等待元朝对他的最后处置。他并不拒绝可行的选择。所以他说："傥缘宽假，得以黄冠归故乡，他日以方外备顾问，可也。"如蒙元朝从宽释放，让他以一个道士身份归田故乡，那么以后国家若有大事要他提供咨询，完全是可以的。文天祥一再强调"黄冠""方外",是在表白他此生再不能入仕于元,即进入政府做官。但是元朝没有给他这样的机会。

他所持守的,本是两国相争、各为其主的立场。在"北国"业已完全征服"南国"之后,他是承认"北国"君临天下的合法性的。只是原先各为其主的立场,现在就随即转变为遗民立场。所谓遗民是指在被灭亡的那个王朝得过一官半职的人们。他们对已灭之国负有一种道德上的责任,即尽管可以做新王朝的顺民,但不可再在新朝做官。遗民的身份不世袭。文天祥有一个儿子,后来接受了元朝的官职,不幸死在上任的途中。他没有在宋朝入仕,因此他完全可以这样做。

所以文天祥之死,不是因为他视元政权为"用夷变夏",故拒绝接受一个蒙古族出身的皇帝及其统治,而是因为元朝只给了他或者入仕,或者赴死这样两种选择。就此意义而言,文天祥并不如很多人想象的那样,必与元朝不能共存。这一点从他对待投降元朝后还接受了元朝官职的二弟的态度上,可以看得更清楚。知道二弟降元后,他写信给幼弟说:"我以忠死,仲(指二弟)以孝仕(为尽孝供养老母亲,故须入仕元朝),季(指幼弟)也其隐。……使千载之下,以是称吾三人。"他以为千载之后的人们会为弟兄三个人的不同选择而同样称赞他们。他纸面上写的是"三人",心里想的却是"三仁",即商朝末年微子流亡、箕子装疯、比干直谏而死,被孔子称赞为"殷有三仁焉"。此说的证据,就是当他听说二弟到京城面觐元帝时所写的诗。

闻季万至

去年别我旋出岭,今年汝来亦至燕。
弟兄一囚一乘马,同父同母不同天。
可怜骨肉相聚散,人间不满五十年。
三仁生死各有意,悠悠白日横苍烟。

同父同母之人，头顶所戴终为不同之天。这不是在谴责二弟，只是在慨叹个人脆弱的命运面对势易时变的无奈。"三仁生死各有意"，他这里用的是"三仁"，意思与前引"使千载之下，以是称吾三人"全同。他的说法反映了儒家传统有关忠与孝、忠与恕之间的内在紧张。他的选择和道德考量，与所谓"夷夏之辨"基本不相关。

宋亡之后出现的遗民很多。文天祥对元的观念与态度，代表着这个群体的共同选择。现在举他的同科进士谢枋得为例。此人与文天祥一样，以文弱书生带一帮乌合之众抵抗过元军。兵败后躲进武夷山，靠开方卖药和算命谋生。元平定江南后，派程钜夫到江南寻访"好秀才"，即可以出任要职、治理国家的优秀人才。程雪楼遍历南方各地，最后开出一张三十人上下的名单，据说其中第一名就是谢枋得。他曾拜访过谢枋得，以朝廷的意图相告。谢枋得写了一封信答复他，信里说："大元制世，民物一新。宋室孤臣，只欠一死。"元朝治下，一片新气象。不过我是宋朝旧臣，苟全性命足矣，万不可出来做官。他躲来躲去好几年，还是被地方官寻着，送到北京。于是他只好在那里绝食而死。那时离宋朝崖山之败，已有十年。

元亡后，也涌现出许多忠于元朝的遗民；见于记录者甚至比宋遗民还多。新建立的王朝，面对这么大一片江山，都会缺少管理的人手。所以明朝也到处寻找在地方上有号召力的人，而且朱元璋真的是要以"不为君用"之罪杀人的。但还是有人冒死不肯从命。下面这首诗，是一个叫王翰的人为此自杀前写的。

绝命诗

昔在潮阳我欲死，宗嗣如丝我无子。
彼时我死作忠臣，覆氏绝宗良可耻。
今年辟书亲到门，丁男屋下三人存。
寸刃在手顾不惜，一死了却君亲恩。

他自述说：当年明军攻占潮阳时就曾想死。但那时膝下无子，无人能延续宗脉，只好活下来。元亡十年，明朝廷的委任书送到家里，这时候他已有三个儿子，两个已经长大。于是他把最小的孩子委托给一个朋友，然后以一死报答元朝君主之恩。明朝推翻蒙古人统治，在钱穆看来是"中华重光"。但当时人认为不过是寻常的改朝换代而已。朱元璋造反时声称"驱除鞑虏"，成功后却说："元虽夷狄，然君主中国且将百年。朕与卿等父母皆赖其生养。元之兴亡，自是气运。与朕何预？"他连元朝被他推翻的事实都不想承认，只说元是亡于群雄，他再从"群雄"或"群盗"手里夺得天下。可见他并不否认元朝统治的合法性。

现代不少人对文天祥的误读，与他们对元代及清代历史地位的合法性总是心存芥蒂相同，都是把近代才产生和流行的民族主义观念错用来思考传统中国历史的结果。尤其需要加以强调的是，从上个世纪80年代以来，把单一民族国家看作现代国家典型形态的民族主义旧观念，早已在全球范围的政治实践中得到纠正。对于用已经过时的民族主义眼光去看待尚不存在民族主义的传统时期中国史的非历史主义态度，我们需要保持警惕。

元史研究是现代中国历史学最早与域外学术在交流中并长争先的领域。时至今日，对元史的理解依然需要有超越平庸的、开放的眼光和气概。今天就讲这些。如果因为听过这个讲座，你们中有人对从前有关元朝的看法有所动摇或疑惑的话，我将会感到十分鼓舞。谢谢各位！

推荐阅读

韩儒林主编:《元朝史》上、下，人民出版社，2008 年第 2 版。
比较系统、准确而平实地综述元朝一代各方面历史的断代史著作。对蒙古帝国如何过渡到元王朝的叙述尤见功力。

余大钧译注:《蒙古秘史》，河北人民出版社，2001 年。
写成于 13 世纪的著名蒙古文史诗，被明政府逐词逐句以汉字音译，用作蒙汉互译的教材。本书将它重译为现代汉语文本，加以简注，并收入明初简略而口语化的逐段"总译"以为附录，甚便于读者在两种汉译文本之间从事对照比较。欲感知当日蒙古人豪放粗犷的精神气质，最宜阅读是书。

卜正民:《挣扎的帝国：元与明》（"哈佛中国史"第 5 册），潘玮琳汉译本，中信出版集团，2016 年。
把同处于"小冰期"的元明两朝放在一起来比较和讲述，把朱元璋建立的"法家的古拉格"看作连接共同塑造中国专制政体的"两段历史的纽带"。生态、家族、信仰等话题亦给本书带来不少从常见的中国史读物中很难体味到的新鲜感。

刘迎胜新撰:《二十五史简明读本·元史》，上海古籍出版社，2018 年。
对明初为元朝官修的"正史"进行高度浓缩及最必要订补的现代汉语简写版。为适应一般读者观览，以人物传记构成全书主体。总计不过二十万余字；通读一过，即可借以躲避旧著的冗仄舛驳，而大略感受其体例及书写风格之敦实博瞻。

温海清:《从游牧部落到世界性帝国·元》，"细讲中国历史"丛书第 10 册，上海人民出版社，2018 年。
本书写得平易从容，不因求新而以新异炫俗，不因求细而以琐屑掩其纲目。是可读性很强的一部面对大众讲述元史的书。

杰克·威泽弗德:《成吉思汗与今日世界之形成》，温海清、姚建根汉译本，重庆出版社，2006 年。
作者是"误入"历史学领域的人类学家；而且直到本书写作完成之时，他也还没有变成一名真正的蒙古史专家。内陆亚洲从 13 世纪直到它进入现代为止的全部历史，可以说都处于"蒙古时代"。蒙古帝国与现代世界确实就这样紧密地联系在一起。喜欢元代历史的阅读者们，大半会觉得此书值得一读。

南京大学历史系元史研究室编：《元史论集》，人民出版社，1984年。

自20世纪50年代至80年代初中国元史研究领域内最优秀的论文合集。粗知元史的非专业读者如欲进一步走近专门家，看看他们究竟是如何从事元史研究的，本书足以为他们打开紧靠在专家书桌前的那两扇窗子。读读《中国北方民族与蒙古族族源》会让你懂得，在论文的字里行间可以注入怎样的"天马行空"的神韵。读读《元岭北行省诸驿道考》，你可以知道最杰出的老一辈学者心目中"博士论文"的模样。

第七讲

白银与明代国家转型

刘志伟

我很高兴有机会在清华大学讲这个题目，因为这个问题，就是80多年前在这个校园提出并做出奠基性的研究的。当时，清华大学经济系有一个研究生，名叫梁方仲，他以中国田赋史为课题做毕业论文，提出中国现代田赋制度是从以白银为征收手段的一条鞭法开始的，他把赋税普遍用银缴纳同当时社会经济的一系列转变联系起来。他在毕业论文基础上写成、1936年发表的一篇论文，一开头就提出：

> 从公元16世纪开始，我国明代嘉靖、万历年间开始施行的一条鞭法，为田赋史上一绝大枢纽。它的设立，可以说是现代田赋制度的开始。自从一条鞭法施行以后，田赋的缴纳才以银子为主体，打破二三千年来的实物田赋制度。这里包含的意义，不仅限于田赋制度本身，其实乃代表一般社会经济状况的各方面。明代自十六世纪初年正德以后，国内的农工业的生产方法及生产关系，虽然没有重大的变化，但因历史上的机缘，如西洋航海术的进步等，使中国与外国的贸易却逐渐兴盛起来，国内的社会经济情形亦逐渐从自然经济时代发展到货币经济阶段上去。一条鞭法用银缴纳不过是当时大潮流中的一条旁支。但除去用银一点足令我们注意以外，一条鞭法还有种种在赋法与役法上的变迁，与一向的田赋制度不同。从此便形成了近代以至现代田赋制度上主要的结构。但一条鞭法实际只是一个笼统的名称，它是一种发展，它在各地施行，时间先后不一，所以内容也有精粗深浅的不同。

这段话非常清楚地指出了16世纪中国的白银流通与社会经济转变的联系。他在十多年后发表的文章里又进一步提出，这个转变与明代国家的转型有着直接的关联。梁方仲的这个研究，很早就引起费正清教授的重视，他创办哈佛大学东亚研究中心时做的一项事情,就是在 1956 年开始出版,持续了 60 多年从未中断的《哈佛大学东亚研究丛刊》,而收入这个丛刊第一种的,就是梁方仲先生这篇题为《一条鞭法》的论著的英文本。费正清为英文本写了一篇前言,指出:"这部专论对于任何有关近代中国货币经济发展的研究具有重要的背景价值。"可见,费正清虽然自己不专门研究经济史,但他在当时已经非常敏锐地认识到,中国货币经济的发展对于解释近代中国历史转变有着重要意义。

在 50 年代以后的中国史学研究中,这个从白银流通的视角理解明清国家与社会转型的题目,偏移出当时主流史学体系的解释框架,自然被边缘化了,或者转换为资本主义萌芽论述框架内的议题。在明清社会经济史研究中,除了境外少数学者,如全汉昇先生,仍然在白银流通问题上有所推进外,很少在梁先生提出的问题的脉络上有实质的推进。

近些年来,这个议题越来越被学界重视,各种研究成果接踵而出,甚至有成为明清经济史研究的热门课题的势头。学者们越来越认识到,白银在明清社会的历史转变中,扮演着举足轻重的角色。16 世纪以后白银流通的影响,不限于经济生活的变化,更触发了明清时期的政治、社会和文化的转型,甚至也规限着最近五百年的历史走向。不过,以我肤浅的印象,近年来关于白银与明清社会转变的研究,大多仍然未真正摆脱五六十年代以来明清经济史的问题脉络,一般论述多从商品经济或者市场发展的角度来讨论白银的历史角色,着眼在世界贸易体系对中国经济的影响,对中国市场经济发展或不发展状态做出评论。我今天在清华大学做这个发言,希望能够把当年清华大学的学子提出来的这个问题,带回大家的视线;下面我循着梁方仲先生打开的门径,以一条鞭法作为枢纽,引出关于白银对明清时期国家与社会转型产生影响的视角。这个话题已经冷落多年,今天重新热起来也多循不同的视角和问题脉络去展开,我这里讲的只是自己一点学习体会和粗略的思路。期待着大家的批评。

一 明太祖建立的国家财政体制

今天我们要讨论的问题，是白银如何成就了明朝国家的转型，所以，我们首先要看看明朝是怎样一个国家形态，它的社会经济是一个怎样的结构。

明王朝在财政资源配置方面，主要包括以下几个部分：在边防军事供给中实行的军屯、民运和商运开中，维持宫廷及中央政府运作的税粮和上供物料，支付官员薪俸的钞、米，作为地方政府运作的主要资源的里甲差役和杂役，还有驿传系统和作为地方治安系统的民壮，等等。

财政体制及其运转方式，是一个国家和社会结构的重要表征。朱元璋建立明王朝的时候，在国家运行的资源配置方面，白银可以说是毫无地位的。明王朝国家财政资源，除了维持王朝的消费和国家的行政运作外，主要用途之一是保障边防军事供给。明朝把元朝统治势力赶到漠北以后，元朝的势力并没有真正被消灭，蒙古政权还在离北京不远的地方存在，对明王朝构成无时不在的威胁。所以，明王朝需要在长城沿线部署大量军事力量，防御蒙古势力的南侵。从辽东半岛一直到嘉峪关，屯驻着大量的军队，这是明王朝建立时面对的一种比较独特的形势。

在这样一种处境下，明朝财政体制的设计和运行，其首要目标，是维持边防军事供给。不过，解决这个财政供应需求的方式，不是通过货币或实物调拨，而是通过别的途径。一是由军队自己在边防地区屯垦，二是通过商人协助向边镇输送粮食，三是周边省份将以税收途径征集的粮食往军队运送。这几个财政供应方式中完全没有白银的角色。至于宫廷和中央政府的运作，税粮也就是我们平时所说的田赋是基本的部分，但税粮不是唯一的来源，还有很重要的来源是通过各种途径向地方派办，即所谓的上供物料。简单举例，如宫廷和中央政府要盖房子，所需材料要派办给省府州县，地方官员找人烧砖、运送建筑料，以此作为维持国家运作的重要资源。中央政府对货币的运用，是下拨，而不是上纳。这样的货币流通，靠国家发行货币来进行。明初的时候主要是印钞，间或也铸钱。至于官员薪俸，因为水准非常低，发放基本上是用钞和米支付，与白银没有关系。地方官员的收入，更多依赖差役和其他非正常途径。至于地方政府的财政资源，更与白银没有关系，都是以差役方式派给下面州县的编户。国家系统中很重要的驿传系统和地方治安系统也都是通过差役，跟市场还有货币的流通没有太直接的关系。总之，整个国家的管理，在资源获取和配置上，基本不需要用货币来支付和作为核算手段。一些需要通过货币方式支付的环节，主要是使用国家控制发行的宝钞，作为贵金属的白银并没有进入财政运作领域。

明王朝初期能够实现上面所说这些财政资源的获取和配置，在制度基础上主要是继承了元朝的遗产。我们在这里不可能把它继承元朝的遗产逐一详细列举和解释，只是简单举一些例子。比如宝钞制度就是直接从元朝继承下来的；村社（里社）制度也是从元朝继承下来，在明朝成为很基础性的一种制度；驿传系统是直接接收元朝的；卫所兵制的管理运作也都继承了元朝传统；还有很重要的南粮北运的财政格局，也是继承元朝的。所有这些从元朝接受下来的遗产里，我特别想要强调的，是作为明朝国家体制的重要基础的"配户当差"制度。这项制度是由元朝的"诸色户计"制度进一步完善而来的，了解这个制度是我们后面整个讨论的出发点。

元朝的"诸色户计"制度，就是编入《元典章》里圣旨所说的"军民士庶，诸色户计"，其中大德十年（1306）诏书中说：

"诸色户计,已有定籍,仰各安生理,毋得妄投别管名色,影蔽差役,冒请钱粮,违者许邻佑诸人首告,并行治罪",表达了"诸色户计"制度的基本内容和性质。什么意思呢?就是把所有人按照他们的职业编入固定的户籍。元朝的户籍区分非常详细,教书的叫儒户,做工匠的叫匠户,开商店的叫铺户,等等。按职业固定下来户籍是不能改变的,还要根据其户籍为国家服役,并以严厉的惩罚措施,防止编户脱籍逃避户役。那么所谓"配户当差"是什么呢?"配户当差"不是明代时候的说法,而是当代学者、中国社会科学院历史研究所的王毓铨先生提出的一个概念。我认为这个概念非常重要,也非常精准地表达了制度的性质,所以在这里就直接把王先生《明朝的配户当差制》一文中的话当成我们讨论的起点。

> 以户为编制单位,把人户编成若干不同的役种,为每一役种立一役籍(版籍、册籍),驱使他们去承担他和他朝廷的各类生产、造作、兵防、奔走、祇应差役。这种以户为编制单位的役法就叫作"户役"。

我认为,要理解宋代以后的国家体制,"户役"是一个非常重要的概念,后面我的讨论还会一再地纠缠在这个概念里面。我今天讲的内容和很多历史书讲的不一样,主要也是因为我把户役看成国家财政资源的主要来源,是理解明代社会的一个最基础性的范畴。我对户役的含义和制度角色,与通行的理解有很大的差别。按照我的理解,户役是明朝国家制度最根本的基础,明王朝的整个国家就建立在户役制或说配户当差制度之上。这种配户当差的制度在实际运作中主要依赖于里甲制度。刚才已经说到,里甲是直接从元朝的里社制度继承而来的。关于里甲制度,有很多可以深入研究讨论的地方,不是三言两语可以说清楚,我在这里只能强调几个里甲制度的关键点。

里甲的基本单位是"户",这个"户"和我们今天派出所发出的户口本中的"户"不是同一个概念。今天户口本上登记谁是户主,谁是户主的父母、配偶、儿女,等等,是一个家庭成员的概念;里甲体制下的户是一个由"人丁事产"构成的范畴。里甲是配户当差运作的基本单位和基本方式,其责任是"管摄一里之事"。我们如果把里甲看作类似今天的居民委员会这样的单位,就会以为它只是在管小区里面的事情,其实不是。从朱明王朝的宫廷和中央各部到省府州县大小衙门,所有的资源大都是由里甲供应的。所谓管摄一里之事,就是要承担所有这些属于国家运作资源的供应责任。

里甲运作另外一个需要强调的原则,是"以丁粮多寡为次"。《明太祖高皇帝实录》里讲:"凡十年一周。先后则各以丁粮多寡为次。"这句话很容易读错。有人把它理解为每十年轮一次,先后顺序按照丁粮多寡确定。其实,想想就知道这是错误的解读。为什么呢?如果真的是这样,相当于说每一轮中第一年由最有钱的人来负责供应,到第十年由最穷的人来负责供应,这显然是不可能的。所以这个先后不是讲十年一轮的先后,这里是指按照丁粮多寡确定承担贡赋责任的顺序,也就是说,当朝廷有需要的时候,先抓谁来出钱出力,谁要出更大的力、更多的钱。比如说,如果我们在课堂上施行这套制度,现在没有粉笔,我就要找最有能力(可能是钱包里最有钱)的同学去买回来。

为什么要特别强调这两点呢?因为明朝初年建立的秩序,以这样一种机制正常运作,最需要保证的一个前提,就是老百姓不能跑掉,都要被束缚在里甲里面待着。因此,这样的体制下人不能随便流动,财产最好也不要流动。这样一种国家体制在原理上与现代国家很不一样。为什么很多研究在这些问题的理解上总是会有偏差,常常造成误读?因为我们很习惯用现代国家的逻辑来理解古代国家的运作，而古代国家，尤其是中国的王朝时期，不是按现代国家的原理在运行。明初国家运行的基本原理，如朱元璋所说："为吾民者，当知其分，田赋力役出以供上者乃其分也。"也就是说，王朝国家的编户齐民的本分就是向统治者提供他所需要的一切，换句话说，这叫作"趋事执役以奉上"。这里很明确地说是庶民的责任，那当官的呢？其实当官本身也是一种特殊的服役，因为服了当官的役，所以免除其他的役。刚才我说到里甲的责任是"管摄一里之事"，这个所谓的"一里之事"，就是"趋事执役以奉上"，很明显这是要维持一种人身控制关系。这是明代国家结构最基本的一个原理。

此外还要特别提到的是，一般的教科书在讲到明代财政资源的时候，常常会用现代经验与常识来理解，最典型的就是把田赋理解为土地税或者实物税。几乎所有英文著作都把田赋翻译为 land tax，同时把差役理解为人头税或者力役，英文翻译一般为 corvée，也有翻译为 service levy，这个意思还比较接近，但人们一般都会理解为是一个人头税性质的负担。在这个理解基础上，把明代中期以后赋役制度变化的内容，则大多理解为由人头税转为土地税，由实物税改为货币税。我一开始说到常见的理解明代白银和国家转型的理路，大多是在这样的逻辑下展开的。根据一般的理解，把赋役纳银，理解为赋役征收货币化，而这构成由实物赋税到货币赋税、由人头税到土地税的趋势，这种转变常常被理所当然地从现代性的意义上理解。我认为，实际上的变化不是这样一种近代化的转变，以这样的逻辑理解白银对明朝国家和明代历史的转变产生什么深刻的影响，也会产生很大的误导。下面我想具体谈谈这个转变的内容是怎样一回事。

我们先把话题拉回到"趋事执役以奉上"这样一种王朝时期编户的基本义务上。王朝时期的所谓赋役，其实就是"趋事执役以奉上"的主要形式。也就是说，对于君主和王朝来说，都是当差。这种当差,包括缴纳夏税、秋粮,也包括屯田、开中,还有编派里甲差役、办纳上供物料、佥充民壮、驿传,等等。

这里讲的夏税秋粮,就是所谓的田赋,人们一般把它理解为土地税、实物税,但就其本质而言,缴纳田赋其实也是当差的一种特殊方式。这一点是王毓铨先生很早就提出并反复强调的很重要的一个观点,可惜他讲了很多年,学界却没有太多人予以重视。王先生有一篇文章,标题就用"纳粮也是当差"。他讲田赋是当差,而不是土地税。这个看起来似乎很难理解,但其实,只要大家不从概念出发,而是从我们的生活经验出发,对于年纪稍长的中国人来说,理解起来应该不会那么困难。为什么这么说呢?在中华人民共和国成立之后,农村的土地税叫作"公粮"。那个时候农民交公粮,并不是现代国家意义上的税收,性质上其实也是当差。当时有一个说法,叫"为国家种田!"。这不就是当差的意思吗?那个时候,除了公粮外,农民还要强制性地交纳余粮,形式上是卖,实际上不是一种自由交易,明明白白也是一种义务,一种当差的义务。

当然,我们可以辩解说,由于国家性质不同,二者不能简单等同起来。但就农民从事农业生产而产生的负担的性质来说,就生产者与国家的关系来说,其实都是一样的当差。关于纳粮也是当差这个命题,王毓铨先生在文章中说得很清楚:

> 徭役固然是差役,纳粮也是差役。纳粮不仅是差役,而且还是"正役"。
>
> 如此税粮,如此正役,中国古代的税粮(夏税秋粮)不是一个公民向其国家缴纳的所得税,而是一个人身隶属于或依附于帝王的编户民服事其君父的封建义务。故曰纳粮也是当差。

我们不妨具体看看明代时这种纳粮的制度。首先，是按土地面积科征以米麦为主体的田赋，按土地的肥瘠、坟衍、水旱、沙卤、远近确定不同的等级，还按土地的官民属性定下高低悬殊的科则，按作物的品种征收不同的实物。这看起来确实是一种土地税。但不可忘记，这些税粮的征收，是以户籍为征税的基本依据、以户为赋税负担的基本单位的，这一点特别典型体现了当差的性质。前面几条不用多讲，看起来都是土地税的征收规则，但是强调后一点非常重要，就是以户籍为田赋征税依据。明初的时候建立了户籍黄册，同时也设立鱼鳞图册这种土地册。如果田赋是土地税，那么它就应该以鱼鳞图册作为征税依据，但是鱼鳞图册从来没有被用作征税依据。征税依据的是户籍，并且以户为赋税负担的基本单位。每一户下面登记着其应该承担的赋税责任，就是应该向这一户征课的税额。至于实际的赋役负担轻重，是由丁粮多寡分摊的，而不是直接按照土地面积计算。

户籍里面登记的"事产"，具体包括了田地的数量、类别、科则、征纳物和附加负担，可见户籍不只是一个人口登记，更是核定户等以作为分派差役轻重的依据。更重要的是，交纳税粮的征收和运送，包括运输任务和相关成本，是由编入户籍的里甲人户来承担的。这是田赋在性质上也是一种差役的鲜明特征。很多学者讲到明代田赋的时候，忽略了田赋缴纳的运送负担，以致对人户在田赋上面的实际负担做出不符实际的判断。我刚才提到人民公社时期的交公粮（请注意，公粮在性质上是农业税，没有用田赋或土地税的名称）。在平原地区，比如华北平原各个地方去交公粮的运输成本可能差别不大，但是在南方的山区，这个差别就很大。有些村子要走一天的路才能到交公粮的地方，那是要人力去负担的。如果你家有十亩地，要交一百斤的公粮，不要以为你的负担只是一百斤粮食，还有运输的负担；而且不是运送到州县，在明代前期是要运送到京城或国家指定的仓口。朱元璋时代南京是首都，粮要运送到南京，后来永乐皇帝迁都到北京，就要运送去北京。这完全是一种役。

纳粮是一种役，还体现在税粮征收和解运实行连带责任制。如果一里一甲中有人户不能完纳，甚至逃跑了，同一里甲的其他人户要负担他的责任。但这种连带责任，并不以逃跑者的田因此转到同里甲的人手上为条件。在这个意义上，也说明税粮并不单纯按照土地来征收。

明代还有强制性的种植任务和惩罚性的征收，这也是一种役。此外，税粮的登记、核查、征收按户籍定额化，并与差役负担挂钩，数额确定了以后不能随便更改，不管土地被淹、坍塌还是丢荒失收，又或者被他人霸占，只要在户籍中登记了，就必须承担。所有这些，都令我们有理由认为缴纳田赋就是当差。

除了田赋以外，还有另外一种很重要的国家财政来源，就是上供物料。本来，物料采购的任务是编派给里甲，由官府出钱去买。但是后来官府给的钱不足额，甚至常常干脆不支给，最后就成了里甲编户要负担的一项很重要的赋税。如果按明代后期可核算的标准推算，我估计每年大概有一百万两以上的额度。而且其数额负担是很随意的，今年修宫殿、有战事，或者宫廷有大事发生，可能派多一点；明年没事则可能派少一点。

明代财政负担里，"四差"的重要性不亚于田赋。所谓"四差"，分别是均平、均徭、民壮和驿传。这是明代中期形成的主要的差役分类，即我们平常说的徭役的主体部分。我大体解释一下其基本的摊派方式。

均平来自里甲正役。按照明初制定的黄册里甲制度，里甲是承担差役的基本单位。里甲正役的任务，是管摄一里一甲之事，主要职责是催征钱粮，勾摄公事。所谓"公事"，是一个很模糊的没有边界的范畴。开始的时候，可能主要是拘传罪犯之类，后来官府衙门的各种各样的需求，都可以在这个名目下向里甲伸手摊派。大家可能都了解一点海瑞的故事。海瑞是个清官，他到任淳安县时，废除或减轻了很多里甲的负担，例如：新官到任接待、县官到府衙参谒的夫马百用、县官朝觐各种用度、书手工食、各官出巡例送吏书银、县衙管理每年常例、衙门各种官员的"家伙"（家具用品）、修理公廨的费用，等等。他用心是大大减少里甲的负担，但他的衙门是破产的，做很多事情都没有资源。所以海瑞是一个例外，但这也反过来让我们看到，由于明代其实没有制度化的地方财政安排，地方政府有很多开支都要由里甲出办，衙门人员的收入、家具设施、办公用品、迎来送往的招待、考试的试卷纸、考生的伙食补助、蜡烛、笔墨等也都由里甲供应。这种由里甲正役产生出来的负担，本来派给里甲办纳，后来逐渐改为按丁田征银，因此就有了一个统称，叫"均平"。

均徭是各衙门运作中所需要的人役，本来也是从里甲户中佥点应当。大约在明英宗以后，各地陆续将一些比较固定的差役抽出来，制成定额，与正役当役的年份错开，派给里甲轮流应充。其常见的役包括各衙门皂隶、马夫、斋膳夫、门子、轿夫、库子、斗级、巡拦、弓兵、铺司、仓脚夫等，就是在衙门里跟班跑腿的、看门的、养马的、做饭的、看监狱的、守仓库的。后来，把这些差役分为银差、力差，银差直接征银，力差也计算其工食之费，按里甲人户户下的丁粮额摊派。

民壮本来是维持地方治安的，后来也承担越来越多的地方行政职责，折成工食银量，按丁摊派；驿传是负责官员交通设施、传递公文的，其差役本来固定由特定的人户应当，后来也逐渐按田粮额摊派到所有里甲编户身上。

讲到王朝时期的差役，大家直接联想到的，可能是出苦力的劳役，也常常理解为按人头征发。因此，习惯上常把差役理解为人头税。其实，明代的差役，是一种既要出钱，又要出力，还要出物的负担，而其征派负担均平的原则，并不是根据人丁，而是兼顾人丁事产。

从秦汉到明代，讲到赋役征派的理由，有一个基本原则，叫作"有田则有租，有丁则有役"。这两句话使很多学者以为中国在王朝时期的赋役是由土地税（田赋）和人头税（差役）组成的。但如果我们仔细考察各朝的赋役征派，可以了解，"有田则有租，有丁则有役"这个原则，其实不是简单地直接转换成为征派方式的。它的实现方式不是根据田地征税、根据人丁派役，而是所谓的配户当差，即朱元璋所说："凡赋役必验民之丁粮多寡，产业厚薄，以均其力。"为了实现这个原则，明朝采用的制度是以黄册里甲制为基本框架的，而黄册里甲制是登记每户的人丁事产，按丁粮多寡编排里甲，再在里甲的基础上以轮流应充和佥点派差的方式进行。也就是说，明代赋役均平原则的实现方式，并不是直接按田地征税和按人丁派役，而是一种"役中有赋，赋中有役"，两者交织在一起。

所以，明朝的田赋不等于土地税，差役也不等于劳役或人头税。谈迁《北游录》中说："先朝南京仓米，民自输挽，必兑漕讫。或半岁，或一岁，而后竣事。"这怎么是土地税？这明明是一个役。《明宪宗实录》卷三十三载："国朝立法，凡一应大小科差，皆论民贫富佥点。"既然根据贫富来派差，又怎么是人头税？

因此，我们要认识到，明朝这套体制，最重要的一个特点，就是"常拘农民在官"。承担着各级衙门的人力物力资源供应的里甲编户，应役的时候是到官府当值，随时听候使唤和索取。这种负担是没有定额的，所谓"凡百官需，悉令出办"。这个时候维持国家运作的财政资源获取的方式，是"其大小杂泛差役，各照所分之等，不拘一定之制，遇事而用，事已即休"。这样一种体制，以"随时量以户立差"为基本方式。梁方仲先生解释明代这种体制的性质时说："当时的丁税，并不真正等于现代所说的人头税，而是按各丁所属之户的财产底大小来订等级的税。它的性质，兼人头税与财产税而为一。"也就是明朝《诸司职掌》中说的："大小杂泛差役，各照所分上中下三等人户点差。"我们强调这一点，是希望以此说明，这种被梁方仲先生称为"画地为牢"的秩序的洪武型的体制，是建立在里甲制基础上的，而里甲制的本质，是人民都被纳入王朝国家的人身控制下，而由"人丁事产"构成的"户"，是这种人身控制的基本单元，按户的等级承担各级衙门的行政运作资源的供应。这种以直接的人身控制来运作的体制，在逻辑上本来并不需要货币作为核算和支付的手段。

二　洪武体制的危机与一条鞭法改革

这种王朝国家体制的运作，以政府有能力控制编户，并且能够按"均适其力"的原则向编户征派赋役为前提。要达到"均平"的目标，最基本的条件，是各级政府能够准确掌握各个"户"的"人丁事产"状况，并根据其变动情况，及时调整并分派赋役负担。在现实中，里甲编户的人丁事产随时可能会有变化，人户是会有上下升降的，财产多少也会随时变化。明朝虽然制定了州县每十年要更造黄册的制度来掌握这个变化，但实际上，黄册编了一两次之后，绝大部分的官员都很难有效去调查和重新编造，大多数情况下都是照抄上一届的黄册上报了事。更重要的是，不管是政府官员还是里甲中人，出于种种利益目的，都有可能上下其手，滥权舞弊。最常见的是，佥派差役时，不是把负担重的派给人丁事产最多的人户（他们常常就是里长），因为这些上等户往往就是当地最有权势的人户。如此一来，负担不平均的局面不可避免地愈演愈烈。所以，到明朝宣德年间，建国不到一百年，我们就看到官员在报告中说，逃户成为严重的社会问题。例如被派巡抚江南总督税粮的周忱曾向户部报告说，苏松地方的民户逋逃成风，"一曰大户苞荫，二曰豪匠冒合，三曰船居浮荡，四曰军囚牵引，五曰屯营隐占，六曰邻境蔽匿，七曰僧道招诱"。意思是有的投靠大户荫蔽，有的跑到卫所去，有的冒充工匠到京城谋生，有的入江河湖荡，有的逃到其他府州县，有的入寺观出家，都是因为负担不起日益加重而失实不均的赋役，以多种方式逃脱官府的户籍控制。正如宣德六年（1431）兼行在户部事礼部尚书胡濙等所奏：

> 今天下攒造黄册宜清理户口钱粮。比闻各处逃民，有倚军卫屯堡及藏匿别府州县不回原籍者……各处人户，或充军役，并有垛集充军，其户下人丁及贴户畏避原籍粮差，匿于卫所屯堡者……南北二京富户、仓脚夫等役，于京城居住者，多有逃回原籍及避他处……各府州县顽民往往逃避他方……

类似的内容在明朝的文献中非常常见，大概几十年时间就已经出现很多问题。对于维持明代体制的国家来说，最严重的情况就是随着人户逃亡，里甲残破，数量减少，相当多的编户在官府的眼皮下不见了。例如江南的太仓就是一个极端的例子，此地在洪武二十四年（1391）有六十七里，八千多户，到了宣德七年（1432）就剩下十一个里，一千五六百户，再核实，发现其实只有七百多户，连洪武年间的十分之一都不到。大家可以想象，如果一个县十分之九的人都跑掉了，按照原来的资源获取途径和机制，宫廷和政府如何运作？主要通过里甲人户获取资源的途径失效了，国家根本运作不下去，所以，明初那种画地为牢的秩序在几十年以后就已经破绽百出。

那么怎么办？从朝廷到地方官员都面对着这个危机。因此，我们就看到各地的地方官努力尝试采用种种办法进行变通处理。他们处理这些弊病的时候，都要遵循一个最基本的原则，也是中国王朝时期食货体制的最基本原理。我这里借用汉代徐干《中论》中的话，这个话明朝的时候大家经常会讲，宋元明清各代也都一再论说。其实我们要明白中国的特色就是要明白这套道理："夫治平在庶功兴，庶功兴在事役均，事役均在民数周，民数周为国之本也。"治国平天下必须有政绩，派给下面的任务必须均平，要按照人丁地产贫富来分配。这就是所谓"均平"的原则。为了实现这个原则，每一户的人数财产都必须调查清楚，这是立国之本。明代出现危机以后也必须按照这套原则寻找出路。

明代初年有一个说法叫"事简里均"。朱元璋非常严厉，不准官员随便害民，当时官员派下去的事情不多，里甲中人户的财产也比较平均，所以这个体制可以有效运作。但其后，随着社会的变化，这个体制运转不再那么容易。从明代中期到清代，王朝国家一直努力做到"均田均役"。具体的操作方式很多，不能展开讲，但基本原则是让民的财产和负担更加接近实际，从而达致均平。从地方官采取的各种方式，我们可以看到这个原则逐步实现的途径是有基本的趋势的。举个例子，宣德八年（1433）的时候，直隶巡抚周忱首先在松江，然后又在苏州做了一系列的改革，这件事开启了解决刚才所说问题的一条出路。在赋税体制上实行的一些新机制，对后来的历史影响深远。周忱改革直接针对的是当地田赋过重的问题。这一问题来自朱元璋在打败张士诚以后，把原来张士诚控制地区的田没收为官田。周忱改革的内容，以及这种改革与新旧体制之间的关系，这里不可能详细展开讲。尤其不能展开讨论所谓的官田问题，虽然这是他改革的出发点，但整个问题讲起来太复杂。我们直接来看他采用的两种征税改革方法：一是"均征加耗"，就是在原来征的田赋上加附加税，正税交给中央，附加税交给地方，可以用附加税的方式部分取代役。"耗"就是附加税，征收税粮的时候有几种比较重的耗，包括运送税粮的消耗、运送途中老鼠偷吃造成的鼠耗，还有雨淋、船漏水等造成的消耗，都是用各种名义加上的附加税。附加税的多少背后有很大文章可做。原来的差役现在部分地折算成可以计算的实物或货币，所以叫平米。二是"折征例"，就是原来税重的地方按比较低的折纳率来征收。那个时候折纳率比较低的是金花银，每四担谷子折征一两银子。其他都比较高，一般来说是两担折征一两。所以原来税重的现在就按金花银来折。

这个改革表面上只是调整了负担的轻重，其实开启的方向意义深远。第一，以附加税方式部分地取代无定额的差役征派。第二，地方事务和公共开支来源赋税化。加了耗之后，地方事务的公共开支就从这里出了，这是非常重要的变化。第三，就是折征白银和布匹。松江当时是产布的地方，白银也不是很多，所以征白银同时也征布匹。其实布和绢这类纺织品在中国历史上也有货币的性质。这个改革以按比率征收附加税取代无定额派差，而支付手段的折纳也影响了后来两三百年运用货币计算和支付的方向，这是一个非常重要的转折点。改革开启了由原来的按照丁粮多寡点差的户役向着按丁田摊派的税收转变的方向，这个转变就是我们后来所见的国家转型的最核心内容。皇帝按照自己的需要随时向下摊派任务和根据财产人口多少征税是两种完全不同的国家运作模式。征收赋税标准化、定额化，可计量，按比例征收，很自然地导致形成了明确的可计算的课税客体——丁、田。这样一个转变的趋势，最后都通向了一条鞭法。

关于一条鞭法，教科书一般都会说，万历九年（1581），张居正在全国范围内推行一条鞭法的赋役制度。但是一条鞭法不是张居正发明的，也不是张居正推行的，它是自下而上的自然发展的结果。大体上说，从明宣宗时候的平米法、金花银和柴薪皂隶这一类的做法开始，到后来明英宗正统年间整个差役体系中那些常态化的差役固定为均徭，到了嘉靖时候各地再用均平法作政府财政资源的来源，这些都不是由中央政府制定和推行的制度，跟中央政府没有多少关系，而是基层干部做的事情。伴随这个过程的，是夏税秋粮逐渐也开始折银，具体的发展过程，各个地方有差别。不过所有这些改变汇合在一起，形成了所谓一条鞭法的制度。

均徭和均平是最能够体现这样一个改革的性质的。例如均徭法，皂隶就是随从，门子就是看门的，膳夫就是衙门里做饭的，这些差役原本都是从里甲编户中佥点人员来承担。里甲需要负担的，除了这些比较轻的役，还有一些很重的役，比如解户，被点到应这个役，要去运送税粮，就有可能倾家荡产。这种亲身应役的方式，负担轻重不能预先确定，不能计量，承担差役的人丁事产也不可能按比例分摊，先天性地不可能按照负担的轻重均派，加上作为编佥分派轻重依据的册籍等级与实际情况不符，负担自然严重不均。后来各种解决方法都朝着一个共同的方向，就是将差役的负担都折成白银计算，按照人丁和田粮均摊每一种负担的额度。很多地方是一半按丁的总数均摊，一半按田的总数均摊。政府征收了白银之后，再雇请人来做看门、做饭等差事。至于均平，把招待上级官员的费用，还有科举纸张的费用等，做一个预算，算出一年需要的总费用，之后也按照丁多少田多少摊派下去，这样就形成定额的，有比率、用货币计算的赋税。

所有这些变化都在张居正出生之前已经发生了，只是这些改变，开始都是局部分别实行的，到了嘉靖年间，随着民壮、驿传等也开始折银，且税粮折银比较普及之后，这些不同的项目就有可能合并起来。尤其在南方有些地方，既然都是按同样的计算标准，就把原来分别计算的项目合并到一起。凡是按田亩摊派的合并在一起叫地银，按丁来摊派的合并在一起叫丁银。所以，以前有教科书讲一条鞭法摊丁入地不彻底，到清代才更彻底地摊丁入地，这是一个误解。其实，清代摊丁入地的丁，本身就是一条鞭法的产物,没有一条鞭法就没有丁银。简单说,既然不同的赋役项目都按同样的原则折算成可计算的税收,就可以把原来分别编派的项目合并起来。所谓"一条鞭"就是合并成为一条的意思。不过,这里所说的合并,主要在编派、会计和核算的环节,在征收的环节是否合并,各地做法不一样。合并之后,丁银和田银都由官府征收起来,"计亩征银,折办于官"。什么是"计亩"?这涉及这个时候作为赋税单位的"丁"的意义问题。明代后期,特别在南方地区,所谓的"丁"大多都是按田或按粮计算出来的,例如很多时候是五十亩等于一丁之类。所以不要以为丁一定是人口,很多情况下,丁只是一个赋税单位。

在这样的一套制度下,最关键的一个问题,是需要价值稳定、最能被接受的标准化的计量单位和征纳物。这个时候,明初的法定货币宝钞已经不值钱了;至于铜钱,明朝虽然也间中铸过一些铜钱,但是从来不曾有计划地好好发行。明朝市场上流通的铜钱大量都是民间流传的宋代的钱。因此,当财政运作越来越依赖可计量的货币媒介的时候,最方便、最有效的自然就是用贵金属白银作为财政税收的核算标准。这个时候,正好发生了另一重要的历史转变,就是白银货币时代的开始。白银在王朝贡赋领域的角色迅速凸显,与贡赋运作的实现均平的方式的发展,相互配合,互相推进,形成了后来国家转型的主要动力。讲到这里,我们需要先把目光转投到白银上。

三 白银进入王朝国家运作体制

白银货币在明朝历史转变上的重要影响,近年来在学界越来越被人们关注,已经成为一个热门的学术议题。但这其实不是一个新的发现,在上世纪就已经是明清史和经济史学界非常关注的问题了。关于明代的白银问题，梁方仲先生比较早就做了专门的研究，他的两篇论文，《明代银矿考》和《明代的国际贸易与银的输出入》对明代白银货币问题做了奠基性的研究，他的好友全汉昇先生在上世纪60年代又在白银问题上进一步深入，他的研究也非常重视白银对中国历史发展的影响。为什么白银在中国这么引人注目？全先生在《明代的银课与银产额》一文中，引用了一位在菲律宾住了很多年的欧洲传教士大概17世纪30年代写的话：

> 在这个异常庞大的国家（中国）中，任何生活所需的物产都非常丰富，……那里的大小不同的船只，几乎数不清那么多，每年都装运各种食物和商品，驶往邻近各国交易。其中光是驶往马尼拉的，每年经常有四十艘，或四十艘以上。……这些商船又往暹罗、柬埔寨等国贸易。……它们把世界上所有的银子都运回去，……因此，中国可说是世界上最强盛的国家，我们甚至可以称它为全世界的宝藏，因为银子流到那里以后便不再流出，有如永久被监禁在牢狱中那样。即使中国的银子，并不比在过去六十六年贸易中，自墨西哥运出来的为多，它已经能使那里的商人变成最为富有；何况事实上中国的银子更多于这个数目，因为除来自墨西哥的银子以外，中国商人又自其他地区把银子运回本国。在世界上已知的各民族中，中国人着实是最渴望取得银子和最爱好银子的一个民族。他们把银子当作是最有价值的东西来保有它，因为他们甚至输出黄金来换取白银，也在所不惜。当他们看见银子的时候，他们总是很喜欢地看着它。我这样叙述，绝不是由于道听途说，二十多年来亲眼看见和亲身经验的结果。

这段话非常生动地告诉我们，明代中国和白银有非常紧密的关系。这位传教士对中国人在海上的贸易情况的描述可能和大家了解的知识不太一样，人们通常以为郑和下西洋以后中国人就断了和海洋的联系，其实这是不对的，中国与海洋的联系从来没有断过。这位传教士说中国商人驾着船在全世界到处跑，带去各种各样的商品，然后把世界上的白银都运回了中国。他很生动地描述说，白银进了中国之后就被禁闭起来了，中国人把它当成最宝贵的东西来控制，甚至不惜运出黄金以换回白银。中国人对白银垂涎三尺，运出各种有价值的商品换回白银，主要的驱动力来自哪里？我们不妨先从中国内部的需求着眼。

白银在中国货币史上的地位及其历史角色，曾经经历了一些重要的变化。虽然在一般人的观念中，古代中国是一个自然经济主导的国家，但一般被看成商品经济标志的货币，从很古老的时候开始，就一直在日常生活和国家运转中有着重要的位置，发挥着不可或缺的作用。但是，在古代中国的货币体系中，白银本来没有什么地位。顾炎武在《日知录》中论曰：

> 唐宋以前，上下能行之货，一皆以钱而已，未尝用银。《汉书·食货志》言，秦并天下，币为二等，而珠玉龟贝银锡之属为器饰宝藏，不为币……《通典》谓，梁初唯京师及三吴荆郢江湘梁益用钱，其余州郡则杂以谷帛交易，交广之域则全以金银为货。而唐韩愈奏状亦言，五岭买卖一以银。元稹奏状言，自岭已南，以金银为货币，自巴已外以盐帛为交易，黔巫溪峡用水银朱砂缯彩巾帽以相市。《宋史》仁宗纪，景佑二年诏，诸路岁输缗钱，福建二广易以银，江东以帛，于是有以银当缗钱者矣。《金史·食货志》，旧例银每铤五十两其直百贯，民间或有截凿之者，其价亦随低昂，遂改铸银，名承安宝货，一两至十两，分五等，每两折钱二贯，公私同见钱用。又更造兴定宝泉，每贯当通宝五十，又以绫印制元

光珍货，同银钞及余钞行之。行之未久，银价日贵，宝泉日贱，民但以银论价。至元光二年，宝泉几于不用，哀宗正大间，民间但以银市易。此今日上下用银之始，今民间输官之物皆用银，而犹谓之钱粮，盖承宋代之名，当时上下皆用钱也。

宋金元以后，白银逐渐进入货币领域，到明代，随着前面所说的变化，白银应运而生地登上了舞台，成为王朝国家机器运转的基本资源。为什么是白银？白银跟其他货币相比有什么优势？或者说在明代的历史场景里白银是怎样变成特别受欢迎的东西？

我们先简单看一下明代的货币制度。明代比较规范的货币体制是在洪武八年（1375年）确定的，以大明宝钞和铜钱作为法定货币，前者是主币，后者是辅币。确定了两个法定货币以后，又特别确定了一个折换率，大明宝钞一贯换铜钱一千，同时也有跟白银的折换率：兑换白银一两。这是法定的兑换率。但是这套体制明确规定民间不能把金银作为通货来使用，只是可以用金银跟国家换钞。这样造成的结果是，有地位有权力的人用金银，没权没势的人用钞。

朱元璋确定的明代货币制度的基本结构，对于历史研究者来说，需要反过来读出其实际情形。国家禁止民间用金银交易，恰恰说明民间其实喜欢用金银交易。洪武年间，南方的商人都是用金银来定价的。朱元璋不喜欢这一点，因为商人用金银做通货影响到了国家发钞的权力，导致国家发行的宝钞贬值。这到后来成了一个不可逆转的现实，而且情况非常严重。但商人用金银定价是因为大家都喜欢用，到了宣德年间更是如此，"民间交易惟用金银，钞滞不行"。所以户部官员"请严禁约"，之后出了告示，居民用金银交易要治罪。但是我们同时看到一个事实，大小官员和皇帝都很喜欢金银。

关于皇帝对金银的态度，我们可以看到明成祖也就是永乐皇帝时期的一些很有趣的材料。时任刑部尚书的郑赐接到湖广江夏县（武汉）来报说有人父亲死了，葬具用了白银做材料，奏请皇帝治罪。永乐皇帝说，朝廷因为钞法不通而禁止用银交易，但人家父亲死了，要下葬，一时情急，不是因为贪利故意违法的，就好心一点放过他吧。此时皇帝已经表现出比较宽松的态度。还有一个更有趣的故事。也是永乐时候，有守城门的军官来报告，抓到一个人，在进城的时候检查他的行李发现有金镯和银锭。皇帝就问当时的刑部尚书刘观这个人违什么法，刑部尚书回答说："法不得以银交易，百姓不得用金首饰。"明太宗就表示，法律只是禁止交易，没有禁止储蓄，让军官把金银还给人家。他还骂了军官一顿，说你的职责是盘查奸细，百姓违法跟你有什么关系。这次不追究你的责任，以后再这样就要治你的罪。由此可见，上流社会、皇帝贵族对银的态度并非深恶痛绝。

除了皇帝以外，官员们对白银也有很强的渴求。因为白银从唐代以后，特别在金元时已经是很重要的通货，是财富的象征。到明朝，这种观念早就深入人心了，官员对白银的需求很大。下面这个故事是明宣宗时候的事，当时有一个非常廉洁的官员顾佐，有一些官员奏报说他接受了皂隶的金钱后放任皂隶回家。皇帝就问杨士奇，你不是说他很清廉吗？杨士奇说，现在的官员薪俸都非常低，只是有一些人为他服务，所以官员让他们一半的人出了钱回家去，这样官员可以得一点收入。政府里面的官员都这样，我自己也这样，先帝知道这事以后还给大家加了薪水。皇帝听了以后感叹现在的官员这么清贫，就骂告状的人，要治他的罪。这个时候虽然是明代前期，但是官员们已经私下里让当差的皂隶交钱之后回家了，这是官员们很重要的收入。交钱回家的这部分人叫"柴薪皂隶"，后来成了正式的制度。宣德年间"令随从皂隶，不愿应当者，每名月办柴薪银一两"。过去我们历史学界不太重视这件事，前几年浙江师范大学的胡铁球教授写了《明代官俸构成变动与均徭法的启动》一文，提出："皂隶折银给官员们带来了巨大的利益，这也是明代赋役货币化的开端，且其规模远远超过了金花银每年的100万两，仅以宣德时期明代文武官员8万计，每员平均拨给柴薪皂隶2.67名计，仅柴薪银一项，就达256万两，是金花银的2.5倍，若加上直堂、马夫等项，至少是金花银的5倍以上。"虽然有学者认为胡铁球教授的计算不太准确，但我相信，皂隶折银的确可以视为明代财政货币化的开端。

另一项制度就是金花银。金花银的出现直接是由永乐迁都后出现的北俸南支问题引起的。永乐皇帝迁都北京以后，官员们还是要去南京领取俸粮，所以大家一般都会在南京领完俸粮以后就地卖掉。但是人人都这样做，就会导致南京市场上的米供大于求，所以南京市场上的米很便宜，一两银子可以买七八石。到了明宣宗前后，就有很多官员提议在江南直接征收白银，在北京用白银发薪俸。这就是金花银，是明代财政收支白银化非常重要的转折点。

国家运作里这种资源收支方式的转变，可以称为国家行政资源财政化。国家财政体系的根本转变，最重要的条件，是要有价值稳定、计量标准统一而王朝政府又乐意接受的货币媒介作为核算和支付手段，白银是在这种转变的时机下，应运登上历史舞台，担负起这一关键角色，此后各种开支都逐渐统一使用白银来计算和支付。

这样一种财政货币化的转变趋势，早在宋代就发生过。但是，宋代没有像明代后面那样发展成为一种新的国家财政体制，也没有带来国家形态的根本转型。这里面有很多可能是特殊的历史因素，我们还不能展开深入探讨。但宋代与明代相比有一点明显不同，就是其货币始终以铜钱为主币，货币流通的一个突出问题是钱荒，铜钱不够用。后来虽然出现了纸币，但是纸币的发行和流通并不稳定，而且没有一套相应的金融机制发展起来，尤其是中央银行调节币值的机制一直没有相应的发展。所以，虽然宋代就社会经济发展和财政赋税体制运行的关系而言，朝着货币化和定额化比例赋税转变的动力一直都存在，但这个转变却不可能靠钱或钞的流通来实现，宋代以后的财政体制没能朝着明代改革的方向前进。

相对于宋代，我们看到明代这个转变能够成功，很大程度上要归功于白银。白银与铜钱、纸钞相比，最重要的一个区别，就是作为贵金属，不需要通过国家的力量来发行和控制币值，同时能够在市场和政府财政运行的流通领域满足持续增大的货币量需求。这个货币量需求问题，也许是明代白银能够扮演这个角色最基本的一个优势。因为作为一个靠庞大的官僚体系运作维持的王朝国家，财政核算和收支全面以货币为手段，货币的需求量一定非常高，而且货币财政运转与市场流通的相互推动，会形成一个可能无止境增长的货币需求，所以，在没有一个发达的金融体系配合发展的情况下，国家财政运转朝着全面货币化的方向转变，白银可以说为明朝国家转型提供了一种时代的机缘。

对于明代财政和市场流通领域的货币需求量的估算，学者之间有很大的差别。我自己估算，明朝后期的财政规模大概是每年三四千万两白银，假设都用白银支付，这样的规模是非常大的。为什么这样说呢？我们看一下明朝的商品流通市场。我们先把主要用铜钱作为流通手段的农村小市场交易搁置起来，只看长距离贸易的市场流通。根据吴承明先生对明代长途运销商品量的估算，粮食大概八百五十万两，棉布大概二百三十万两，丝织品大概三十万两，总共加起来一千多万两。这几宗明朝最大规模的长距离贸易商品大体上能反映出市场的白银流通量的规模。在这里我们还不能够把货币流通的速度因素考虑进来，如果考虑进来，长距离贸易市场流通所需的货币量可能还要少很多。再考虑到白银的市场需求主要是在长距离大宗贸易，日常生活中使用的主要还是铜钱，我们大致可以认为，明代财政运作的白银需求量远远高于当时市场流通的白银货币需求量。

这样的白银需求造成的结果就是，与宋代一样，也存在一种以长期趋势呈现的通货不足的危机。明代学者唐甄就说："当今之世，无人不穷，非穷于财，穷于银也。"因为中国本土的银产量是不够的。为什么明朝立国以后用了很多兵力向云南进军？就是需要铜和银。尽管云南的银矿也开采出来了，中国的银产量还是很低。根据全汉昇先生的统计，明代平均每年的白银课税收入大概是十万两，占银产量的百分之三十。也就是说，从洪武到正德年间，大约每年有三十万两的银产量。如果生产出的白银周转速度很快，而且大部分能一直在市场上，每年三十万两也可以维持经济运转。但是中国的社会经济中还有一个很重要的因素，白银能够作为财政支付手段其实是因为在大家心目中白银是财富的象征，中国人又喜欢把财富储藏起来，所以大家收了白银就用坛子装好埋在地里。结果是，银一方面集中在少数有权有势的大官僚、大商人甚至皇室手上，另一方面他们收了银子以后不会再拿到市场流通。这是白银货币很重要的一个缺点，它成为储藏的手段，退出市场流通。白银在明朝除了用于财政领域的支付和核算之外，还有储藏的功能，因此每年三十万两左右的产量远远无法应付社会上对白银的需求。

历史总是充满了偶然性的机缘巧合的。当明朝国家运转由于前述转变而形成了大量的白银需求的时候，白银就来了。在发现新大陆之前，日本是中国白银的主要来源地，中国在东海、南海地区的贸易使用的白银主要来自日本。更大量的白银，来自欧洲人推动的世界市场。1492年哥伦布开辟新航路之时，就是中国对白银的需求上升的时候。16世纪中期，西班牙人在西属美洲发现了两座大银矿，分别位于秘鲁（今玻利维亚）的波托西和墨西哥的萨卡特卡斯。这两大银矿的开采是影响后来世界历史进程的重大事件。西班牙人开采的白银主要运往两个地方,一个当然是西班牙,另一个就是现在菲律宾的吕宋。白银运回西班牙,工业更发达的英国和荷兰等国把工业品卖给西班牙换回白银,之后这些白银又跟着印度洋航线往东被运往马六甲、菲律宾,后来葡萄牙甚至直接就把白银运到了澳门。而吕宋则由于中国商人的帆船贸易,成为大量向中国输出白银的重要口岸。这两种贸易路线,在我们现在叫作环南海的地区形成了世界市场上最大的白银聚集地。很多研究著作都指出,当时世界上一半的白银都流入了中国,至于具体的流入规模,不同学者的估计相差很大,相对保守一点的估计,在明代大约总共有二亿两。根据万志英的估算,明代后期流入中国的白银每年大概三百七十万两,是中国本土白银产量的十倍之多。

一般讲世界历史,都会把西班牙和西属美洲这两个地方称为白银帝国或者白银王国。但是通过刚才那个传教士讲的话和后面要讲的事实,我们知道其实世界上还有另一个白银帝国,就是明清时期的中国。这三个白银帝国,一个是白银主要产地,一个是操纵着世界上白银流通的西班牙,还有个是把世界上的白银都吸纳起来的中国。明代中期以后的世界是这样一个世界:中国商人把中国生产的丝绸、茶叶、陶瓷等运到吕宋和马六甲等地,同欧洲人交换白银。这种贸易的动力,毫无疑问首先是中国对白银有非常大的需求。16世纪末的时候,白银和黄金在东南亚、印度和欧洲的比价差异极大,欧洲黄金贵而白银便宜,中国相反。比如说欧洲十四两白银换一两黄金,中国则是七两白银换一两黄金。白银在中国的价格相对于欧洲市场如此昂贵,显然是中国对白银的巨大需求造成的。那么,中国白银市场价格高昂而吸引全球白银流向中国的原因是什么呢?

一个比较直观的解释,是从白银作为市场流通手段的角度直接引出来的,这就是认为这个时候中国的市场迅速扩展。近年来白银问题在中国引起热议,可能是因为弗兰克的一本书,书名原文是 REORIENT，意思是重新转向。翻成中文时改用"白银资本"为书名，是因为这本书的确非常详细地讲了白银如何运到中国，和它对中国经济的影响。王国斌教授在这本书的序言中讨论白银对中国经济的影响时说：

> 中国在商业经济的扩张中似乎对白银有一种无限的渴求。16世纪和18世纪大量白银流入中国照理会引起通货膨胀，但实际上没有出现这种情况。这就意味着，中国经济有能力吸收更多的白银，扩大手工业者和农民的就业和生产。

他和弗兰克都认为大量白银的流入没有引起通货膨胀，意味着当时中国有同等甚至更高比率的生产力，进而推论中国经济中市场的发展有更大的潜力。这是按照一般经济学的逻辑做的一个推论，但我们要问的是，16世纪的中国真的有这样巨大和迅速膨胀的生产力和市场空间吗？当时中国的经济真的有这种规模的扩张吗？明代中国对白银巨大需求的动力来自哪里，是市场扩张、经济增长还是别的领域？从我们在前面讲到的关于明代白银需求量的粗略估算可以看出，当时白银在中国的流通，大量是在贡赋体系领域，而且流通的方向也是贡赋领域，而做出这样的估计的主要历史依据，就是前面讨论已经揭示的，当时国家财政资源的获取、流动和分配，需要大量的白银作为支付手段。从这个意义出发，我们可以讨论白银怎样改变了明代以后中国的国家转型。

四　白银驱动的国家转型

基于这样一种估计，我们认为，在世界市场上流通的大量白银流入中国，首先是驱动了王朝国家的财政体制转型，这种转型可以从一些简单清楚的变化中看到。我们如在基本古籍库搜索明朝的文献，会发现很多"纳粮当差"的字眼，意指编户对国家承当差役的责任。但是，这个概念在清朝的文献里面却消失了。在清朝财政赋税体制下，编户对国家承担的财政责任叫"完纳钱粮"。这个看似简单的差别，隐含着明朝的国家到清朝的国家发生了深刻的转型。相应发生的一系列变化，也很明显有迹可循。例如：明代的"税粮""户役"到清代叫"地丁"；明代地方政府户口赋役管理最难对付的积弊是"花分诡寄"，到清代则变成了"隐匿田粮"；明代的人户倾向于把户的规模拆分，将田寄在别人名下，清代刚好倒过来，户不但不拆分，反而要做大，要把别人的田弄到自己名下；明代常见的土地问题是"寄庄"，清代则是"不在地主"；明代逃离国家管制的叫"逃户"，清则似乎没有逃户，都叫"流民"了，因为不需要逃脱户役。所有这些变化，在性质上很关键的一点，就是明朝的等级户税变为了后来的比例财产（地、丁）税。

这些变化并不只是一些简单的用语或现象的改变，其实质是国家的财政体制发生了很深刻的转变，即由原来的编户齐民对君主国家的无定额的贡赋供应转变到以货币为基本支付手段的定额化管理的财政体制。明代以后一条鞭法的各种弊病，比如征收白银给农民带来负担，条外有条、鞭外有鞭的加赋等，都只有在这种新体制下才会发生，才会成为问题。因为在之前的体制下，不存在所谓加赋，朝廷和政府需求，主要由里甲供应，可以随时令里甲"出办"。只有后来政府财政运作可以通过计算，有了定额核算制度，加赋才成为问题。同时，也只有在这种新体制下，地方财政才得以逐渐形成，一是渐渐从中央集权财政体制剥离出来，二是地方政府公共事务资源的非财政性来源逐步财政化，这些都是在一条鞭法新体制下启动的。

更深刻的变化，体现在作为明朝国家体制基础的里甲户籍制度的改变上。我们前面讲过,明王朝的体制建立在画地为牢的里甲制上,里甲的基本单位是户,户的构成是家户的人丁事产,这是朱元璋建立的国家体制的基础。一条鞭法将纳粮当差变为按地丁缴纳税粮,引出的转变,就是里甲的"户"从家户变成了登记纳税单位和纳税责任的"税户"。要了解这个改变,我们可以比较两份文件。本来应该用明代的黄册,但是黄册正本已经基本无存,我这里用一份明初编制黄册之前颁发的户帖,来看看当时所谓的"户"由什么内容构成;另一份是明代后期的实征册,反映出当时作为赋税征收单位的"户"的内容发生了什么变化:

图 1 中国社科院历史所藏《洪武四年徽州府祁门县汪寄佛户帖》,引自王钰欣、周绍泉主编:《徽州千年契约文书》(宋元明编)第 1 卷,花山文艺出版社,1991 年,第 25 页

第七讲　白银与明代国家转型　　251

图2 《万历十年歙县三十六都五图实征册》，中山大学图书馆藏

图1是一份户帖。这一户里有"成丁二口"，记录了户主本身和兄长的年龄，还有一个"不成丁"，即不满十六岁的小孩，另有两名妇女。这几个人构成了一户，这是所谓"人丁"；后面还有"事产"，包括了房屋、田地、孳畜。这份户帖所包含的，就是后来在里甲体制中黄册登记的基本单位"户"的内容，由男女人口和财产构成。但是到了万历年间，政府需要掌握的"户"的内容已经变了，如图2这份实征册所示。

从这份实征册中我们可以看到，这一户属于该都图第六甲民籍。户下登记内容，是土地财产以及税额。不但登记有田的总数，而且有每一块田的字号，还有该户下应承担的税额。应该说明，这个时候的黄册仍然沿袭洪武的样式，但已经不用作征税依据，实际用作征税依据的是实征册。由此可见，用作征派赋役依据的册籍，其中登记的"户"的内容已经发生了根本的改变，这个变化表明，政府需要掌握的"户"的内涵已经变了，前者是家户，后者是纳税账户。这种改变具有重要的意义。

随着"户"不再是一个承担差役的"家户"，而成为一个"纳税户"，其登记的内容由作为课税客体的田地和派征赋税依据的"粮额"构成，这样一个户头就可以不限于一个家户，户里面包含的社会单元的范围可以是相当大的。我们来看一些清末的例子，图3、图4是一份清代后期广东省南海县户籍与宗族的记录。

我们看图3中有"庞沙村祖"，整个宗族有一千多个男丁，拥有八十七个"户"名。所以这里的户不是宗族里面的家户，而

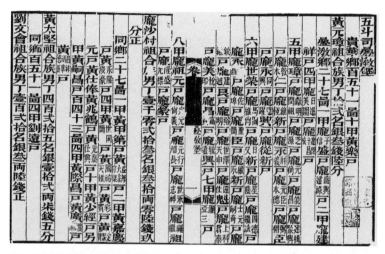

图3 《南海氏族》，现藏于中山图书馆

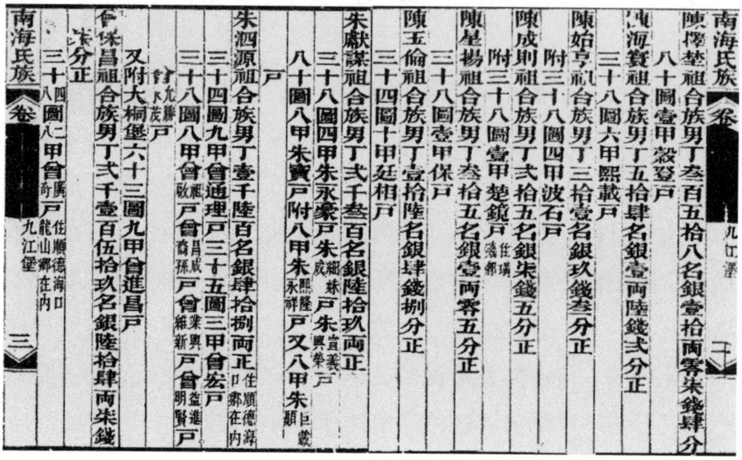

图4 《南海氏族》，现藏于中山图书馆

是这一个宗族能够共同使用的纳税户口。再看图4的例子，其中显示的是朱献谋祖，是一个两千三百人的宗族，只有一个"户"。这两个例子看起来差别很大，但反映出同一个原理，就是一个图甲制下的"户"不是一个家户，一个宗族既可以共同拥有很多个"户"，也可以只有一个"户"。这个事实意味着，清代的户籍体制，虽然仍是国家控制编户的系统，但作为户籍基本单元的"户"不再是由自然人或家庭构成，而是纳税客体的登记单位，而这个登记单位，可以由不同的社会组织，根据以不同方式达成的契约关系来控制。在这种户籍体制下，国家不一定需要直接控制个人或家庭，而是通过控制这些作为登记单位的"户"来实现国家的权力运作。现在经常讲明清以后社会变化的一个趋势，是基层社会自治化，国家通过向士绅和乡族组织授权，通过政府与个人之间的中间组织来进行，这样的一些组织和中介的产生和发挥作用其实就是以户籍制度的这个变化为前提的。

为什么如此？因为在原来按户等摊派差役的登记户役制度下，如果两千多人一个户，这个户就一定会承担重役，而重役的全部负担派下来，这么大的群体中由谁来应役，是难以解决的。所以明朝人讲，当时的情形是："父子当差，则一日不让，兄弟应役，则移时不甘。"虽然是父子兄弟，但是当值只能一人轮一日，多一天也不干。因此在原来的户役制度下面，是不可能有刚才提到的那种大家族的，有的话也不可能一个大宗族全部登记在一个户上。所以明朝逃避赋役负担的主要手法，就是"花分"子户，把户拆分细小化，甚至一个家庭都可能分好几个户，借此来逃脱差役。而到一条鞭法后，户只是登记赋役责任的税户，只是一个账户，一个户头，就可以由多个家庭共同来使用。当然，这些家庭根据什么原则，不同的主题共同使用一个账户的基础在哪里，就成为我们认识这个新秩序的关键，这个问题不是我今天要讲的内容，先搁置起来。

那么这个国家形态的根本性转变与白银有什么关系呢？

到这里，我们要回到前面讨论过的户籍赋役制度的变化上。我们不妨概括地回顾一下前面讨论的内容。在王朝汲取财富资源的非财政性方式下，明朝各级政府运作的资源，主要来自差役（人力和物力）征调，而差役征调的体制，是建立在一个以家户为单位的承当差役的社会组织系统（里甲）之上的，各级政府根据这个体系中各个家户的人丁事产多寡（即承当能力的大小）征调和派办人力和物质。根据"事役均"的原则，大户负担重，小户负担轻，其轻重的差距不是按比例摊派，而是以类似累进的方式，重者赔累或至倾家，轻者或悠游免役。这种体制造成的结果，第一是作为差役供应单位的户的规模，总是趋向于以小家庭为单位立户，以让赋役负担最小化；第二是政府通过户籍体系直接控制家户中的个人；第三是负担的轻重不可预算，也难以做到均平合理；第四是各级政府及其官员的开支来源是一种无定额的摊派，总的趋势是不断增加。这些特点造成了第五，社会上大量的人口脱离国家统治体系，以无籍之徒的社会身份存在；而这样的状况，造成的后果是第六，明朝国家的统治模式和社会秩序发生动摇，而中央各衙门和各地的地方官员陆续采用各种变通的方法来获得行政资源。

各级衙门采用的办法有一个共同的趋势，就是借助可以预算的定额和可以按比例摊征的一般等价物作为赋税征派的核算和支付手段，取代原来的无定额无比例的索取。在一个主要经济生活和生产系统仍然以实物为主要手段的社会经济体系下，国家财政资源的获取要以可计量的方式实现平均化的目标，最有效也最能够被接受的，是以货币为核算和支付手段。在以往历代王朝，都可以看到这种以货币核算为摊派、支付的手段实现民户负担"均平"的趋向。但是，过去一直都不可能真正全面实现，除了编户对君主承担的贡赋义务不是一种现代国家意义上的税收之外，很重要的限制,在于缺乏在规模上足够支撑贡赋全面实现货币化的货币流通量。而明代中后期白银大量流入中国,以及白银作为通货的特性,恰恰适应了我们前面已经讨论的国家财政体制转变的需要,并反过来成为一种推动力。对这个问题做细致分析是非常复杂的,在这种口头演讲的场合,我只能把看法提出,深入的讨论需要以另外的方式进行。

白银成为赋役缴纳手段后,改变了整个赋税财政体系的运作机制。明中期开始越来越重要的白银,主要不是作为流通手段在市场上发挥职能,而更多地作为支付手段,被用于处理权力和资源的再分配。白银确实被广泛应用,但流通的结果是白银大量进入国家权力运作的系统中。这种情况下,白银流通就不必然伴随着市场发育,甚至可能导致市场的萎缩。当然,长期来看,白银作为支付手段进入政府资源运用领域,最终还是一定会拉动市场的扩大。但更值得注意的是,以白银为运作手段的国家与依赖控制关系来运作的帝国是不一样的,国家权力与老百姓的关系以及整体的社会结构都发生了转变。

所以,白银流通的意义就主要不是在市场和商业领域体现出来,而是在社会和国家结构层面。此前帝国运转的资源是以国家权力对具体人户的控制为基础的,但是这种控制又不是州县官府对民众个人的直接控制,而是通过里甲制实现的。纳银之后,老百姓与州县之间转变成为类似纳税人和现代国家的关系,国家可以不控制具体实在的家户,而控制纳税账户,这就提供了国家与社会之间产生各种中介力量的空间,以及社会成员之间交往和组织的新可能性。在这个意义上,代替里甲制度而建立新的赋役摊派征发的组织和机制成为必要、成为可能,并有可能实现普遍化。

我们很难简单地用国家控制加强或者削弱来描述这个变化,这是国家与社会以及社会成员之间交往方式的结构性转型,王朝国家跟乡村基层社会、跟一般的编户齐民老百姓的关系发生了根本的改变。一个国家或一个王朝，它不可能不控制个人，当它直接控制不了，白银的运用使它实现控制的时候，就可以靠社会中产生出来的中间组织这一层力量。正因为国家有了这个转变，乡村就可以自治，就可以有所谓的自治化。从这个角度来看，这个自治化不是国家的削弱，而是使得后来编户齐民的性质以及王朝国家统治编户齐民的机制发生根本的改变。在这种情况下，维持大一统更多是通过乡村中的礼仪秩序和王朝正统的文化象征，清朝在这方面是做得最成功的。

结　语

明王朝是以王朝国家权力对编户的控制为基础的，这种控制以"画地为牢"的里甲制为基础，以"配户当差"的方式实现。在这种体制下，社会经济的变化，令维系王朝国家统治秩序基础的均平原则难以维持。国家不会随便改变制度，明朝也是讲祖宗之法的，但是明朝还有一条原则叫"有治人，无治法"。所以地方官员在不改变王朝制度的前提下，采取了种种权宜变通措施，都朝着利用白银货币作为核算和支付手段的方向发展。

这些措施逐渐汇合为所谓"一条鞭法"，在这种由配户当差转变为定额化的货币赋税的新体制下，百姓与政府之间由王朝编户转变成为纳税人与国家的关系。王朝国家的统治不是通过直接控制单个家户，而通过对纳税账户的掌控来实现，掌控纳税账户绝对不是州县官和六房书吏可以做到的，因而在国家与社会之间形成了各种新的中介机制，社会成员之间的交往和组织方式也有了更多新的可能。

这些转变能够发生，主要是源于地方社会的动力。这和以前自上而下的财政改革不一样。明朝的自下而上变革的一条鞭法，形成了以白银为基本核算和支付手段的新财政体制，改变赋役摊派的对象和征收办法。这一转变的意义不在于调整赋税负担的轻重，而在于使既成的社会事实整齐划一。这个既成的社会事实，就是朱元璋建立的通过里甲制度实现的画地为牢的社会秩序的解体，为清朝之后新的王朝国家形态和社会治理模式奠定了基础。

清朝也有白银不足的问题，但是清朝的铜钱发行做得很好，特别是有日本的铜作为支撑，所以清朝在货币供应上基本是稳定的。后来也出现了一个严重的问题，就是鸦片贸易导致白银外流。为什么当时白银外流不到一千万两人们就惶惶不可终日？因为明朝中期以后一直到清朝的国家体制是与货币制度密切联系在一起的。鸦片战争非打不可，不然国本都没有了，这套体制就运行不下去了。到了清末大家有了更多办法，包括铸币和发行纸币，等到民国引进银行制度，那又是另一个世界了。

这样一个讨论最后都会回到明清的国家转型问题上来。其实包括大一统国家、基层社会自治化和乡绅支配等，这些东西背后都是可以关联起来的。最基本的就是转型之后的新制度提供了中介的空间，基层社会可以通过各种方式组织起来，用各种力量实现国家社会控制的功能。这些年有很多讨论说到市民社会、市场化和民族国家等，这些概念肯定不能直接照搬进来，但是它们背后隐藏的一种社会转型的趋势还是可以关联起来进行思考。

刚才讲到的变化背后更大的问题是：世界上一半白银都进来了，明清中国是不是世界体系的一部分？是不是和世界同步的发达国家？我们千万不要做简单推理。刚才我讲的内容，背后包含着我对明清白银时代的历史的一个基本看法。我认为，弗兰克在《白银资本》中讲，"全球市场的轮子是用白银的世界性流动来润滑的"，中国也可以说是白银的世界流动的一个重要部分，但白银流入中国以后，主要是在国家统治领域和私人财富占有中作为支付手段来使用，并转换为一种财富形态。所以，同弗兰克这句话相对应地，我们可以说，中华帝国的社会转型和国家运转机制，是用主要来自世界市场的白银来驱动的。此时中国与世界市场的联系当然非常紧密，却不是这个世界体系的一部分，这是我们要认识到的。

由于白银在中国的流通是在贡赋体制主导下发生的，我们要认识白银流入对中国历史的影响，需要研究贡赋体制与市场体制之间的关系，尤其是市场要素、价格机制、货币流通方向和速度等问题，都需要联系贡赋体制运作来认识。除此以外，明代以后的国家与社会结构，包括集权的政治模式和地方社会的自治化，都由于白银在贡赋领域的运用而发生了带有结构转型性质的改变。这个改变，形成了我们今天所谓的"传统社会"的基本架构。

推荐阅读

刘志伟编：《梁方仲文集》，中山大学出版社，2004 年
全汉昇：《明清经济史研究》，联经出版事业公司，1987 年
森正夫：《明代江南土地制度研究》，江苏人民出版社，2014 年
邱永志：《"白银时代"的落地：明代货币白银化与银钱并行格局的形成》，社会科学文献出版社，2019 年
刘志伟：《贡赋体制与市场——明清社会经济史论稿》，中华书局，2019 年

第八讲

"大一统"的命运
从"康乾盛世"到"晚清变革"

杨念群

我今天要讲的题目叫作"大一统"的命运。为什么要用这个题目做演讲主题？因为我比较关心的一个问题是，在以朝代更替为主要线索的中国历史叙述谱系中，清朝作为一个异族政权与过去以汉人统治为中心的朝代到底有什么区别？它最突出的特点是什么？这是我们研究清史时所面临的最大挑战。我给出的答案实际就隐藏在"大一统"的命运这个标题里面。我认为清朝和前朝最不一样的地方就是真正实现了"大一统"的统治格局，这种统治格局及其实践不仅表现在国家或地方的"治理"层面，而且在"正统性"的构造等方面也有崭新的建树。今天的讲座，我想从四个方面给大家重新梳理一遍清史，并尝试解释清朝统治的特点。

我们首先会概括提炼出清朝有别于前朝的若干特征，然后对如何评价所谓"康乾盛世"提出一些不同的看法。一提起康雍乾三帝的统治，大家的脑海里可能立刻会出现一个直观反应，觉得那是一个极盛的时代，但它到底是不是盛世或者说这个盛世到底有多少含金量，其实仍需要我们重新加以解读。乾隆时期过后，清朝开始慢慢由盛转衰，直到西方势力大举入侵，最终诱发了晚清变革，那么晚清变革的发生及其特点到底是什么？清朝皇帝与官僚士人对变革的态度，如何从被动接受转变成一种自觉意识？都需要加以分析。最后我想简单讨论一下"新清史"的研究方法及其得失。最近几年美国流行一个研究派别叫"新清史"，想从"内亚史"的视角对清史进行一个全新的解释，那么，他们的新观点到底有何启发，在多大程度上能够成立，则是需要仔细加以研判辨析的课题。

一 清朝有别于前朝的四个特点

"大一统"的真正实现

清朝统治有别于前朝的第一个特点就是实现了有史以来真正意义上的"大一统"。这个"大一统"局面究竟实现到了什么程度？主要就表现在对边疆地区的实际控制和治理达到了历史上的最高水平。大家可能会问：元朝是否也实现了"大一统"呢？元朝的统治面积确实比清朝大很多，但是它的实际控制和治理程度远没有达到清朝的水平，特别是没有建立起与前朝相衔接的"正统性"，这是只有清朝才真正实现了"大一统"的一个重要原因。

我们可以先从疆域规模的大小来做些比较。根据葛剑雄教授的统计，中国古代"分裂"的时间要多于"统一"的时间。以唐朝为例，唐朝统治的时间大约是289年，其中只有131年是统一的，其余时间唐朝领土都由藩镇割据并被吐蕃、南诏等势力分割，统一时间只占唐朝的45%，分裂时间则长达158年。与之相比，清朝统一的时间是186年，占268年的69%，是中国历史上统一时间最长的朝代。所以仅仅从统一时间上来说，清朝也达到了历朝的最高峰。

明清两代的疆域差别非常大，图1是明代疆域图，我们可以看到明代北面的一大片土地都被元朝的蒙古残部所占据，西北部新疆地区也是蒙古控制的势力范围，东北是女真实际控制的地区。所以明代的疆域大体上是和蒙古人与女真的统治地区平分秋色的。

再看清朝的疆域。清朝把蒙古各部当时占据的区域全部合并在了一起，形成了完整统一的广大疆域。我们从地图上直观来看，明代的领土面积大致只有清朝的一半。

我们经常把"大一统"当作口头禅，那究竟什么是大一统

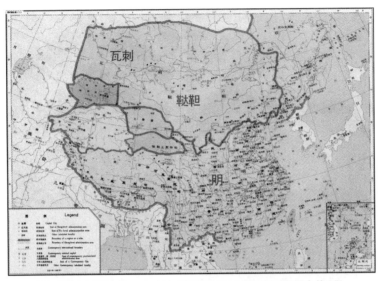

图1 明代疆域图(万历十年,1582年)。谭其骧主编:《中国历史地图集》第7册,中国地图出版社,1996年

图2 清代疆域图(嘉庆二十五年,1820年)。谭其骧主编:《中国历史地图集》第8册,中国地图出版社,1996年

呢？我认为"大一统"至少包含三个要素：第一是必须占有最广阔的土地空间，也就是说统治的疆域必须足够大。第二是拥有广大疆域的政权还必须拥有正统性，维持秩序不能仅仅依赖暴力征服控制所有的地区，统治者必须说清楚他拥有某块土地的理由是什么，必须为军事占领寻找到文化上的根据，这就是"正统性"的含义之所在，或者用现在时髦的法律语言说就是要拥有某种合法性或正当性。当然，中国王朝建立"正统性"不是凭借现在所说的法律意识和规范，而是必须尊重数千年积累下来的构建王朝体系的一系列制度安排和文化底蕴，这种制度安排既是实在的政治举措，也是带有象征意义的文化建构；皇家甚至要持续举行许多看上去比较形式化的礼仪，由此才能构造出一种对前朝传统的认同感。第三个要素是王朝的统治必须具备足够的德性。古代文人常讲"王霸之辨"，说的就是利用霸道占领土地和以王道进行治理是两个完全不同的概念。

一个王朝要同时拥有这三个"大一统"的要素是非常困难的，所以我想提出的第二个问题是：为什么清朝以前的各朝代都实现不了大一统的局面，而清朝却做到了？我认为核心问题是以往的朝代无法处理好作为核心的"中国"族群与处于边缘的"夷狄"族群之间的关系，历朝历代总是陷入无休无止的"夷夏之辨"，汉人也经常与周边异族发生战争。比如说，汉代与匈奴，唐朝与鲜卑，宋、明与蒙古、女真，都长期处于对峙状态。尤其是宋朝，领土越打越小，从北宋开始就和辽人缠斗不休，南宋又跟金人打得昏天黑地，最后被赶到了东南比较狭小的地区。为什么到了宋朝儒学才突然兴盛起来？儒家为什么到这时候才构想出一个脉络清晰的"道统"谱系？就是因为宋代皇帝和士人都抱有一种文化补偿心理，它在疆域占领和控制方面的能力相对比较差，军事实力相对比较弱，所以只能仰赖文化教化的力量，靠弘扬道统把"大一统"的第三要素即"德性"因素发扬到极致，来弥补疆域控制能力的不足。宋代的皇帝都深具文人气质，你看宋徽宗画得一手好画，写得一手好字，宋朝也被认为是君臣关系相处最为融洽的一个时代，甚至产生了士人与君主共治天下的说法，这虽然基本是一种幻觉，但也包含部分事实。所以宋代以后儒家才开始有了更多的拓展空间，儒学理念真正从上层下渗到了基层社会，成为普通民众遵循的信条。

和对道统的重构相平行，宋代夷夏之辨的观念当时也颇为流行，"非我族类，其心必异"的思想在士人的头脑中占据着重要地位。而他们之所以把金人和辽人当作没有文化的野蛮人，就是因为金和辽的军事实力都比较强大，导致宋人在心理上一直陷于自卑，产生了一种文化补偿心理，既然军事上打不赢，就一定要在文化上战胜对方。在大一统三个要素中，宋朝实际上只占两个，甚至可能连两个都没有，这是宋代实现不了大一统的原因。明代的情况与宋代有一点类似，明代北方一直有蒙古残余势力持续构成威胁，最后居然发生了"土木之变"，明英宗被蒙古瓦剌掳俘而去，重演了宋朝徽、钦二帝的悲剧，明朝上下为此感到羞愤不已，因此也导致明代士人的夷夏对立意识非常强烈，这与明朝在处理疆域问题上捉襟见肘的窘态有关。无法拥有足够广阔的疆域是宋明士大夫共同拥有的集体历史记忆，所以他们通过弘扬儒家道统来弥补疆域缺失带来的心理阴影。我认为这是清以前的宋明实现不了大一统的深层文化原因。

明史专家顾诚先生曾提出明朝和北方的瓦剌、东北方的满人构成了对峙关系，基本上是以防御的态势来构架整个疆域格局，这是明朝与清朝最重要的一个区别。顾先生认为明朝实际上有两个体系，一个是六部和州府县的体系，也就是内地化的体制；另一个是五军都督府、都指挥使司和卫所系统，这是一套军事体系。军事体系和内地的州府县体系形成双轨制，对外是军事，对内是州县。这种布局在明代地图上呈现得非常明显：边疆地区依靠军事体制布防，沿长城一线基本上由卫所和都指挥使控制，东北地区虽然设立了奴儿干都司，其实际控制权却最终落入了满人之手，与内地的州县体制完全不一样。明朝实施的双轨制造成了非常大的错位和困扰，两个系统的人口和耕地统计严重脱节，而且这两个完全不同的体系不断发生冲突，所以明朝在疆域控制上根本无法实现真正的大一统。

清朝的"二元正统性"

那么，清朝为什么能够实现如此广大的疆域控制呢？我的看法是，满人与汉人相比是异族，又居于塞外之地，历史上像匈奴、突厥、契丹、女真、蒙古这些少数族群，都曾以关外部族的身份主动通过军事兼并扩大领地。也就是说作为边缘的小规模族群，为了生存的需要他们必须不断通过军事征伐向外扩张，以谋取生存权。以中原和江南为中心的传统中国区域则一直采取退守、防御的姿态。满人入主中原后，清廷依然采取向周边扩展进取的策略，在占领足够大的疆域之后再按各地的习俗分而治之。清廷视周边民族地区与中原为一体，却在治理政策上具有高度的灵活性，如在蒙古地区实行盟旗制，在新疆地区实行伯克制，也就是一种遴选当地贵族作为首领的制度，在西南实行土司制度，在藏区实施达赖和班禅为首的政教合一制度。

与此同时清廷又在边疆地区直接派遣将领，加强军事管理，如在漠北蒙古设乌里雅苏台将军、库伦办事大臣，在新疆设伊犁将军、乌鲁木齐都统，在西藏设驻藏大臣等，都是直接控制而不是通过"羁縻"的方式进行管理。"羁縻"是指全部使用当地首领负责本地治理，中央政权完全不加干预。大家知道，唐朝大致有三百多个内地州，却有八百多个羁縻州，也就是说，唐代大多数的地盘是任命地方首领进行间接统治的。但是清廷慢慢改变了策略，开始考虑把自己的触角延伸到内地以外的藩部地区，实行直接统治，比如对西南地区采取改土归流政策，这是与前朝相当不一样的统治策略。之所以能够做到这一点，乃是因为满人本身就属于异族身份，他们最初也是由关外荒蛮地带进入汉人中心统治地区的，因此，对同样生活在边缘地带的其他少数族群更有设身处地的了解。

清朝在广大地区进行直接渗入式控制的同时，在如何建立其"正统性"方面实施的是"二元统治"模式，它一方面会继承内地的汉人文化传统，通过弘扬儒家道统礼仪的方式进行统治；同时满洲皇帝又尊崇藏传佛教，在蒙古和西藏等藩部地区实施其宗教化的治理策略，因此，满人的统治格局明显存在内外之别。

清朝在内地的统治相当程度上继承了明代制度。它继承前代的礼仪文化，通过祭孔、科举等手段收编汉族士人，把自己的正统性建立在与前朝接续的基础之上。此外，它还把士人拥有的宋明以来的儒家道统收归王权控制，实现了道统与政统的合一。宋明儒家认为道统是归士人掌控的，而政统则归统治者所有，二者是分开的，所以士人有教化王者的使命。但是在清朝，"政"与"道"实现了合二为一，这实际上就改变了宋、明以来君主与士人之间相对融洽和谐的关系。以康熙的经筵御讲为例，在讲官讲授儒家经典的过程中，康熙帝习惯不断地插话，到最后终于变得不耐烦起来，说你讲的还不如我讲的有道理，干脆要求交换位置，原来教化王者的士人变成了被教导的对象。皇帝与士人经筵御讲身份的倒转，最终实现了道统与政统的合一，两种权力全部集中到了皇帝一人的身上。这对于中国文化发展的影响是非常深远的，其后果是整个士林对儒家传统的理解随之发生了质的变化。

而在藩部等边疆地区，清朝建立了另一个"正统性"，其内涵和性质完全有别于内地的儒家道统。清朝皇帝把蒙古宗教领袖

图3 御题格登鄂拉斫营之战。郎世宁等绘铜版组画《乾隆平定准部回部战图》之一

哲布尊丹巴奉为国师,并与达赖、班禅等西藏宗教领袖建立了新型的政教交往关系。清朝皇帝也被奉为"转轮王"或"文殊菩萨",实际上等于把藩部的宗教信仰当作与内地儒教礼秩相等同的精神支柱,以便笼络和控制藩部的贵族和宗教领袖,同时也就从文化心理上间接地把藩部民众收拢进了清朝的统治版图,借助其宗教信仰巩固了对边疆地区的控制。所以我认为宋、明等汉人王朝,只是在内地以儒教秩序为基础单一地建立了一套"正统性"的运行规则,而清朝则在藩部建立了另一套"正统性"仪轨,因此清朝皇帝同时拥有两种"正统性",这与其控制内地和边疆的空间"大一统"政治地缘格局是相一致的。

图3至图6是郎世宁绘《乾隆平定准部回部战图》的一部分,表现的是伊犁受降(图5)、大宴功臣(图6)等场面,从中可以看出清廷和其他少数民族之间怎样相处——清朝通过联姻、封爵、宴赐等手段,联络边疆少数族群的王公贵族。

图 4 乌什酋长献城降。郎世宁等绘铜版组画《乾隆平定准部回部战图》之一

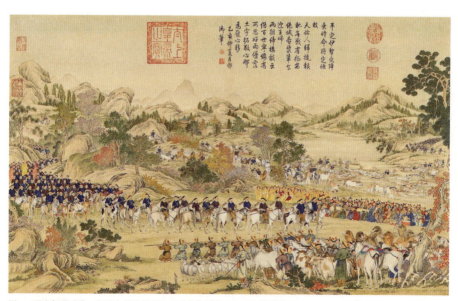

图 5 平定伊犁受降。郎世宁等绘铜版组画《乾隆平定准部回部战图》之一

图 6　凯宴成功诸将士。郎世宁等绘铜版组画《乾隆平定准部回部战图》之一

就大一统的第三个因素即德性的拥有而言,自清朝开始最重要的一个变化就是统治者大力培育基层宗族组织,通过修纂族谱、敬拜祖先的方式,把同姓同宗的人群聚合起来,即所谓"敬宗收族",把儒家伦理通过基层教化的途径渗透到民间社会。乾隆帝曾经反复说到"教养"的重要性,就是鼓励经过先教后养的步骤形成对基层社会的管辖权。

一旦把这些因素全部集中起来,清朝就实现了大一统三要素的整合,即拥有最广阔的疆域,对前朝正统性予以合理继承并加以变通,创造性地建立起了"二元正统性",以及对德性民心的占有和收束。

什么是"八旗制度"

清朝有别于前代的第二个特点是"八旗制度"的建立。八旗制度是满人独有的集政治、军事和经济于一体的集团体系，对清朝统治模式形成了巨大影响，使其完全不同于汉人建立的王朝运行机制。下图展示了八旗制度的基本框架：

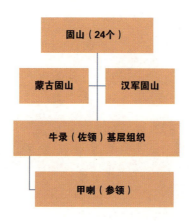

所谓"八旗"，简单地说就是一种部落贵族民主分封制。最初满人在东北地区崛起时是以部落组织的形式从事各类活动，八旗指的是八个地位最高的贵族，通过分封制下的军事－行政－生产一体化的多功能组织结合在一起。八旗制的最初框架是军事、行政、生产三位一体，但是生产这个功能在入关以后逐步消失了，因为八旗子弟入关之后纷纷转变为特权阶层，只会享受，不事生产。"固山"即满语中的旗，原来分成八个部分，后来加入了蒙古和汉军，形成二十四旗。旗下面有作为基层组织的牛录（佐领），最下面是甲喇（参领），构成一个等级分明的社会组织。八旗设置的基本意图是想造就八旗共治国政的局面，八旗在议事的时候平等协商，相互制衡，这样就可有效地制约被推举为共主的旗主，不允许每一旗主拥有两旗以上的过强势力，以防止家族发生内讧。皇太极确立八旗分封制后的最重要特点，就是旗主对属下旗人具有私领性，也就是把下面的人当家奴一样对待，每旗旗主有权把本人领有的牛录再分给自己的子孙，皇太

极也无权干预。

根据杜家骥教授的概括，八旗的"八分体制"包含以下内容：（1）八旗各自拥立旗主，分置官署办公，本旗人担任本旗官。八旗共议国政，人口、财产在八家间均分。（2）"八分"是一种特权，"入八分"就意味着有参与议政、处理军国要务的权力，只有贵族贝勒才有资格加入其中。（3）八家所得均分之物，由各旗入八分的宗室贵族进行再分配，不入八分的宗室贵族则没有此特权，也就是只有嫡出者才具有入八分的资格。（4）"内藩"与"外藩"的区别。八旗内所属各旗包括蒙古、汉军旗领属的地界属"内藩"，各部落蒙古札萨克王公所领蒙古部旗及朝鲜属"外藩"，形成一个内外有别的圈层等级秩序。（5）不同于西周分封，清朝的受封者并没有实际领地，所分庄园土地只具经济意义，不是封国领地。各旗兵之驻防地只具军事意义，受封者只对所领旗、牛录下的旗人具有私领权，宗室旗主聚居京城，不是地方邦国的国君，这样就不可能形成地方诸侯割据，进而对中央政权构成威胁。（6）受封者与属下人构成主奴关系，后者对前者有一定的人身依附，包括皇帝与大臣之间也是主子与奴才之间的关系。

原本清朝规定满人大臣一定要自称奴才，汉人大臣不一定要自称奴才。但汉人大臣为了讨好皇帝也称自己是奴才，忘记这一点就会招致麻烦。某次两个满人大臣和一个汉人大臣联袂给乾隆上奏折，结果两个满人大臣自称奴才，汉人大臣自称臣。乾隆就质疑汉人大臣说，如果你单独给我上奏折是可以称臣的，但是因为你们三人一起上折子，另外两个满人大臣自称奴才而你却称臣，用心何在？这个故事说明满人皇帝对主奴称谓的使用具有高度的敏感性。

有关八旗制度设置的得失及其影响，大致可概括出三方面内容。

其一，宗室藩王聚居京城而不是分封地方，这是入关前同姓分封制的延续，因而清代未发生西汉"七国之乱"、晋代"八王之乱"、明代"靖难之役"这样的同姓宗藩相互残杀的悲剧。地方上有异姓藩王也就是八旗制下的汉军旗叛乱，如"三藩之乱"，但聚居在京城的同姓宗藩无力造反，没有同姓藩王之变是清朝与汉族王朝正好相反的重要特点。这一特点非常重要，直接会影响到清朝的政治稳定性。

其二，八旗宗室领主、大臣联旗共议国政，形成所谓议政王大臣会议，保证"入八分"的旗主都有权力参政议政。其结果是保证了宗室对国事的参与权，同时抑制了皇权作用的发挥，导致清朝前期皇权不振。康熙早年受鳌拜等人威胁，自己的想法施展不开，就是议政王大臣会议即所谓"入八分"的体制限制了他的权力。但是，议政王的世袭根本无法保证议政人员的素质，经常出现庸才尸位素餐的情况，这也是后来议政王大臣会议逐渐衰落的原因。

其三，八旗制度下形成的君臣关系的主奴性，造成旗人官员的身份相当低贱，即使是位极人臣的大臣对皇上也要自称"奴才"，这样就对官员的为官性格和言行方式产生了巨大制约作用，容易培养出一帮唯唯诺诺、缺乏自主性的平庸官僚，严苛的主奴身份决定了大多数清朝官员身上普遍具有奴性气质。

军机处的设置与密折制度的形成

清朝有别于前朝的第三个特点是军机处的设置，这是对汉人的皇权-内阁互动体制的挑战。明朝基本上实行的是皇权支配下的内阁负责制，只是因为好几任皇帝都不理朝政，同时也不设宰相，所以朝政基本由内阁控制，内阁中设有领衔的首辅大臣，比如张居正权力就非常大，基本上可以代替皇帝处理很多军政要务。但是在清朝,内阁的决策职能被严重削弱,由军机处取而代之。清初世袭的议政王大臣庸才居多,一代不如一代,为官资质受到质疑,故慢慢被疏远;同时议政王大臣会议又常常掣肘皇帝的权威,在形式上对皇权的集中构成威胁,导致政令行使效率过低。朝野上下都认为需要改革,经过几代皇帝的摸索,清朝逐步形成了内廷与外朝分立的格局。

据白彬菊的研究,内廷与外朝分立格局的形成大体有四个要点:

第一,内廷的军事化需求增加,雍正时期最重要的大事就是对新疆地区的准噶尔战争,所以特别设立了户部军需房与办理军需大臣。其特点是这些职位具有临时性,不是常设机构,皇帝只挑选少量的内廷代理人。

第二,乾隆时期内廷机构越来越常规化。总理事务王大臣的职责扩大了数倍,不仅限于军事筹划和执行,还涉及米价、仓储、赈济、水利、官员弹劾、祭典程式等繁杂内容。雍正朝与乾隆朝的区别在于,一个是"分立",一个是"合并"。雍正多疑,猜忌心很重,选择了几个办理军机大臣,让他们分别办各自的事情;但是到了乾隆时期,所有的分立系统"合并"在一起。一个是临时性机构,一个是永久性机构,最后过渡到了军机处。"军机"既可表示"军务",也可表示"政务"。大家如果去故宫参观,还可以看到军机处的旧址,是一个很简陋的平房。

第三,密折制度的形成。以往外朝如内阁和六部(吏、户、礼、兵、刑、工)处理文件的程序沿袭自明朝,即通过阅读题本,提出意见,但这个程序一是走流程时间过长,效率偏低,最关键的问题是题本内容往往在邸报上公开,保密性很差。密折则是皇帝只与自己精心挑选出的臣属保持联络的一种特殊方式,相互来往通过廷寄而非明发的渠道进行沟通,保证了信息传播的私密性,实际成为皇帝控制官僚心理的一种有效手段。

密折能私密到什么程度呢？举个例子，雍正在给年羹尧的朱批中说："朕实在想卿，但有点意见。"在给田文镜的朱批中说："朕就是这样的汉子！"以前很难想象皇帝会像对待朋友兄弟一样和臣下如此轻松随意地聊天，语态近乎撒娇，可见这种私密语言是一种调控臣子心理的手段，让这些奴才因感激涕零而为皇帝忠心效命。

第四，军机处本身是一个隐秘的秘书班子，密折－军机制度也是在这个特殊环境中产生和运作的，这样有利于皇帝集中权力，使之逐渐摆脱相对原始的"入八分"议政王大臣会议对皇权的制约，促使官僚体系的管理更加有效率和规范化。同时外朝的题本也逐渐变得可有可无，内阁只限于处理日常琐事，机密政务全部由内廷的军机处予以掌控。在这个意义上，清朝实现了空前高度的集权，这也是前朝所没有的特点。

清朝遭遇前所未有的西方挑战

清朝有别于前朝的第四个特点是西方的冲击达到了前所未有的广度和深度。如果按照以往教科书的时间划分，1840 年以后西方冲击的力度逐渐增强，改变了中国历朝延续下来的一些制度和体系，可以说是三千年未有之奇变。一方面西方势力渗透的范围逐渐扩大，明末利玛窦等耶稣会士只是在朝廷上层传教，带来的西方先进知识十分有限，即使到了乾隆朝英国马戛尔尼使华时期，像哥白尼"日心说"等先进的西学知识也尚未系统传入中国，更不用说转化成具体的科技成果了。第一次鸦片战争签订《南京条约》也只准许洋人在五个通商口岸活动，但是到了第二次鸦片战争签订《天津条约》以后，原本只能在口岸活动的外国人从此慢慢开始到内地自由传教游历，这是一个非常重要的转折点，极大地影响了清朝基层组织状况和老百姓的日常生活。可以想象一下，一个村子突然来了几个面目奇特的洋人，又凭空多出几座教堂，里面经常从事一些中国百姓完全陌生的宗教活动，这对一个熟人社会的冲击和震撼将有多大。

西方势力从沿海口岸向内地的扩展，一波一波地改变了从上层士人到下层民众的观念和生活。具体来说有四点变化：

（1）"天下观"开始动摇。人们忽然发现中国不是一个可以把全世界包容于治下的至大无外的空间，而仅仅是国际秩序中的一员。中国知识人对世界的认知发生了从差序格局到全球秩序的演变，他们的思想开始逐步从唯我独尊的"文化主义"向抗侮图强的"民族主义"转化。

（2）"大一统"观念逐步瓦解。开始认识到"国"大未必就是好，人们发现，鸦片战争以后把中国打得惨败的全是一些小国。本来大一统的第一要素就是疆域辽阔，但在与小国屡战屡败的情况下人们开始反思是否疆域广大就一定是件好事，进而批评"大一统"抑制竞争，缺乏活力，所以就有了多种建国方案的提出。比如地方自治、联邦制、社区实验等构想纷纷出台，围绕这些不同方案有过非常多的讨论和争议。

（3）"进化论"思维的影响逐步扩大，开始替代"黄金三代"论和"文质之辨"论。中国的历史观一直习惯于向后看，人们总认为，时代越古老文化越高明，夏商周三代是最值得效仿的朝代；古人还流传下来一种"文质之辨"论，这种理论认为由文到质、由质转文是一个不断循环的过程。文是文雅，质是质朴，过于文雅显得太雕琢，过于质朴又显得太野蛮，所以历史进程总在两者的循环中不断推演嬗变。但是进化论一旦被引入进来，这些说法都变得无效了。进化论认为世界历史的演进有一个起点，中间经过因果关系的连接，最后的发展目标必然指向未来，越是未来的事情就越好，未来的事物才是我们应该向往追求的目标，直到现在我们的整体思维方式都受到进化论的强烈影响，这种影响的源头完全可以追溯到清末变革。

（4）城市"商会"组织的出现，也就是一种具有现代经济特质的组织的出现，导致晚清商业与金融体系发生巨大变化，随着科举制度的废除，士农工商四民社会趋于解体，士绅阶层逐渐退出历史舞台。

二 如何评价"康乾盛世"

"西师"与"南巡"的意义

大家对"康乾盛世"这四个字似乎已经耳熟能详，大意是指康熙、雍正、乾隆三个皇帝统治时期，清朝所达到的鼎盛阶段。但到底什么是"康乾盛世"，还是需要进行一些说明和解释的。就时间来说，"康乾盛世"一般是指康熙二十三年（1684）到嘉庆四年（1799）这个时间段。为什么指这个时间段？因为康熙继位的时候年岁太小，三藩之乱的时候，吴三桂的势力非常大，当时深陷鏖战之中的康熙帝并没有必胜的把握，他的统治根基也没有达到足够稳固的程度。直到平三藩和收复台湾之后，康熙帝基本可以安下心来稳定地实施各项建设计划，清朝也集中在这一时期取得了不少成就，所以从康熙二十三年直到嘉庆四年大致115年的时间是清朝最为辉煌的时期，也被看作中国古代最后一个盛世。

一般我们说"汉唐气象"与"元朝大一统"可称"盛世"。但"汉唐"虽文化鼎盛，却疆域不靖，控制区域的界线总是在摇摆移动；唐朝在藩镇之乱后更是大伤元气，难称一统。元朝虽拥有广大国土，但在文化成就和治理方略方面却多有缺失，为后世所诟病，其存在时间也很短，只有90多年，还不到康乾盛世的年份长度。

下面我想比较概括地讲一讲"盛世"表现出的几个面相。

首先是大一统观念通过"西师"与"南巡"两个行动获得了具体实践。乾隆在《御制南巡记》中说:"予临御五十年,凡举两大事,一曰西师,一曰南巡。"西师与南巡的目的很不一样:"西师"的目的是兼并准噶尔蒙古,对西北边疆地区采取"因俗而治"的治理策略,其最终目标却仍是"内地化",促成边疆的政治经济各方面向江南发达区域靠拢看齐。"南巡"的目的一是笼络江南士人,二是视察河工。二者一为"武功",一为"文治";一为疆域一统,一为"道""势"合一。图7—图9分别是《乾隆大阅图》的戎装相、列阵卷和南巡图,展现了乾隆盛世的典型风貌。

经济发展与人口政策

盛世表现之二是经济发展与人口政策之间形成了新的关系,高王凌就主张应从以下七个视角进行观察:

第一,人口问题的发现。康熙到乾隆时期人口增长速度之快令人瞠目结舌,康熙初年人口还只有几千万,到了乾隆时期人口就增加到了一个亿,乾隆末期人口已经增长到三个亿。有人说在乾隆末年"中国的马尔萨斯"洪亮吉就发现人口过多会影响经济状况;实际上早在洪亮吉之前90年,康熙帝就发现了人口增长过快的问题。

第二,那么清廷到底怎么处理人口增长过快的问题呢?其重要手段就是想方设法地恢复和发展经济。恢复经济的方式是大量开垦土地。乾隆时期各个偏远地带最零星的边角土地都被开垦出来了,这是分散、缓解人口压力的手段之一。除了尽量扩大耕地面积之外,乾隆时期开始发展"多种作物经营",用发展经济满足人口膨胀后迅速激增的物质生活需要,因为当时中国还没有限

图 7 《乾隆皇帝大阅图轴》之乾隆戎装相,郎世宁绘,绢本设色,现藏故宫博物院

第八讲 "大一统"的命运　279

图8　御制《大阅第三图阅阵》。郎世宁、金昆等绘，绢本设色，现由私人收藏

图9　《乾隆南巡图》。清宫廷画家徐扬绘制，纸本设色，现藏中国国家博物馆

制人口增长的现代思维。

第三，从"盛世滋生人丁，永不加赋"到"摊丁入亩"。这是一个很有效的增长经济的手段。清初是按人口收税，但后来康熙帝觉得既然已经到了盛世，就应该进一步减轻百姓负担，于是决定所有人口只要出生后就永不加赋，同时把人丁应交的税额分摊到田亩里去。这是一项非常重要的政策改革，使得人丁的赋税负担大大降低。

第四，为了解决粮食供应问题，清廷广泛推广蚕桑、棉花、树植和畜牧等多样经营方式。从这些举措的成效观察，原来经济史界一直坚持的所谓封建社会只存在一家一户的小农经济的论断是很值得怀疑的，清朝盛世时就已经开始发展多种经营了。

第五，清廷有一整套劝农政策，比如引入优良品种（稻谷、小麦、杂粮和甘薯）。有人说玉米和甘薯是康乾盛世最重要的经济支撑点，没有这两样作物很难养活三亿人。又如增修水利和普及高水平耕作技术。最重要的是鼓励和保护农产品的省际商品流通，这同样打破了封建社会只具有一家一户小农经济生产规模的论断，因为省际的农作物商品流通意识和基本框架在清朝就已经建立起来了。

第六，省际交流使得粮食和棉花等农作物品种按地区重新布局，地区比较优势得以发挥。如南方地亩多种粮食，北方宜棉地区则改种棉花。到民国初年，形成了江苏、湖北、河北、山东及河南五大产棉区，占全国棉田的三分之二。作物布局是由政府统筹安排的，而不是一家一户自发决定的。所以康乾盛世之所以能够养活那么多人口，与当时充分发挥地区的比较优势并进行作物布局有非常密切的关系。

第七，清廷对经济与人口问题的干预的确存在很大的问题。清廷加强集权与皇帝的性格有关，清朝皇帝过于精明能干，中央加强对地方的干预却很难把握好分寸，在不该使力的地方往往干预太深，而在应当干预的地方却用力不够。

大型文化工程的实施及其成败得失

盛世表现之三是清代文化表现出了集大成特征,至少从规模的宏阔上看的确如此,比如清廷以政府名义集中编纂了许多大型类书,其数量远超前代。当然如果从文化内涵的积累品质上观察,是否符合盛世标准还有待讨论。这一时期的文化盛况大致表现在以下几个方面:

第一,大型文化工程的启动与完成。

"康乾盛世"对于中国古代文化的集大成式发展,表现在形成了一种对古代学术文化进行全面清理和总结的自觉意识并持续不懈地付诸行动,清帝特别是乾隆几乎想要把所有的文化产品都统一规划到皇权体制之下。这一时期不仅开启编纂了一系列大型综合性文化巨著,官修史书的撰写特别兴盛,而且以考镜源流为突出特色的乾嘉考据学也极为发达。仅康雍乾三朝一百多年间,官修各类书籍就达170多种。官方调动巨大的人力物力,对数千年浩如烟海的典籍文物进行搜集、钩沉、订正、考辨和集中编纂,显示出大一统帝国的恢宏气魄。

最具典型意义的标志性工程就是《古今图书集成》和《四库全书》的纂修。这些大型文化工程的开展对系统保存古代文献确实有益,但也凸显出很大弊端,那就是在编纂过程中纂修者大多秉承皇权意志,极力消除"私史"撰述;明末清初鼎革之际,曾经出现过很多私家撰写的历史,但是到了乾隆时期基本上不允许私人修史,否则很容易遭到文字狱的查禁清剿,所以史书撰写大都由官方统一规划、统一口径,包括历史观的阐述也是如此。比如乾隆写过一本《评鉴阐要》,就是自己阅读《资治通鉴》的体会,乾隆每隔几页就要写上一些眉批,发表自己对某个历史事件或某段史实的看法,其中也大量涉及正统华夷之辨等问题。这本书印行之后,所有的历史学者都必须按照乾隆皇帝眉批中所设定的标准来评价、书写历史，很难自由发挥自己的想法。另一方面，清廷在编纂《四库全书》的时候采取"寓禁于征"的办法，往往以征书为名，设法铲除各类书籍中的"非法"异端言论，比如说"胡""虏""寇"这些对北方少数民族带有侮辱性的字眼或言论必须一律删除。总之，在边征边禁图书的双重政策催逼下，学术自由的风气遭到了相当大的摧残。

第二，清代学术思潮出现了从"理学"向"经学"的转变。

这种转变与皇帝自身的文化品位和意识形态考量均有关系。有些学者认为，正是因为文字狱的压迫才导致考据学的兴起，我认为这种说法过于简单。乾隆皇帝本身对舆地名物等学问一直保持着浓厚的兴趣，年轻时曾一度写过一些考据文字，他曾经写过一篇追索某河道源流走向的文章，还专门派大臣去实地勘察以检验自己的考证是否正确。当然，鼓励士人群趋考证之途也有意识形态控制方面的考量。

康熙帝是注重理学的，但是在尊崇宋学道统的同时，他也意识到理学道统力量的强大有可能会对皇权造成威胁。特别是南宋理学犹重"夷夏之辨"，对北方的异族持打击排斥态度，过度倡导理学，容易诱使清朝士人把满人与被视为夷狄的金人做类比，诱发对宋金对峙的历史联想，这多少会对清朝统治及其意识形态控制构成威胁。所以乾隆皇帝有意淡化理学的独尊地位，诱导士人阶层回归汉学研究，通过强化"经学"考证的技术性含量转移士人潜在的批判性冲动。从"理学"到"经学"的转变过程中，有四个最具代表性的人物，分别是惠栋、戴震、章学诚和钱大昕。

盛世中流露出的衰败阴影

盛世表现的第四个方面是在皇朝极盛的光环之下开始出现衰败的迹象，尤其到了乾隆晚年更是如此。从政治角度来看，皇权过度膨胀与督抚权势过重是清朝中期以后出现隐忧的重要原因。明代的督抚没有实权，总督实际上是一个临时性的职位，清朝督抚变成地方大员之后慢慢坐大，和过度膨胀的皇权形成一种既依赖又斗争的博弈关系。而且乾隆晚年觉得盛世太平，提出"持盈保泰"的观点，想要延续安稳的局势，逐渐不思进取。

此外还有一些本来很有效率的制度逐渐显露出运行上的弊端。比如密折制度虽然加强了皇权与地方官的联系，但同时也成为监督官员使之相互揭发的告密手段，容易造成中层官员虚与委蛇、阳奉阴违、表里不一的官场性格。下面举三个例子对此现象略作说明。

第一个例子是叫魂案，美国汉学家孔飞力写了一本《叫魂：1768年中国妖术大恐慌》，研究的就是这个案例。1768年在江南地区曾经零星出现了一些剪辫的传说，据说有人通过剪掉小孩的辫子借机偷走他的魂魄，然后把辫子压到桥底下避邪。这种江苏个别地区发生的荒唐行妖骗术本来并不惹人注意，但在乾隆朝的《高宗实录》里居然有上百页关于这个案子的各种讨论，给人的印象是似乎这种妖术在此起彼伏地出现，影响如滚雪球般迅速扩大，范围居然波及了十几个省。实际上各地发生的所谓剪辫案，大多数案情都是由地方官员编造出来的。为什么他们要故意制造出如此令人惊恐的案件呢？其实地方官僚一直在试图和乾隆皇帝打心理战。乾隆皇帝认为一定到处出现了叫魂事件，而地方官则认为完全是子虚乌有，但是为了迎合乾隆皇帝的偏执看法，这些官僚就被迫制造出很多类似的连环案，让乾隆相信案情正在逐渐扩大，变成波及全国的造反阴谋。这说明到了晚年，乾隆在盛世之下很容易产生各种焦虑的想象，感到始终生活在一种不安全的氛围之中，而那些地方官僚却有意迎合了他的这种想象，才制造出了波及数省的"叫魂案"。这绝对不是什么正常现象，反映出皇帝内心深处潜藏的心理危机。

第二个例子是王亶望案。王亶望是甘肃的一个地方官，甘肃当时是一个贫困省，经常闹灾，迫使朝廷不断投入巨大财力实施救助，但持续的赈灾救济也给地方官贪污受贿提供了绝佳机会。哪怕当地不需要救济，地方官也会向皇帝谎报灾情严重，甚至下场大雨也要报成水灾，借此骗取皇帝拨下的大量赈济款，这些赈济款最后大多落入了官员的腰包。王亶望案说明地方官之间已经形成了一套官官相护的贪污关系网，他们先通过谎报灾情向上行贿，然后从赈灾款中大肆渔利，形成了内外勾结的贪赃连环链，总共贪污数额高达七八百万两银子，相当于乾隆朝一年财政收入的六分之一。如此重大的案情在六七年的时间里居然没有被发现，可见当时官员贪墨瞒报的现象已到了何等积重难返的程度。

第三个例子是自请罚议罪银、扣养廉银和赔补公项。乾隆皇帝觉得既然已经无法控制贪赃枉法情况的蔓延，那干脆就让地方官员自请受罚，只是这些罚没的钱财都纷纷装进了乾隆自己的小金库，成了自肥的手段。当时一些官员一看到乾隆惩罚贪污的目的不过是想借机充实自己的私人收入，往往跟风而上，即使没犯什么罪也要争先恐后地主动申请自罚，以此作为变相奉献的借口。

从经济方面来看，乾隆末期也出现了很大问题，人口大量增加的负面影响日益严重。康雍乾时期用地区的比较优势和政府的劝农政策来弥补缺口，在福建、广东沿海实施了鼓励海外贸易的政策，同时在内地鼓励开矿，拓展多种商业经营渠道。但这些举措都不属于主体政策，而且没有连续性的规划和设计，基本上还是以传统农业的思维来调控经济运行模式。没有新思维的结果，就是随着人口增长的不可遏制，出现了物价上涨的现象。

在对外交往方面，乾隆晚年发生了马戛尔尼使团访华事件，英国代表要求开放港口与清廷做生意，乾隆却认为天朝什么都有，完全没有这个需要。也有人认为正是因为马戛尔尼拒绝磕头，惹怒了皇帝，而被拒绝了通商要求，使得中国错过了一次提前进入世界贸易体系的机会，但我认为这个观点是有问题的。当时的中国是否需要进入英国所主导的全球贸易体系是值得讨论的，所以有的学者从后殖民的角度提出一个观点，认为英国和清朝的这次交往是两大帝国之间的碰撞，清朝有自身的一套礼仪体系和看待世界的方法，难以用是否落伍的标准对之加以评判，当时的英国也没有跟清朝讨价还价的足够实力。乾隆末期中国的GDP据说占全球的四分之一，乾隆皇帝自然有足够的底气拒绝马戛尔尼的通商贸易要求，所以并不存在"失去机会"的问题。

从文化方面来看，乾隆时期是否能称为盛世也是颇有疑问的，理由如下：

其一，过度的思想控制遏制了文化发展的多样性。康雍乾三帝都是有极高文化修养的帝王，乾隆一生写了四万三千多首诗，虽然大部分可能都是别人捉刀的；他对园林、绘画和书法也有相当高的鉴赏造诣。但这也造成了一个致命缺陷，就是帝王的欣赏兴趣往往会过多地干预和影响士林阶层的精神世界和文化品质。一个突出例子是乾隆南巡时，一定要在扬州瘦西湖旁边树立一座白塔，他把北方藏传佛教的建筑十分生硬地安插进了江南园林的格局之中，不过是要表明自己拥有统摄文化的权力。类似对士人文化品位的支配例子是非常多的。

其二，"文字狱"频发。最显著的案例是康熙《明史》私修案中由于涉及对清朝历史的违碍言论，整个案子株连一百多人，凌迟处死的就有十几人。除了抑制舆论自由和扼杀私人撰述这个显性后果外，我个人认为文字狱频发的最大祸害是培养了地方官控制知识界和地方社会的敏感嗅觉，一些官员在制定文化政策时往往会过度揣摩皇上旨意，宁可使用最严厉的控制手段压抑士林个性风气的发挥。在启动编纂《四库全书》的时候，乾隆曾要求地方官员注意书里有没有对皇权不利的违碍言论，很多地方官最初无法理解乾隆的意图，感到一头雾水，大多声称没有发觉任何不利于皇权的悖逆迹象，这些懈怠观望的官员随即遭到了乾隆的严词斥责，几经反复之后，官员们终于慢慢培养出了自我审查的能力，大量本来并不属于查禁范围内的书籍因此难逃密织文网的追缴。文字狱频发还会鼓励告讦之风，为了让对手倒霉，士林文人相互之间告密成风，知识界空气被严重毒化。

其三，清朝学术文化的整体研究风格趋于繁冗琐细，考据学成了饾饤之学，跟经世济民的事业多不相关，明末清初形成的自由讲学之风荡然无存，集会论辩、研讨学问往往被认定是朋党习气的表现，反复遭到查禁，士人只好把精力集中在对前代文献的考订梳理之上，尽量回避发表自己的独特看法，以免遭到文字狱的牵连，故整个士林阶层噤若寒蝉，极大影响了学术文化的多元化发展。

三　晚清变革

晚清变革的几条线索

康乾盛世之后清朝蓬勃发展的趋势虽然仍勉强维持了一段时间，但随着西方势力的不断入侵，旧有的政治体制逐渐显现出了诸多弊端，要求变革的呼声日趋高涨。到了晚清时期，从器技之道开始一直到皇家制度与世道人心，都在酝酿着从未有过的巨变，这个变革过程是非常漫长复杂的，下面我想简要归纳出以下几条线索：

其一，我们可以把梁任公先生在《五十年中国进化概论》中对晚清改革阶段的划分作为讨论的起点。任公认为晚清改革大致可划分成三个时期，第一期是从器物上感觉不足，此一阶段的改革主要集中在科技实业和军事实力方面；第二期是从制度上感觉不足，晚清士人觉察到军事实力屡遭挫败实际上是受到了传统制度的约束，于是政治体制改革随之被提上了日程；第三期是从文化根本上感觉不足，因为制度是由人来操作的，没有对自身文化传统的彻底反省，任何制度改革都会停滞不前。

其二，紧随洋务运动之后发生的戊戌维新运动，正对应于梁任公所说的第二个时期，即"制度上感觉不足"。上述三个阶段是叠次递进的，鸦片战争以后中国被越打越惨，一些新派官僚开始考虑从引进西洋器械入手进行改革；甲午战争被日本击败对中国知识人的心理打击可谓创身剧痛，他们深感仅限于器技之道的改良无法从根本上富国强兵，因为日本被看作中国名义上的藩属国，大清居然被一个近邻岛国击败，真是前所未有的奇耻大辱，这一心理挫败最后逼出了晚清的政治制度变革。

其三，传统"大一统"的治理格局发生动摇。中国与日本的关系出现了一个从"夷夏之辨"到"华夷变态"的转换过程，日本人通过"脱亚入欧"的国策掌握了东亚变革的主动权，试图用"东亚论"（"大东亚共荣圈"）替代中华朝贡秩序。华夷身份从此倒转，日本成为亚洲变革的中心，这是中国人难以忍受的大变局。

其四，政治制度变革的基础是官员选拔，官员选拔的程序依托的是"科举制"，所以晚清改革的首要任务就是把科举制妖魔化，通过制造舆论把"科举"的内涵缩窄为一种考试制度，而不是一种合理选拔官员的"身份制度"。后来学堂教育成为主体，其体系设计培养出的主要是以下几类人才：一是科学技术人才，二是政法人才，三是军事人才，四是留学海归人才。这几种人才基本上都是为以后的上层政局变革做准备。我认为通过制造舆论把科举制度妖魔化是当时中国制度改革的起点，也是改革失败的根源之所在。

如果回顾晚清政局变革的基本过程和内容，我们应该换个思考角度。现在通行的看法是，晚清新政是对戊戌维新的否定，辛亥革命又是对晚清新政的否定，但我觉得这几个阶段恰恰是一个连续发生的过程。我们应该把政局变革不仅仅看作对原有制度的断裂式破坏，而且还应该看到其中蕴含的连续性，其基本路径是从戊戌维新到清末新政，再到革命后的现代国家建设，这是一个前后相继的链条，而不完全是相互替代的过程，它们都属于梁任公所说的"制度变革"的某个特殊阶段。过去的教科书总是把戊戌变法看作晚清改革的失败案例，以后发生的变革好像是对它的一个否定。其实晚清新政基本上是戊戌变法的一个延续，辛亥革命以后的制度变革也是新政的某种延续。

晚清新政为什么是戊戌变革的延续？

那么作为变革第二阶段的戊戌维新与洋务运动的区别到底在哪里呢？第一个核心区别就是立学校、废科举、改官制三条。梁任公曾经总结说："吾今为一言以蔽之曰：变法之本，在育人才；人才之兴，在开学校；学校之立，在变科举。而一切要其大成，在变官制。"所以，变革的步骤是围绕"废科兴学"而展开，其目的就是要最终改变官僚的选拔和任用方式。这与洋务运动只是引进西方科技以备强兵之用的短期行为不同，洋务官员吸收了一批翻译人才，但没有大规模系统建立学校为之储备人才。

第二个区别是戊戌维新的舆论准备要比洋务运动时期远为充分，比较著名的例子一个是严复翻译的赫胥黎《天演论》；另一个是康有为的《孔子改制考》和《新学伪经考》。《天演论》的翻译使中国人深刻领悟到了进化论的魅力，康著则提出了"三世说"，打破了传统中国的历史循环论逻辑，把中国历史的发展置于一种具有过去、现在和未来的连续性逻辑链条之中。严复与康有为等人对"变"的理解与张之洞等旧派官僚的"中体西用论"明显有了不同。张之洞等人认为,外在的知识结构可以通过吸收西学加以改变,借此弥补传统文化之"体"的不足;西学只能是"用",是一种工具性的借鉴,儒教中的那些伦理道德作为"体"是需要加以维护延续的。因此,严复与康有为等人引入西方的进化思维,彻底改变了中国近代知识分子历史观的走向。

接下来我想约略谈一谈为什么晚清新政是对戊戌维新构想的延续这个问题。我的基本看法是,晚清新政并不是对戊戌维新运动的彻底否定,在某些方面恰恰是对它的继承。最著名的事例应该是 1901 年两江总督刘坤一和湖广总督张之洞联衔发出的"江楚会奏三疏"所造成的影响。第一疏的内容就是论育才兴学。呼吁设文武学堂,州县设小学及高等小学,府设中学,省城设高等学校。酌改文科以变通科举,改变科举考试的旧程式。

原来科举考试第一场是考八股文,其目的是检验应试者对四书的掌握程度,这场考试内容被视为中国传统伦理道德教育的根基。第二场是考经学,测验应试者研习五经的程度。第三场考策问,相当于现在高考的议论文,主要是想测试考生对现实问题的解决能力。奏疏却建议头场考试以中国政治、史事为限,名曰博学;二场考各国政治、地理、农工、武备、算学,名曰通才;三场才轮到考四书五经,名曰纯正。可以看出来,原来居于第一重要位置的八股经学被置于最后,地位完全被边缘化了。

晚清新政还有三条改革方案与戊戌维新遥相呼应:首先是推行军制改革,各省设立武备学堂后,编练新军,更新装备。北洋军阀就是在这个改革过程中逐渐产生的。

其次是推行政治体制改革,裁汰简化机构,设督办政务处,设立商部、学部、巡警部、外交部。1906 年,清廷宣布"筹备立宪",开始改革官制,实施立法、行政、司法三权分立的设计方案，裁撤军机处，设十一个部，用法部督察大理院审判。这就等于把原来的内阁改换成了相当于现代国务院的政治体制，把军机处这个皇帝的秘书班子去掉了，皇权本身集权的特质被大大削弱。资政院、各省谘议局也相继成立，基本实现了戊戌变法预设的政治变革目标。所以我认为戊戌六君子没有白白牺牲，他们的死最终督促着清朝新政改革一步步往前推进。

第三是逐步推进法律制度的变革，在沈家本的主持下删改《大清律例》，取消凌迟、刺字、戮尸等酷刑；实行政刑分离、司法独立，并把民法、诉讼法及行政法等从刑法中剥离出来。此外，奖励实业和最后废除科举制度也是沿着戊戌维新的思考路线逐步推进的。

立宪派与革命党的论争真是水火不容的吗？

以往讨论到晚清变革时，争议最大的一个焦点就是立宪派与革命党之争，比较主流的看法是，革命党坚持推翻帝制，与主张君主立宪的维新派始终势不两立，维新派成为阻挠革命爆发的反动势力，对此我不敢苟同。以下我将提出与学术主流观点有所不同的四点看法。

（1）晚清围绕着"国体""政体"出现了两派不同意见：立宪派的意见是"国体"不变，从事民主政治变革与保存皇帝之位并不冲突。皇帝是代表中华民族传统文化与政治体制的符号和象征，废黜皇帝有可能使中华民族失去凝聚力，民众可能会变成一盘散沙，对此立宪派主张"皇帝无责任论"，在具体的政体运作上用首相制取代皇权。革命党的意见则是，"国体"必须从根本上改变，皇帝不打倒则共和难以实现。

（2）立宪派主张延续清朝"大一统"的统治格局；革命党则借助反清复明的旗号，汲取宋明以来"夷夏之辨"的思想资源，作为推翻皇帝制度的历史依据。从实际效果来看，革命党的舆论大量借助民族主义反满旗号，其中隐含着非常大的危险：这种舆论把满人排除在"中国"之外，以明朝十八行省的疆域格局作为革命党未来建国的目标，那么西藏、新疆和东北地区算不算中华民国的领土？如果不算，那么清朝所建立起来的"大一统"框架将被彻底废弃，革命党有可能从此成为丢失大片国土的中华民族罪人。所以面对如此棘手的问题，革命党在与立宪派的辩论中始终处于捉襟见肘、自相矛盾之中，难以自圆其说。

（3）立宪派与革命派的观点貌似势不两立，实际上常常表现为"异中有同"。"国体"讨论导致的关键分歧往往并非是否需要立宪共和的问题，而是在实施宪政的同时如何避免国家分裂的灾难。有鉴于此，革命党不得不调整论辩策略，把当年的"五族共和"提法调整为争取实现以汉族为中心的准"大一统"治理格局，这样一来就与立宪派的观点逐渐趋向一致，双方在不断争夺话语权的过程中找到了一个平衡点。

（4）革命的爆发具有相当大的偶然性。既然立宪、革命两派在国体、政体问题上的争议渐趋消弭，清朝政府实行改革的意志也日趋坚决，那么为什么革命却突然爆发了呢？现有的说法都没有足够的说服力，因为从戊戌变法到晚清新政，清廷基本上吸纳了戊戌维新有关政治、经济、文化、社会改革的主张，逐步有序地推进宪政制度的建立。革命党后来给出的革命爆发的唯一理由就是所谓"皇族内阁"名单的公布成为清廷愚弄民众、没有改革诚意的罪证。内阁组织如何设计是改革方案的一个核心问题，革命党坚持认为内阁中皇族和满人的比例过高，觉得自己被欺骗了，所以在激起民众的公愤后导致局面大坏，革命遂应时而起。但我认为以此作为革命发生的理由并不充分，因为在宪政改革的初始阶段，这样一个由皇族主导的内阁只不过具有过渡性质，过渡期一过，一旦经过民主改选的程序，数年以后内阁中汉人的比例很有可能逐步增加。皇族内阁的设计有可能延缓民主进程，但由此得出结论说清廷纯粹是为了拖延立宪进程以欺骗民众则显得论据不足。但革命作为一个历史事实确实发生了。革命党以种族革命相号召，使得渐进的改革被当作反动落后的表现，激进反满的言论一时甚嚣尘上，鼓动民心风潮，革命几乎是瞬间突然爆发。舆论的喧嚣酝酿出了一哄而起的暴力行动，表现出了相当大的偶然性。

晚清变革的几点教训

最后我想谈谈晚清政局变革造成的两点历史教训。

第一个教训是，政治变革选择了"官制"改革作为关键切入点，官制改革的基础是兴办新式学校，建立新式学校的前提是变通科举，但科举制未必应该为官制腐败的所有困境负责，科举制可以变通，但不应该废除。科举不仅是一种考试制度，也不完全是一种教育制度。我们总是认为科举就等同于八股，其实科举考试还有一些别的内容。比如说有一段时间，科举考试的第二部分有"判"，就是给出几个法律案例让你去裁断；有"诰"，就是模仿皇帝的语气去写一份类似文告的文字；有"表"，就是以臣民的身份给皇帝写一篇陈述己见的议论文。第三部分是策问，考卷中有可能提出很多尖锐问题，要求你拿出具体的解决方案。不少试题很难回答，里面涉及制度安排和地方治理的高深学问。

例如有一个给我印象很深的考题是：为什么宋代王安石实行保甲制度失败了，而王阳明在江西却取得了成功？保甲制度的最初设计尽管立意不错，却没有考虑到在特殊地区实施时也许会遭遇到困难。比如保甲实行的前提条件是一个村庄的人口密度比较大，可是如果面对到处流动频繁的船户到底应该怎样实施才能有效？或者如果面对居住分散的山区百姓要怎么设计才能更加合理？都是难以回答的问题。科举考试中所测验的内容并不一定都是迂腐可笑的，其中也有一些专为解决实际问题而设计，这就保证考上科举的人纵使不是能人干吏，也一般都具有一定的行政能力。

科举更是一种身份分配制度，起着沟通上下层官员循环流动的作用，有利于对社会治理成员的分布状况进行合理调节。比如考中低级功名的秀才仍要留在自己的家乡，考上中等功名的举人可以离开故乡出外担任中层官员，获得高级功名的进士则可以进入翰林院当大学士。整个官僚选拔的层级系统始终处于不断流动之中，秀才不论年龄大小在理论上都有机会向上升迁，中央官员退休了也要回到故乡当名士绅，为地方民众谋取福利，因为他的祖先和祠堂都在自己的家乡，这是一个良性循环的合理运行机制，曾国藩归乡之后才达到了仕途成就的高峰即是证明。废除科举制使得学堂训练日趋行政化，缺乏人文道德教育做基础，容易养成唯利是图的两面派官员或者所谓精致利己主义者。更严重的是学堂教育阻滞人才形成上下循环的移动机制，只鼓励他们向城市集中。科举制崩溃的另一个后果是消灭了士绅阶层，造成了乡村管理的真空状态，使乡村教育、官员选拔、人才流动和基层治理都受到了极大的影响。

第二个教训是，"革命党"与"立宪派"谁对谁错，不应该纯从革命党的单一视角加以评价，否则就会陷入成王败寇的历史逻辑。我们原来的教科书全然站在革命者立场上，认为立宪派就是旧秩序的顽固维护者，就是开历史的倒车，只要作为革命的对立面，就理所应当遭到批判。历史的事实却是，革命虽然发生了，民国也建立起来了，但从革命的结果来看，政治体制改革的目标却越来越趋同于立宪派的主张，这是评价晚清变革的一个关键点。不要把革命党和立宪派的观点完全对立起来，如果我们把两派的思想争论看作一种为了追求现代变革和延续传统之间的平衡博弈关系，就有必要对这段历史进行重新评价。最近有关清帝逊位的争议就是个明显例子，有人说清帝逊位是代表南方的革命党与代表北方的北洋势力实现了大妥协，由此避免了法国大革命式的流血暴力。这个观点虽有争议，但至少可以讨论。在我看来，革命后的政权建设的确继承了清朝遗留下来的某些政治文化和社会资源，所以现代中国的建立也许和清朝的统治存在着某种延续性，而不只是一种决然的断裂。

四　回应"新清史"

最后我想用一点篇幅讨论一下近年流行的"新清史"的主要观点。"新清史"有四本代表著作，分别是罗友枝的《清代宫廷社会史》、柯娇燕的《半透明之镜》、路康乐的《满与汉》和欧立德的《满洲之道》。这几位学者有立场分歧，也在不断争吵，但我们仍然可以从中总结出一些"新清史"的主要观点：

其一，清朝不是"中国"，是有别于明朝的一种新型的"内亚帝国"，明朝代表的中国是以汉人为主建立起来的王朝，新疆、西藏、东北都不在它实际的控制范围之内，明朝的十八行省之外都不是中国。清朝建立的是不同于明朝的横跨内亚和中国内地的大型帝国，与前朝几乎没有连续性。

其二，清朝的建立是由所谓"满洲特性"决定的，如满洲皇帝提倡"满语骑射"，用满语而不是汉语来处理很多事情，其八旗制度也与内地汉人建立的政治制度完全不同，它具有北方"帝国"的性质。

其三，清朝对东北、西北、西南的扩张，尤其对西北准噶尔蒙古的长期作战类似于近代西方资本主义的"殖民征服"。

以上三个论断是"新清史"的核心观点，其他一些零碎的看法在此就不展开叙述了。

"新清史"使我们加深了对清代边疆民族历史状态的理解，也使我们觉察到仅以王朝的连续性来概括清朝历史进程是有很大局限性的，清朝统治体系确实在很多方面与此前的唐宋明各朝代有所不同，但是"新清史"因为要强调与前朝相比清朝所拥有的特殊性，故有意夸大了以上三个因素的作用。在此我想对"新清史"的以上观点进行一些评论和商榷。

第一，我认为，"新清史"颠倒了"体""用"关系，切断了清朝与前朝的关联性，漠视数千年中国各朝代累积形成的"正统性"在塑造中国历史中所起的关键作用，这正是"中国"得以形成的"魂"。我们不应该只把清朝看作一个独特的王朝，也要注意清朝与前朝历史的延续性，清朝是整个中国历史大一统的最终完成形态。中国传统典籍中所归纳出的"大一统"三要素在清朝统治中体现得非常充分，而对"大一统"三要素的阐扬正是延续前代才可能发生的结果。当然清朝也有八旗制度、军机处、议政王大臣会议等特点，但是所有这些特点的指向都是为了建立政权的合法性与合理性，是为整个大一统体系服务的。我认为正统性是"体"，对边疆少数民族的政策是"用"，"新清史"把清廷对边疆实施治理的策略性考量即它的功能性特征误当成了主体性特征，犯了"体""用"不分的错误。

第二，"新清史"把西方人类学的"族群"理论简单套用到对满汉关系的解释之中，没有意识到古代的"夷夏"关系不是一种边界固定的二元对立的种族关系，而是可以循环进退的相互渗透关系。"新清史"的一个基本结论是满人有自身的特性，跟汉人相比是边界分明的两个不同族群。这是一个人类学的观点，人类学往往把民族之间的界限划分得十分清晰，族群之间的关系似乎水火不容。这一理论无法应用到对清朝族群关系的描述中，满汉交往其实是相互协调、彼此渗透的关系，这恰恰是夷夏之辨原理的一种鲜活体现。传统经书认为，只要夷人接受了文明的洗礼即可成为华夏中的一员，华夏族群如果失去文明也可能退化成夷狄，堕落回野蛮的状态，二者之间有相互转化的可能。如果双方水火不容，彼此永远界限分明，就不可能形成真正意义上的中华民族。

第三，"新清史"简单运用西方资本主义针对非西方国家的殖民经验，来比附清朝对边疆少数族群的统治，这也是对清朝统治特性的一种误解。清朝对准噶尔的征讨与西方国家对殖民地统治的不同之处在于，准噶尔是准帝国形态的强大政权，否则何以花费了康雍乾三代的时间才彻底将之击败？噶尔丹三万铁骑曾从新疆一路打到离承德避暑山庄很近的地方，这样一个对清朝构成强大威胁的政权，怎么可能成为殖民的对象？与之作战既不同于俄罗斯帝国对西伯利亚的征服，也不同于西方国家对拉美原始部民的入侵。清朝对准噶尔的征讨不是以掠夺资源和占领土地为目的，而是建立如何实现政权的"正统性"基础，最终形成了涵盖内地与藩部的真正大一统治理格局。

第四，所谓满人政权建立在"满洲特性"基础之上的说法更没有说服力，清朝比较集中地倡导"满语骑射"基本上只发生在乾隆统治时期，而且多限于谕旨发布的文字之中，对满人的实际生活并无多少约束力。乾隆当时焦虑的是，清朝承平日久后八旗子弟的军事战斗力日益下降，对自身的民族语言满语的使用越来越生疏。这恰恰说明满人所依赖的那些文化传统正在慢慢消失，汉语的重要性日益提高。晚清时期满语的使用功能已经越来越趋于消退。清末以来多次镇压民众起事，八旗军的作用也是越来越小，主要依靠汉人组织的民间团练和汉军绿营的力量，这也说明满人入关前所依恃的强悍武力日趋衰落。所以说把"满洲特性"作为清朝立国的基础是不能成立的，更不能说明清朝是依赖满人特性而建立起来的一个"内亚帝国"。

推荐阅读

戴逸:《乾隆帝及其时代》,中国人民大学出版社,2008 年
刘小萌:《清代北京旗人社会》,中国社会科学出版社,2008 年
杜家骥:《八旗与清朝政治论稿》,人民出版社,2008 年
杨念群:《何处是江南:清朝正统观的确立与士林精神世界的变异》,生活·读书·新知三联书店,2010 年
郑振满:《明清福建家族组织与社会变迁》,中国人民大学出版社,2009 年
史景迁:《雍正王朝之大义觉迷》,广西师范大学出版社,2011 年
孔飞力:《叫魂:1768 年中国妖术大恐慌》,生活·读书·新知三联书店,2012 年
罗威廉:《中国最后的帝国:大清王朝》,台湾大学出版中心,2016 年
罗友枝:《清代宫廷社会史》,中国人民大学出版社,2009 年
欧立德:《乾隆帝》,社会科学文献出版社,2014 年